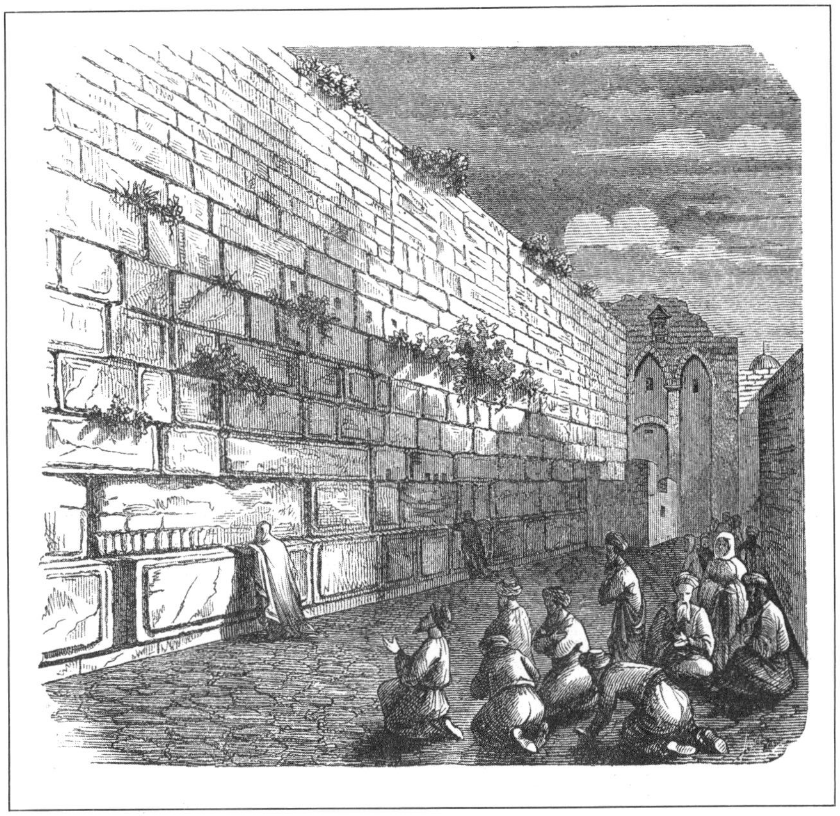

ISR

Peter A. Thomas
AEL

Gondrom

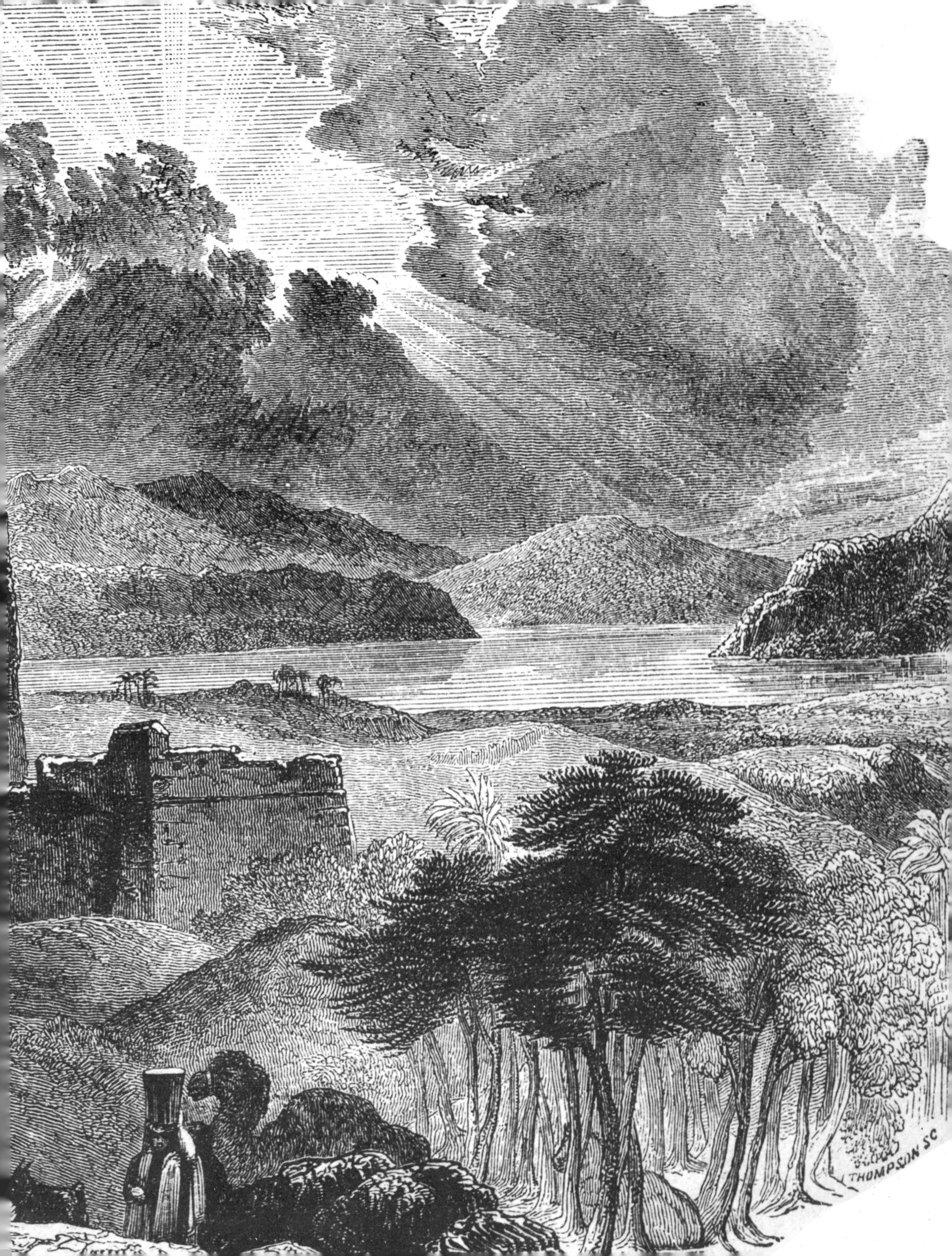
THOMPSON SC

INHALT:

David Ben Gurion **Jerusalem – das Herz Israels**
9

Kurt Benesch **Wo das Wort der Bibel lebt**
33

Renate Wagner **„Der Haß ist heilig!"**
225

David Ben Gurion

Jerusalem – das Herz Israels

Das jüdische Volk ist einzigartig in der Geschichte, und sein Land ist einzigartig in der Welt – wenn auch nicht in der gesamten Welt, so doch wenigstens in jenem Teil, in dem das jüdische Volk seit 2000 Jahren gesiedelt hat: in der Welt des Christentums und des Islams. China und Indien, die die Hälfte der Menschheit umfassen, haben keine Beziehung zu Jerusalem. Jedoch die andere Hälfte – nämlich die Welt, in der die Israeliten sich zerstreuten – hat starke Bindungen mit unserem Land und seiner Hauptstadt Jerusalem. Wenn man einem Volk und einem Land eine Seele zubilligt, dann ist Jerusalem die Seele des Landes Israel und des jüdischen Volkes.

Wir wissen, was Jerusalem seit König David für uns war und ist. Es gibt keine Stadt in der Welt – nicht einmal Athen und Rom bilden hier eine Ausnahme –, die durch so lange Zeit eine derart wichtige Rolle im Dasein eines Volkes gespielt hat wie Jerusalem im Leben des Judentums. Vor weniger als 2000 Jahren wurde das jüdische Jerusalem zu einem religiösen Zentrum für Hunderte Millionen Menschen, für alle Völker, die Erben der griechisch-römischen Kultur waren und in deren Mitte wir lebten, und zum Ausgangspunkt einer Umwälzung, die alle Völker erfaßte, die bisher die Welt lenkten, ausgenommen das jüdische Volk, das dieser Bewegung standhielt, sich nicht davon überfluten ließ und sich hartnäckig widersetzte, wenngleich es dafür einen hohen Preis bezahlen mußte. Und als im 7. Jahrhundert aus den Wüsten Arabiens sich eine neue Flutwelle über alle Nachbarländer ergoß und sich wie ein Lauffeuer ausbreitete, war das jüdische Volk wiederum das einzige, das sich dieser neuen Geistesströmung widersetzte und ihr nicht erlag, wenn auch viele Juden nicht die Kraft zum Widerstand aufbrachten; von den zahlreichen israelischen Stämmen auf der arabischen Halbinsel des 7. Jahrhunderts verblieben nur die Jemeniten, während alle anderen Stämme vernichtet wurden oder abfielen. Aber der Kern des jüdischen Volkes blieb unberührt und standhaft.

Unser Volk ist nicht das älteste der Welt. Ägypten, Assyrien, Babylon, China und noch andere existierten vor den Juden und erreichten vor ihnen ein hohes kulturelles Niveau. Aber das jüdische Volk unterschied sich in jeder Hinsicht von allen anderen: Volkstum und Religion sind in Israel von Beginn an bis heute untrennbar miteinander verknüpft. Franzosen, Deutsche, Japaner, Araber und jedes andere Volk müssen nicht derselben Religion angehören. Ein Deutscher kann Katholik oder Protestant sein wie ein Engländer oder Franzose; ein Japaner kann Schintoist, Buddhist oder Christ sein; ein Araber kann Moslem oder Christ sein. Aber ein Jude kann keiner anderen Religion angehören und auch Jude sein. Ein Jude kann Atheist sein, aber wenn er Christ oder Moslem wird, ist er kein Jude mehr.

Das will nicht besagen, daß es im Leben des jüdischen Volkes keine Veränderungen gegeben hat. Die Juden, die im Exodus Ägypten verließen und in die Wüste wanderten, unterschieden sich sehr von den Eroberern und Besiedlern Kanaans. Das zur Zeit der Richter in Stämme gespaltene Volk war nicht das-

Kommt man heute aus dem Süden nach Jerusalem, ist kaum mehr etwas von unbesiedelter Landschaft zu sehen.

selbe, das unter der Regierung der drei ersten Könige geeinigt wurde, und das unter einem König vereinigte Volk war nicht das Volk, das sich nach Salomons Tod teilte und das Königreich Judäa und das Königreich Israel gründete; es gab beträchtliche Unterschiede zwischen dem Volk in den Tagen der ersten Könige von Judäa und Israel und dem zu den Zeiten von Uzziah und Jeroboam Ben-Joasch, den zwei Königen, unter deren Regierung die Schriften der großen Propheten Amos, Hosea und Mikah entstanden. Das jüdische Volk aller aufgeführten Epochen glich keineswegs dem Volk, das in den Tagen von Zerubbabel, Ezra und Nehemia aus der Gefangenschaft nach Jerusalem zurückkehrte, und dem in der Gründungszeit des Zweiten Tempels. Es liegt ein großer Unterschied zwischen der Zeit der persischen und der griechischen Herrschaft und der Regierungszeit der Hasmonäer und später zwischen den Zeiten der Herodianer und der Römer. Und wir stehen noch nicht am Ende der Chronik der großen Wandlungen unseres Volkes, des Landes und der Stadt Jerusalem: Nach der Zerstörung des Zweiten Tempels kamen die großen Aufstände, die niedergeschlagen wurden und mehr als 1800 Jahre Flucht und Wanderung, Unterdrückung und Verfolgung für zahlreiche Generationen, erzwungenen Glaubenswechsel und Abfall in den Ländern des Christentums und des Islams zur Folge hatten. Wandernd von Land zu Land, von einem Herrschaftsgebiet zum anderen, mußte sich das Volk in allen Zeitepochen neu mit verschiedenen Lebensbedingungen, geistigen Gegebenheiten und politischen und wirtschaftlichen Bedingungen in allen Ländern der Diaspora in den fünf Erdteilen abfinden. Jedoch durch alle diese langen und vielen Wandlungen und Widrigkeiten hindurch, die noch kein Ende haben, hat sich das Volksbewußtsein erhalten und war nie weniger lebendig geblieben als das der seßhaften Völker, die im Lauf ihrer ganzen Geschichte ihrem Land verhaftet geblieben waren.

Worin liegt aber die Ursache dieses wunderbaren Phänomens, das in der

RECHTS: Das Kloster der Karmeliterinnen auf dem Ölberg ist längst in den Schatten der neuen Paternoster-Kirche getreten.
UNTEN: Blick über Jerusalem von der Grabeskirche zum Felsendom.

Geschichte der Menschheit keine Parallele hat? Die tief verwurzelte geistige Bindung zur Heimat der Vorväter Israels, zu Jerusalem, zur hebräischen Sprache, jenem Hebräisch, in dem die Bibel geschrieben wurde – das waren die unverrückbaren und unzerstörbaren Quellen, aus denen die aus Israel Zerstreuten ihre moralische und geistige Kraft in der Diaspora schöpften, durch Hunderte von Jahren allen Schwierigkeiten in den fremden Ländern standzuhalten und bis zum Wiederentstehen des Volkes zu überleben.

Der Staat Israel wurde in einem Land neu ins Leben gerufen, in dem durch 1400 Jahre Araber lebten, und das im Süden, Osten und Norden von arabischen Staaten umgeben ist. Das Land selbst war völlig verarmt und vernachlässigt, sein Lebensstandard niedriger als in allen Ländern, wo jene Juden wohnten, die sich zur Rückkehr in das Land Israel und zu seiner Erneuerung als hebräisches Land gesammelt hatten. Am Ende des Ersten Weltkriegs, im Jahr 1918, gab es in diesem Land weniger als 60.000 Juden, also weniger als 10% der Gesamtbevölkerung – und dennoch entstand in diesem Land ein „Hebräischer Staat" mit immer mehr jüdischen Siedlern.

Das Wiedererstehen des im eigenen Land unabhängigen israelischen Volkes rief seine Widersacher auf, und zwar nicht nur wegen politischer, territorialer und strategischer Interessen, sondern auch aus geistigen und idealistischen Beweggründen. Es gibt Kräfte, die sich nicht leicht mit unserer neuen Stellung als unabhängiges Volk, das frei lebt und von nichts in der Welt abhängt, abfinden können. Wir haben das „auf dem Berg Sinai gegebene Gesetz" – die anderen haben jedoch Gesetze, hinter denen unterschiedliche Kräfte wirken, und um die geistig-ideologische Konflikte bestehen.

Die Rolle Jerusalems in unserer fernen Vergangenheit, in der Zeit unserer unabhängigen Königreiche als politisches und geistiges Zentrum des Volkes, und die Spuren seiner Einzigartigkeit und seiner historischen Sendung, die

Die ehemalige Himmelfahrtskirche auf dem Ölberg ist dichter Besiedlung gewichen.

UNTEN: Im Westen Jerusalems, vor dem Jaffa-Tor, breitete sich einst in freier Natur der Sultans-Teich aus.
RECHTS: Kaum berührt in Jahrhunderten aber wurde der Haram-esh-Sharif mit dem Felsendom.

kostbaren Zeugen der großen Vergangenheit in jener Stadt, der heilige und verehrte Name von Jerusalem, der sich in das Herz eines Volkes eingrub, als es in die Diaspora gehen mußte, der Treueeid zu unserer heiligen Stadt, den Generationen um Generationen immer wieder auf allen ihren Wanderwegen erneuerten – an den Ufern Babylons vor mehr als 2000 Jahren bis herauf in unsere Tage an allen Ufern der Erde –; die ständigen Anstrengungen während all dieser langen Zeit, in diese Stadt trotz aller Drangsale und Leiden, die die Bewohner Jerusalems von der römischen Eroberung bis zur Türkenherrschaft auszustehen hatten, zurückzukehren, alles das gestaltete Jerusalem zum Zielpunkt der Liebe, der Heimatsehnsucht, des Bestrebens und der Hoffnung des jüdischen Volkes. König David wählte einen der schwierigsten Plätze in unserem Land als seine Hauptstadt. Trotzdem wurde wie durch ein Wunder die jüdische Mehrheit in Jerusalem erhalten, eine Mehrheit, die in unseren Tagen anwuchs.

Die dritte Siedlungswelle des israelischen Volks in seinem Land hielt Richtungen ein, die von denen der ersten und zweiten Siedlungsphase verschieden sind; sie ging nicht von Osten nach Westen, sondern vom Westen zum Osten, und nicht von der Wüste zur See, sondern von der See zur Wüste. Von den drei Gebieten des Landes: Gebirge, Ebene und Tal, besiedelten wir zuerst das Tal und erst später und weniger dicht die Ebene und beinahe überhaupt nicht das Gebirge, abgesehen von Jerusalem, das stets eine jüdische Gemeinde aus allen Ländern sammelte. Die Art der Besiedlung unserer Heimat in unserer Generation hatte für das jüdische Jerusalem zur Folge, daß es von den Mittelpunkten unserer Kolonisation der Dörfer und Städte isoliert wurde, denn die meisten unserer Stützpunkte lagen in den Tälern der Küste, dem Jezreeltal und dem Jordantal, nördlich und südlich des Sees von Galiläa. In geregelten und geordneten Zeiten war die Gefahr für das jüdische Jerusalem nicht schwerwiegend, die einstündige Fahrt zwischen Jerusalem und Tel Aviv spielte keine Rolle, solange sie sicher war. Aber als der Krieg um die Unabhängigkeit ausbrach und unsere Gegner in unserem und in den benachbarten Ländern sich gegen uns erhoben, um uns zu vernichten, zeigte sich die tödliche Gefahr für Jerusalem. Von dem schweren Segen, der während des Krieges auf unsere Siedlungen fiel, erhielt Jerusalem allein neun Zehntel. Und als die arabischen Armeen in unser Land einbrachen, richtete sich der Hauptstoß des Gegners gegen die Hauptstadt von Israel.

Die Schlacht um Jerusalem war die am meisten tragische – und die ruhmvollste von dem Augenblick an, in dem wir gezwungen waren, gegen unsere zahlreichen Gegner anzutreten. Nahezu vom ersten Moment an stand Jerusalem im Mittelpunkt des Kampfs um die Existenz Israels und bildete den Brennpunkt des Kriegs um unsere Selbständigkeit. Der Tod lauerte auf jeden Mann und jede Frau, auf jedes Kind und jeden Greis auf der Straße und in den Wohnungen – Jerusalem war das wichtigste Ziel der Invasionsarmeen der arabischen Staaten. Die Araber kalkulierten richtig, daß die Unterwerfung des jüdischen Jerusalem, seine Eroberung oder Zerstörung für uns ein tödlicher Schlag sein würde – vielleicht sogar der Vernichtungsschlag für das gesamte Judentum.

Zweimal im Verlauf unserer Geschichte sind wir aus Jerusalem vertrieben worden: durch die Niederlagen nach den blutigen Kriegen, die Babylon und Rom mit weitaus überlegenen Kräften gegen uns geführt hatten. Im Krieg um die Unabhängigkeit und im Sechs-Tage-Krieg war unsere kämpfende Jugend nicht weniger bereit, für unsere geheiligte Hauptstadt den Tod zu verachten wie unsere Väter in den Tagen des Ersten und des Zweiten Tempels. Es besteht kein Zweifel, daß das wichtigste und kostbarste Gebiet von denen, die die Heldenhaftigkeit der Israelischen Streitkräfte uns im Sechs-Tage-Krieg zurückbrachte, das alte Jerusalem und seine Umgebung ist, auf das die Augen der ganzen Welt und besonders der Juden der Welt gerichtet sind.

Heute gibt es praktisch nur einen Weg, den israelischen Charakter der geeinigten Stadt Jerusalem zu garantieren und für alle Zukunft zu erhalten: der Herbeiführung vieler jüdischer Familien. Denn nur eine intensive Besiedlung der Alten Stadt und ihrer Umgebung wird Jerusalem dem Volk für immer schenken, das darin unvergängliche Werte schuf. Jerusalem soll aufblühen und aufsteigen zu einem geistigen und wissenschaftlichen Zentrum, gleich den größten und wichtigsten unserer erneuerten und aufstrebenden Welt, sodaß vielleicht in unseren Tagen sich das Wort des Propheten erfüllt: „... denn aus Zion wird das Gesetz und das Wort des Herrn von Jerusalem kommen". Deshalb soll Jerusalem, das Herz Israels, bleiben, was es immer war: die ewige Hauptstadt des Ewigen Volkes seit den Tagen König Davids bis zum Ende aller Generationen.

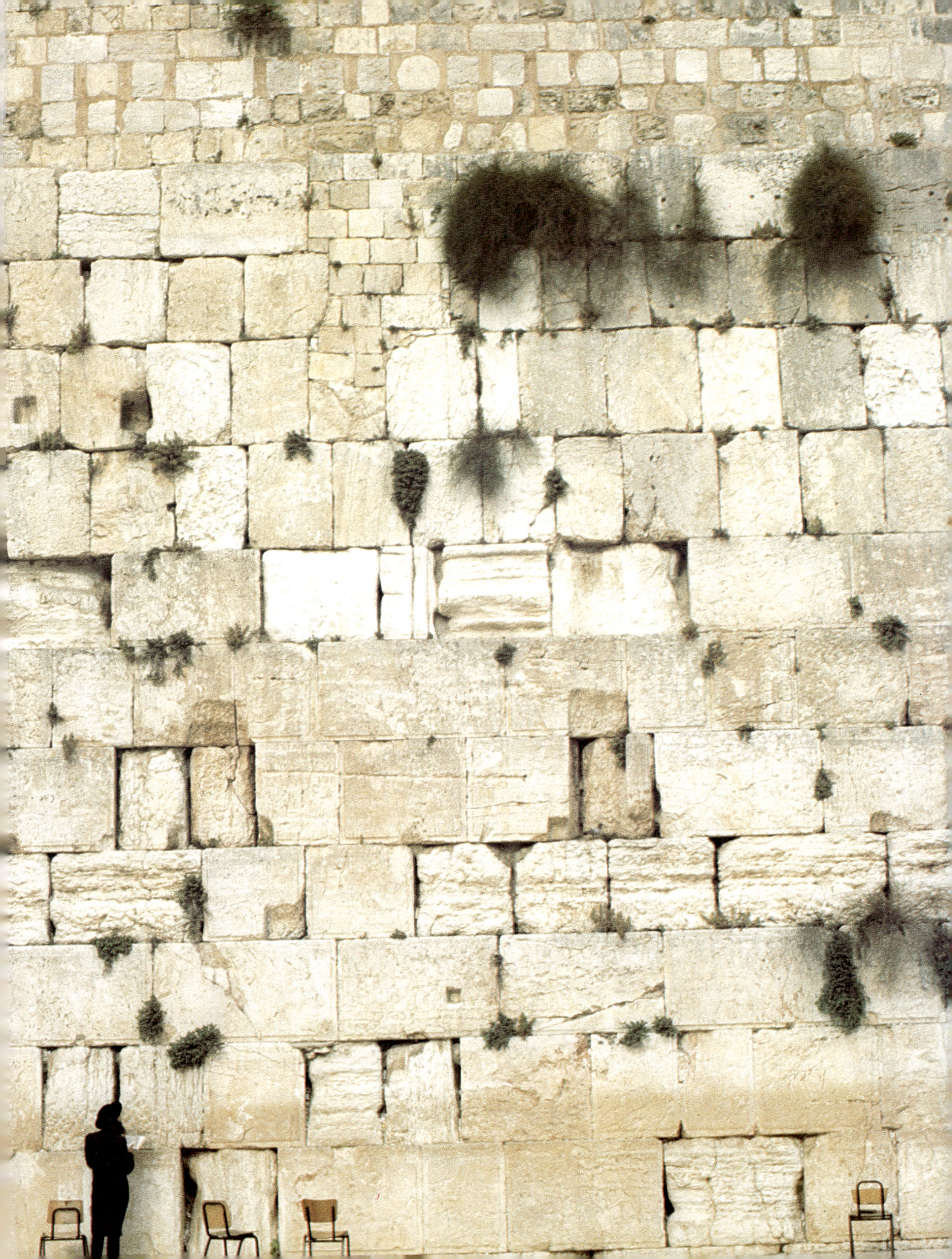

VORHERGEHENDE SEITE: Die Westmauer – oder populär: „Klagemauer" – ist das verehrteste Heiligtum der jüdischen Welt. Die mächtigen Steine stammen aus der Zeit des Zweiten Tempels, die Basis könnte noch von Salomons Tempel herrühren.
OBEN: Religiöse Zeremonien, wie hier die Bar Mizwa, werden gerne vor der Westmauer begangen.
LINKS UND RECHTS: Das Judenviertel in der Altstadt von Jerusalem ist in den letzten Jahren völlig erneuert worden – und wirkt jetzt fast um eine Spur zu sauber, um noch das Gefühl aufkommen zu lassen, man sei auf altehrwürdigem und – orientalischem Boden.

18

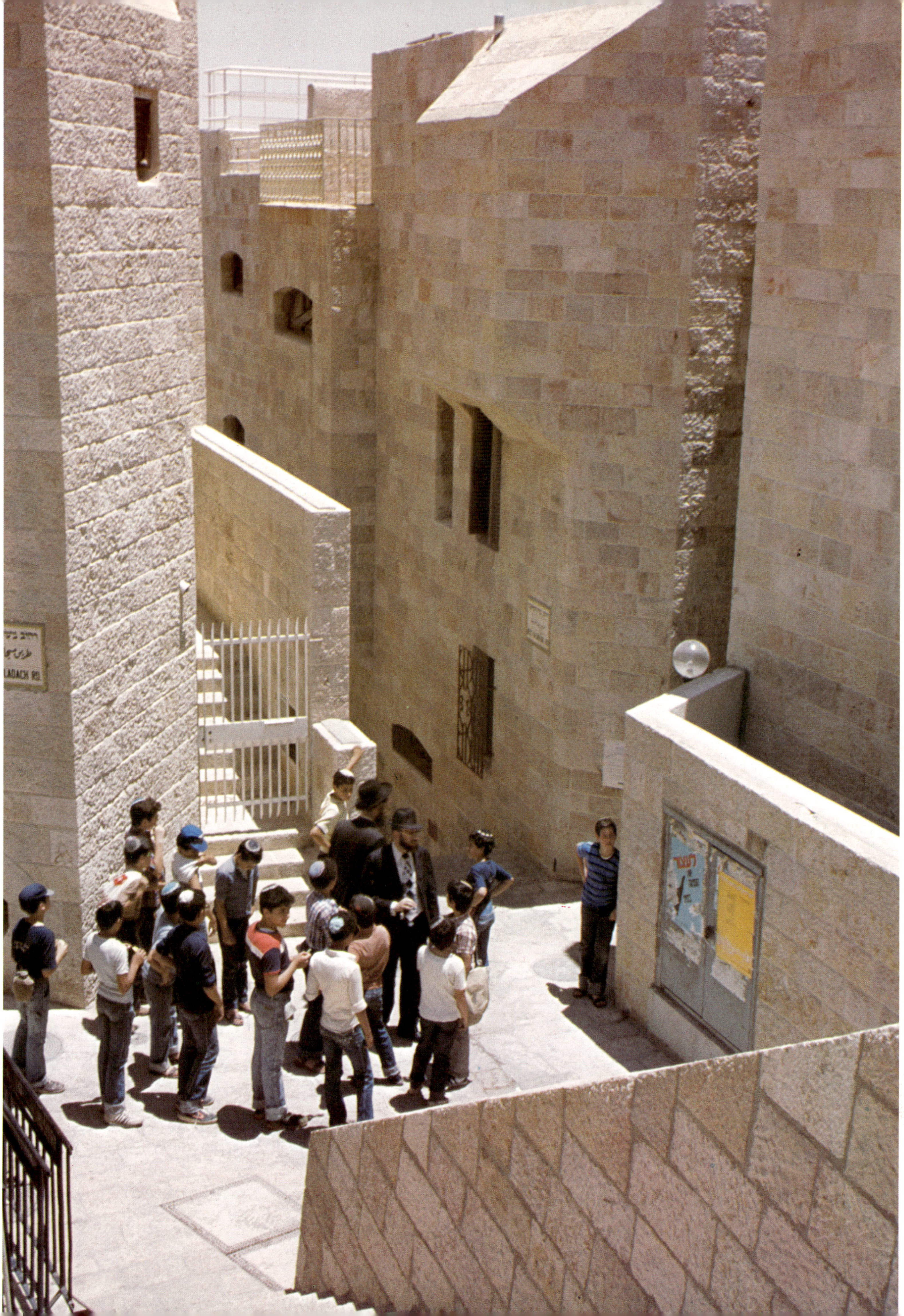

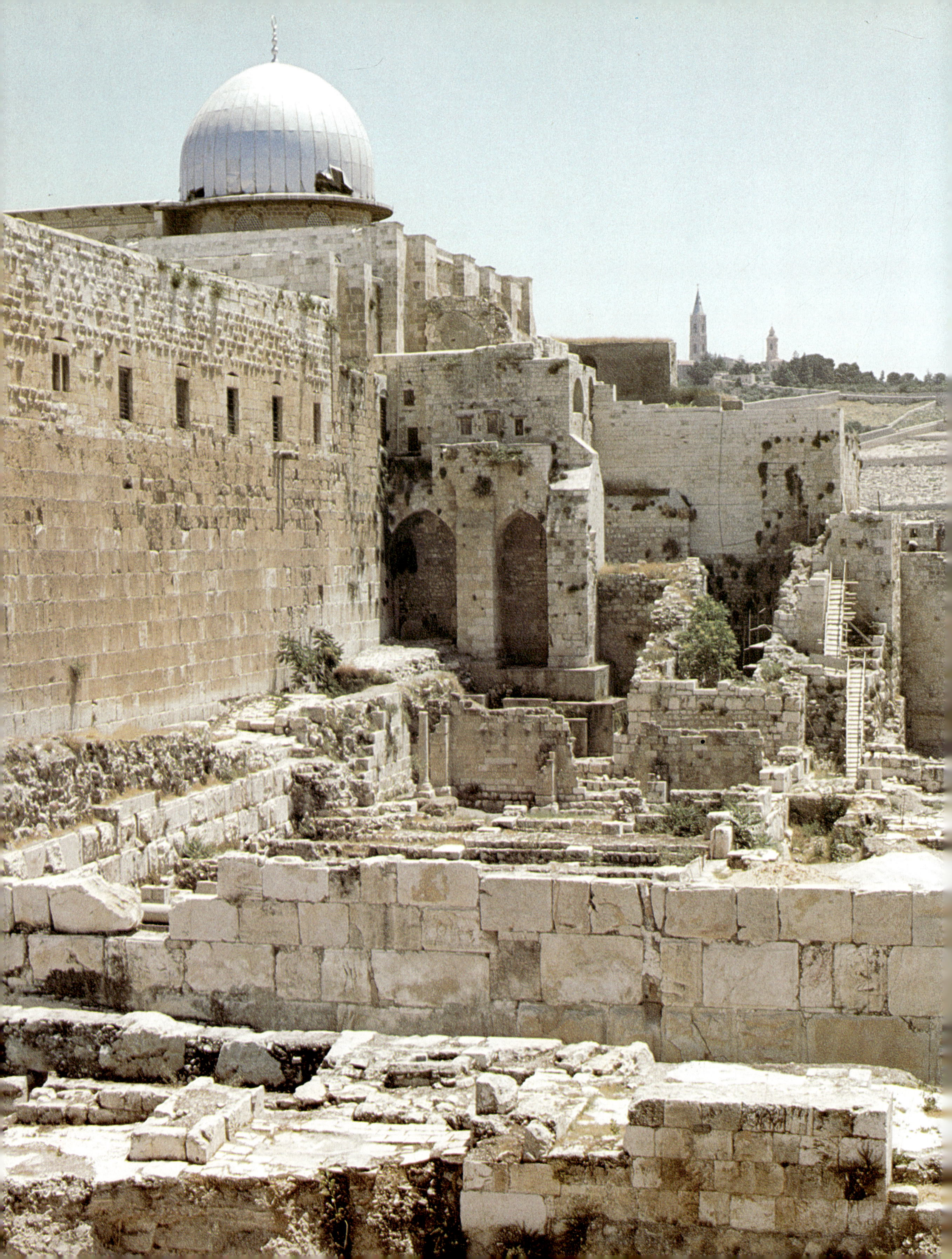

LINKS: Zwischen Klagemauer und Mist-Tor, an der Südwestecke des ehemaligen Tempelplatzes, förderten Archäologen Reste aus salomonischer, römischer und arabischer Vergangenheit ans Tageslicht.

RECHTS OBEN: Am Hang des Ölbergs, gegenüber dem Felsendom, liegt der älteste jüdische Friedhof der Welt, der bis in biblische Zeiten zurückreicht. Hier soll die Auferstehung der Toten am Ende aller Zeiten beginnen, von hier aus wird der Messias in Jerusalem einziehen.

RECHTS UNTEN: Die Felsengräber im Kidrontal dürften mehr als 2.000 Jahre alt sein. Die Tradition sagt, daß hier Absalom, Josaphat, Jakob der Ältere und Zacharias bestattet seien.

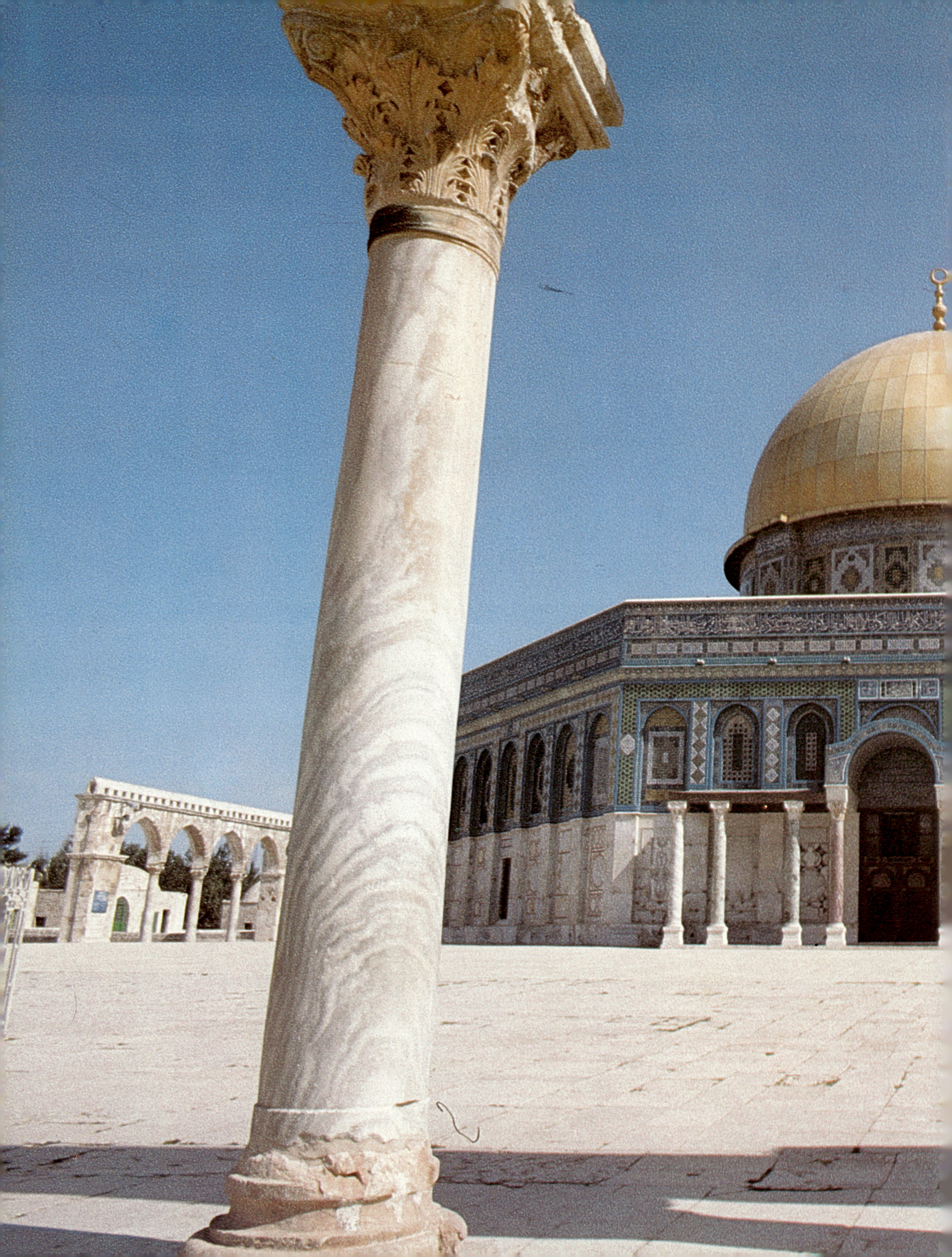

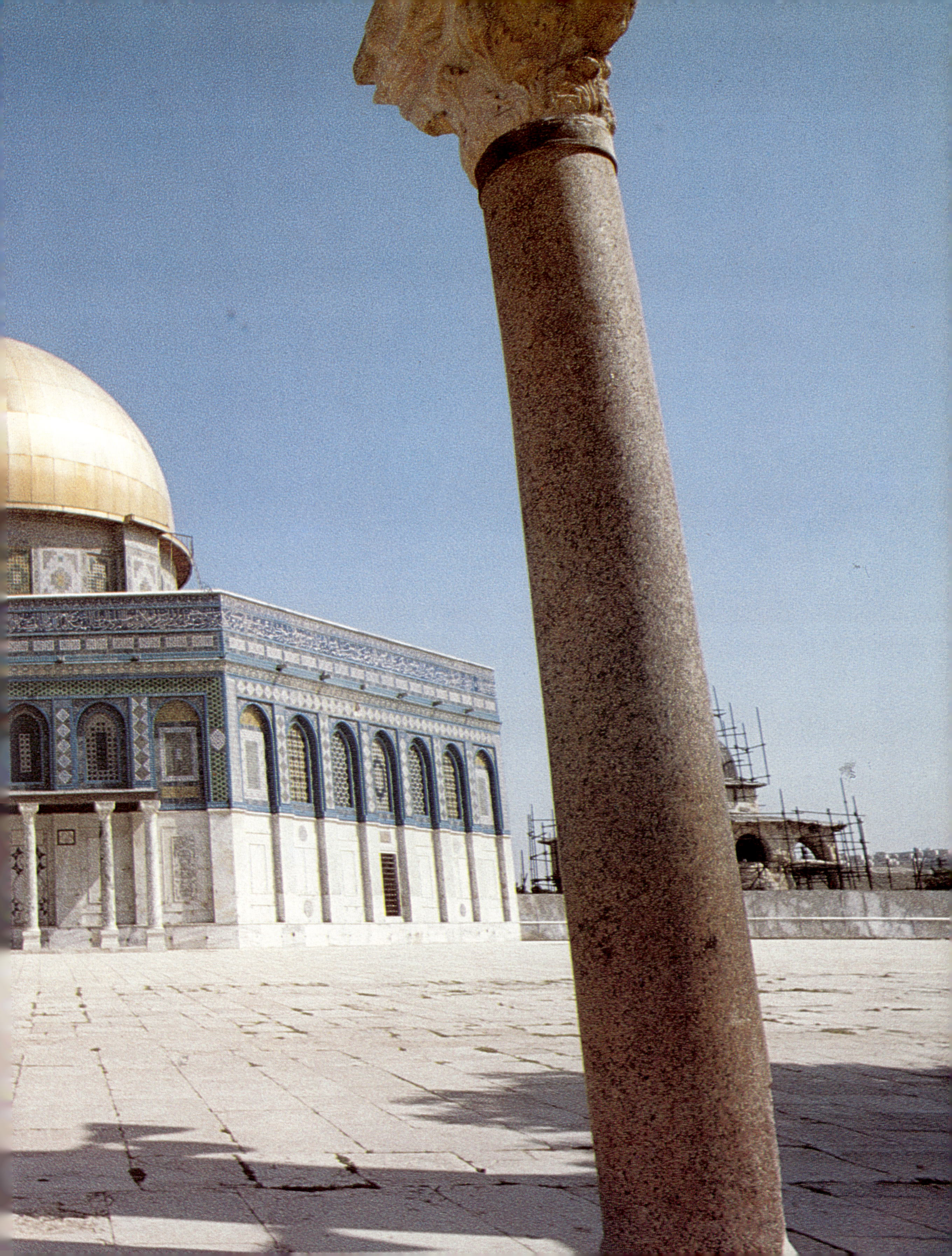

VORHERGEHENDE DOPPELSEITE: Der Felsendom, 691 n. Chr. vollendet, ist eines der hervorragendsten Zeugnisse islamischer Architektur. Die mit Kupferplatten belegte Kuppel hat einen Durchmesser von 26 Metern; die persischen Fayence-Fliesen des Oberbaus stammen aus dem 16. Jahrhundert.
LINKS: Das Damaskus-Tor, das 1537 unter Sultan Soliman dem Prächtigen entstand, bildet den Haupteingang vom modernen Norden Jerusalems zur arabischen Altstadt.
LINKS UNTEN UND RECHTS: In den Basarstraßen der Jerusalemer Altstadt herrscht – in allen Zeiten kaum verändert – orientalisches Anbieten und Verkaufen.

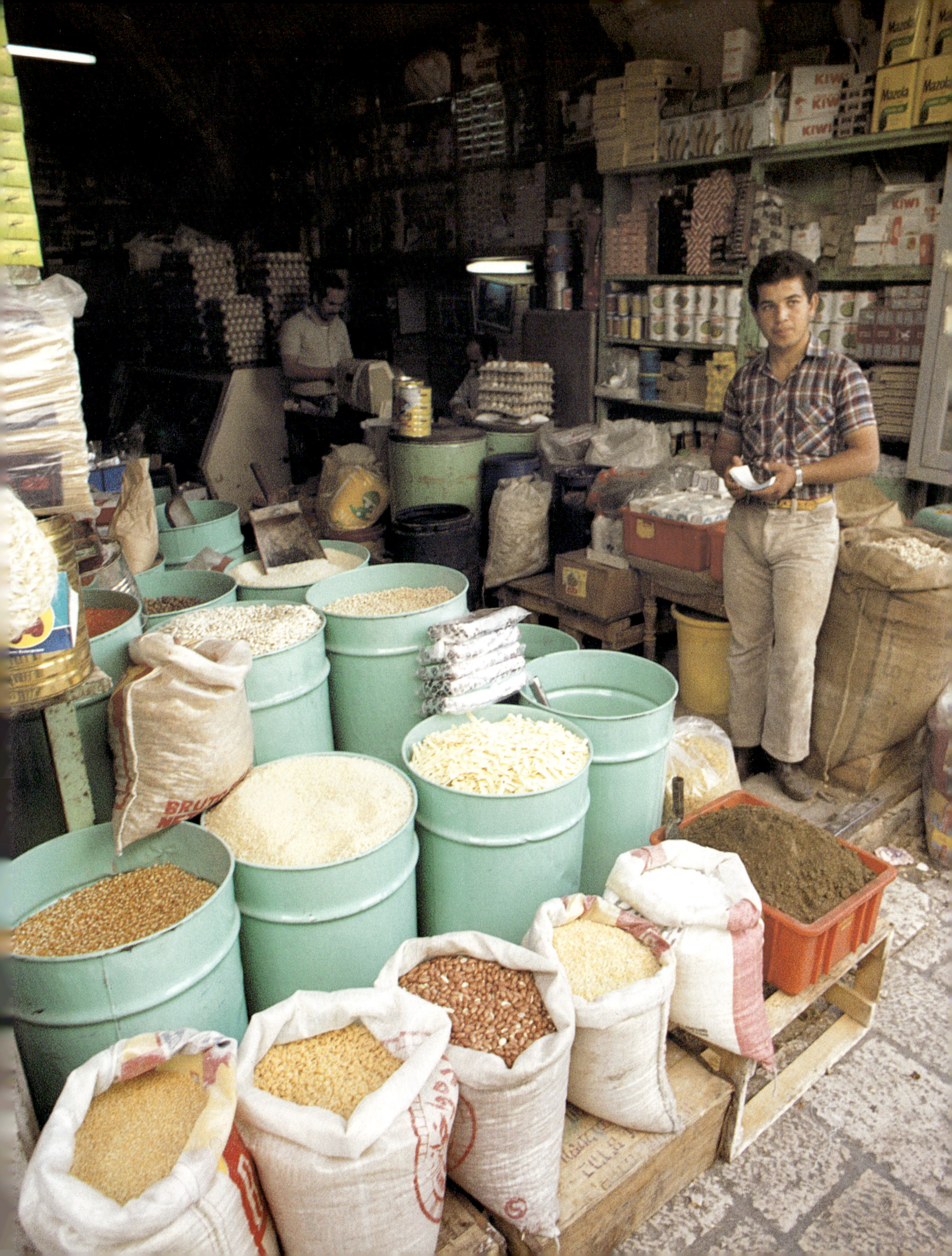
Mazola
KIWI

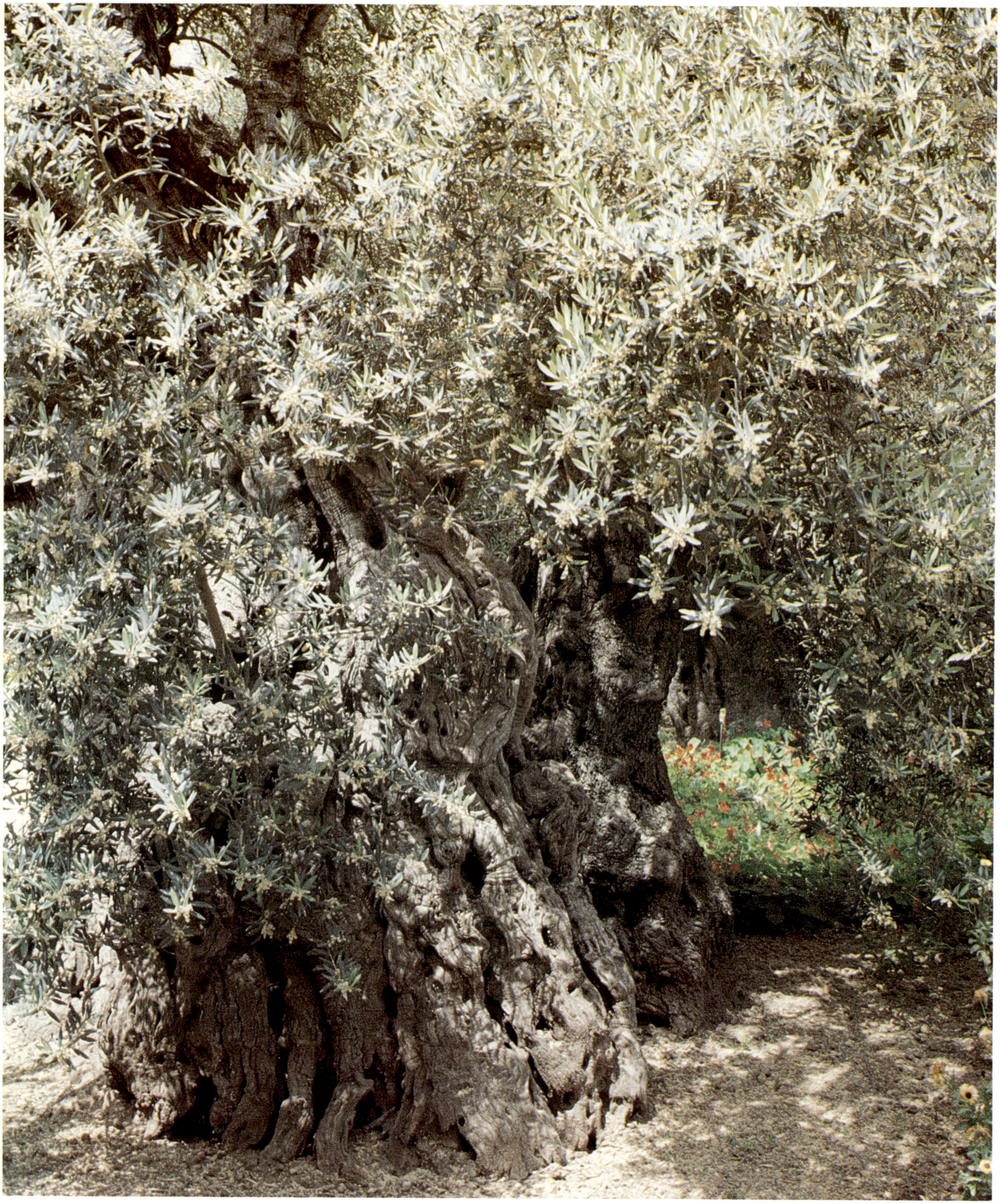

LINKS: Uralte Olivenbäume am Ölberg erinnern an die Zeit Christi, an die Erfüllung seines Daseins.
OBEN: Das Kirchlein Dominus Flevit am Ölberg wurde 1955 von Franziskanern über Ruinen aus jüdischer und byzantinischer Zeit errichtet. Die Paternoster-Kirche steht an jener Stelle, wo einst Jesus seinen Jüngern das Vaterunser gelehrt haben soll – an den Wänden ist dieses Gebet auf Fayenceplatten in 36 Sprachen zu lesen.
RECHTS: Im Obergeschoß des von den Franziskanern renovierten Münsters am Berg Zion soll der Platz des Letzten Abendmahls sein.

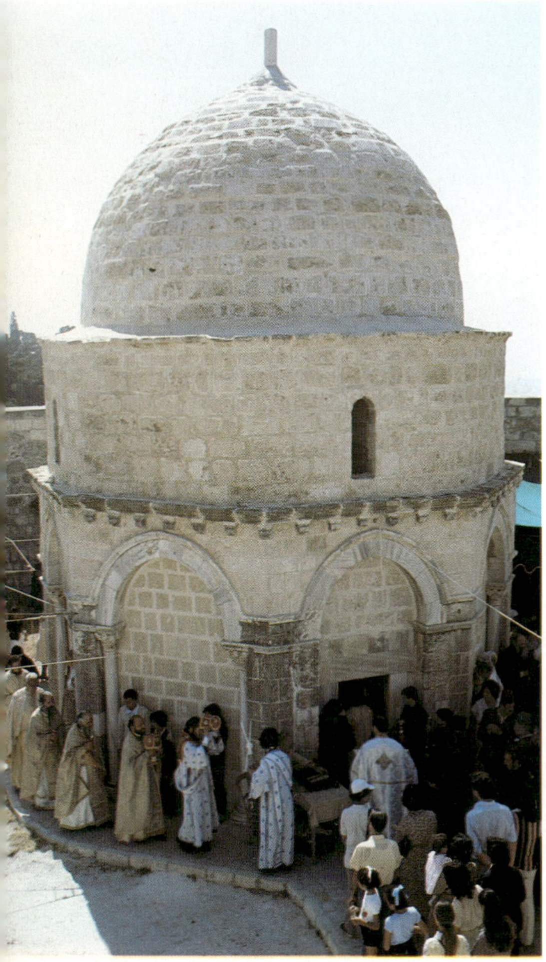

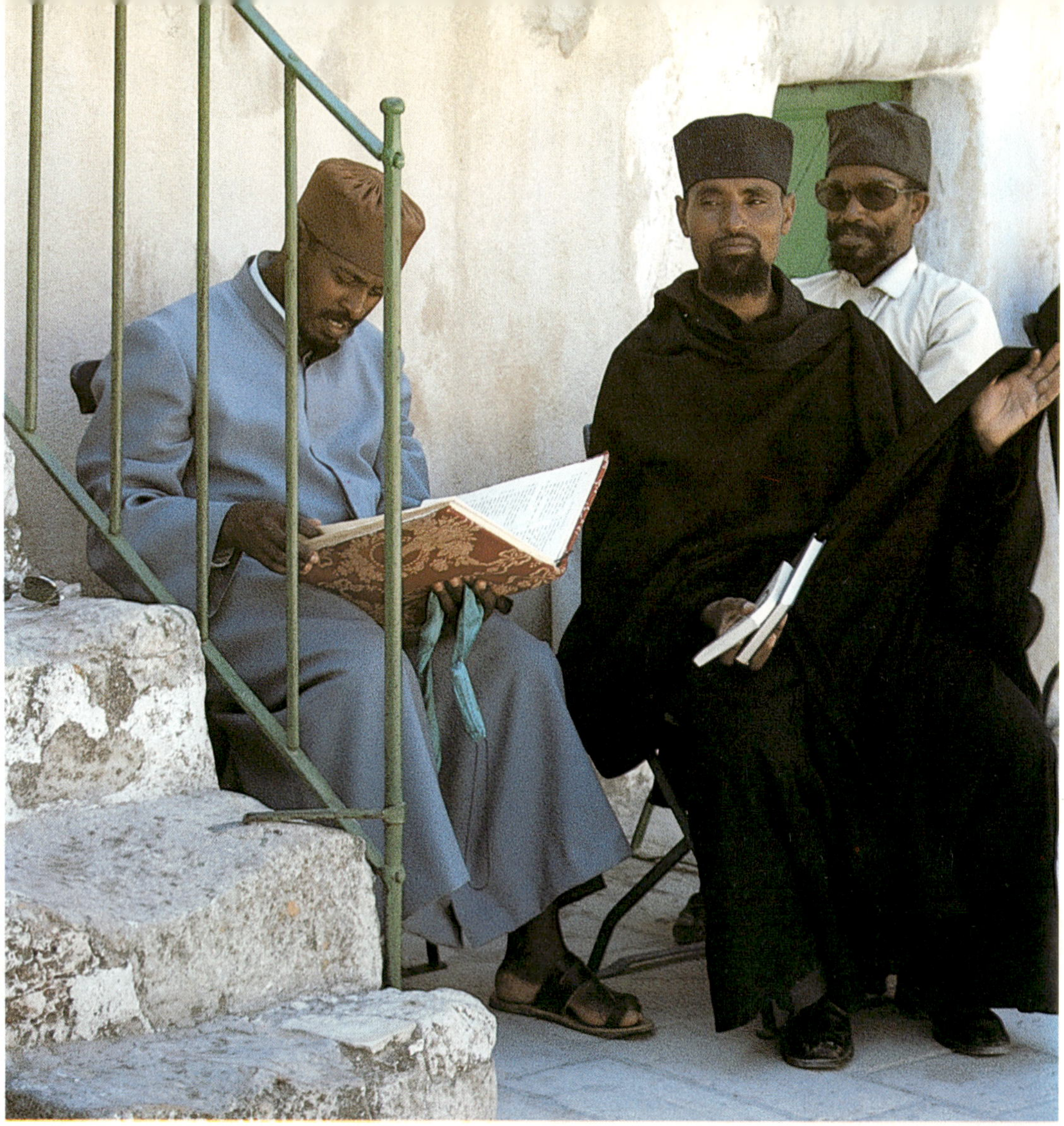

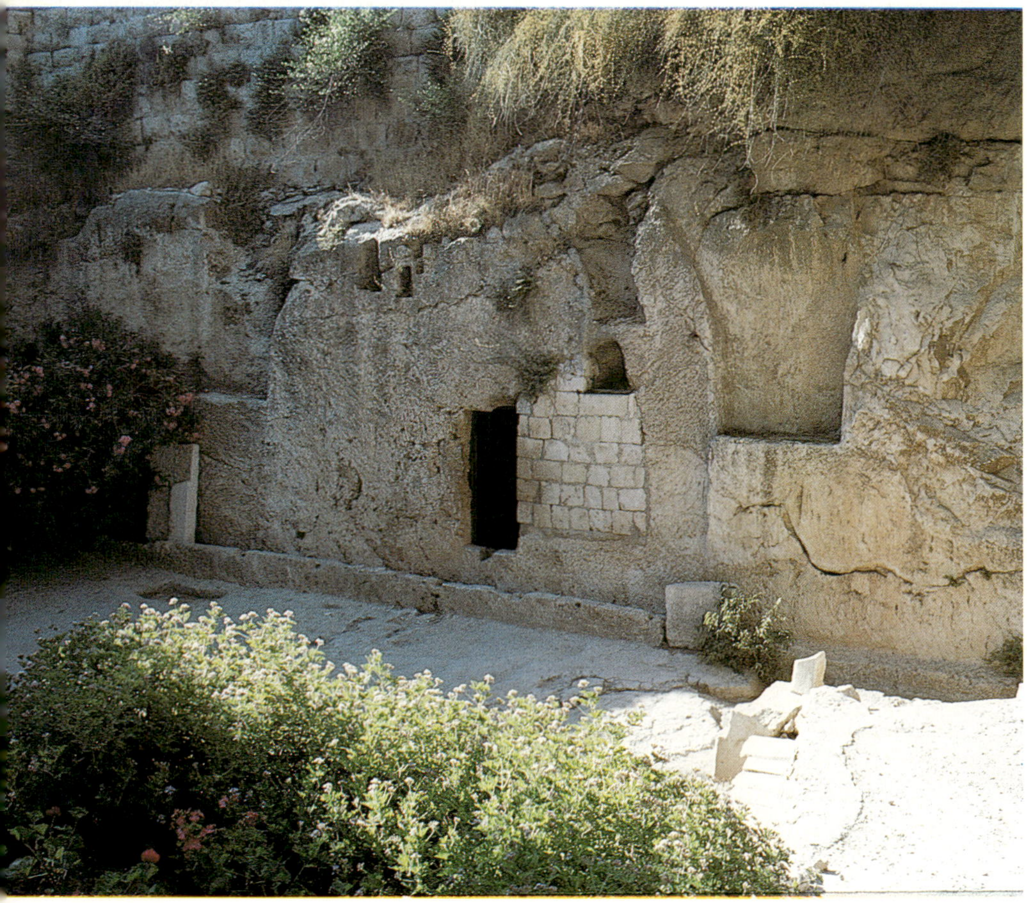

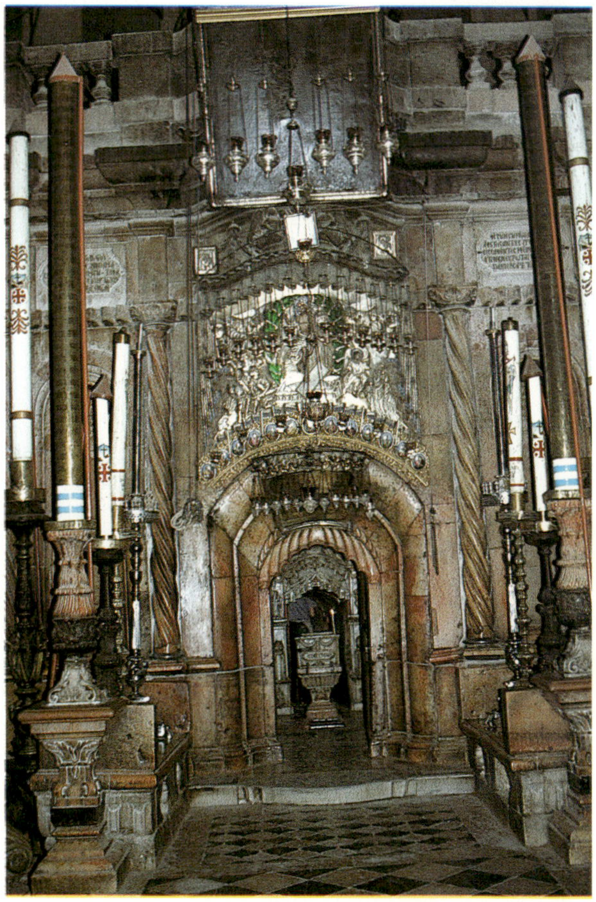

LINKS OBEN, AUSSEN: Römische und orthodoxe christliche Kirche sind sich nicht einig, ob an der Stelle der Himmelfahrtskirche auf dem Ölberg Christus tatsächlich in den Himmel aufgefahren sei.
LINKS OBEN, INNEN: Auf dem Dach der Grabeskirche befindet sich das Kloster der abessinischen Mönche und das koptisch-orthodoxe Patriarchat.
LINKS UNTEN, INNEN: Das Christusgrab in der Grabeskirche ist innen völlig mit Marmor verkleidet; eine etwa 2 Meter lange Marmorplatte bedeckt das eigentliche Grab.
LINKS UNTEN, AUSSEN: General Gordon glaubte 1882, das „echte" Christusgrab nördlich der heutigen Stadtmauer entdeckt zu haben – zumindest gibt der Platz Kenntnis, wie zur Zeit Christi bestattet wurde.
RECHTS: Die russisch-orthodoxe Maria-Magdalenen-Kirche auf dem Ölberg wurde 1888 von Zar Alexander III. zum Gedächtnis seiner Mutter Maria Alexandrowna errichtet.

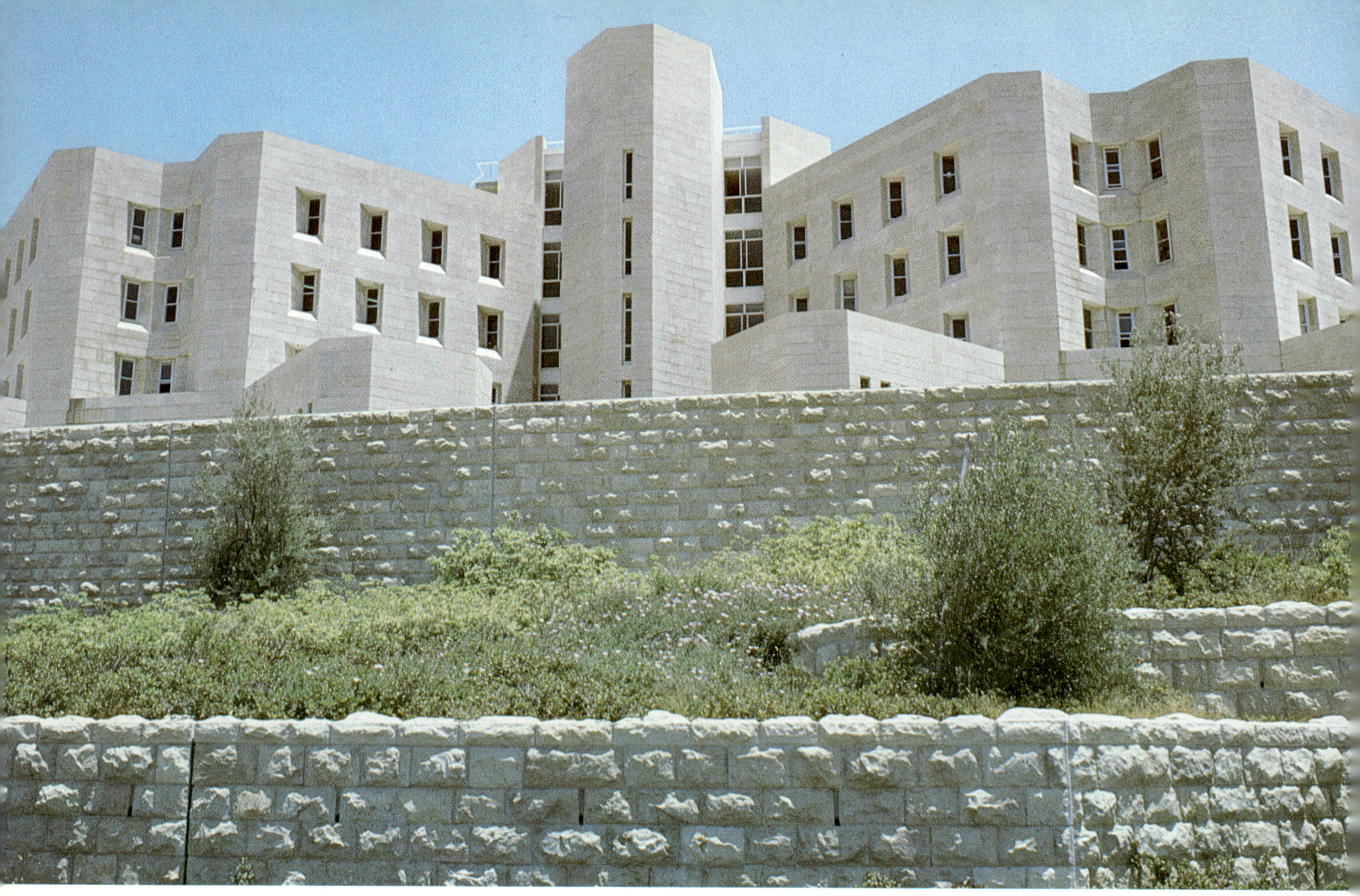

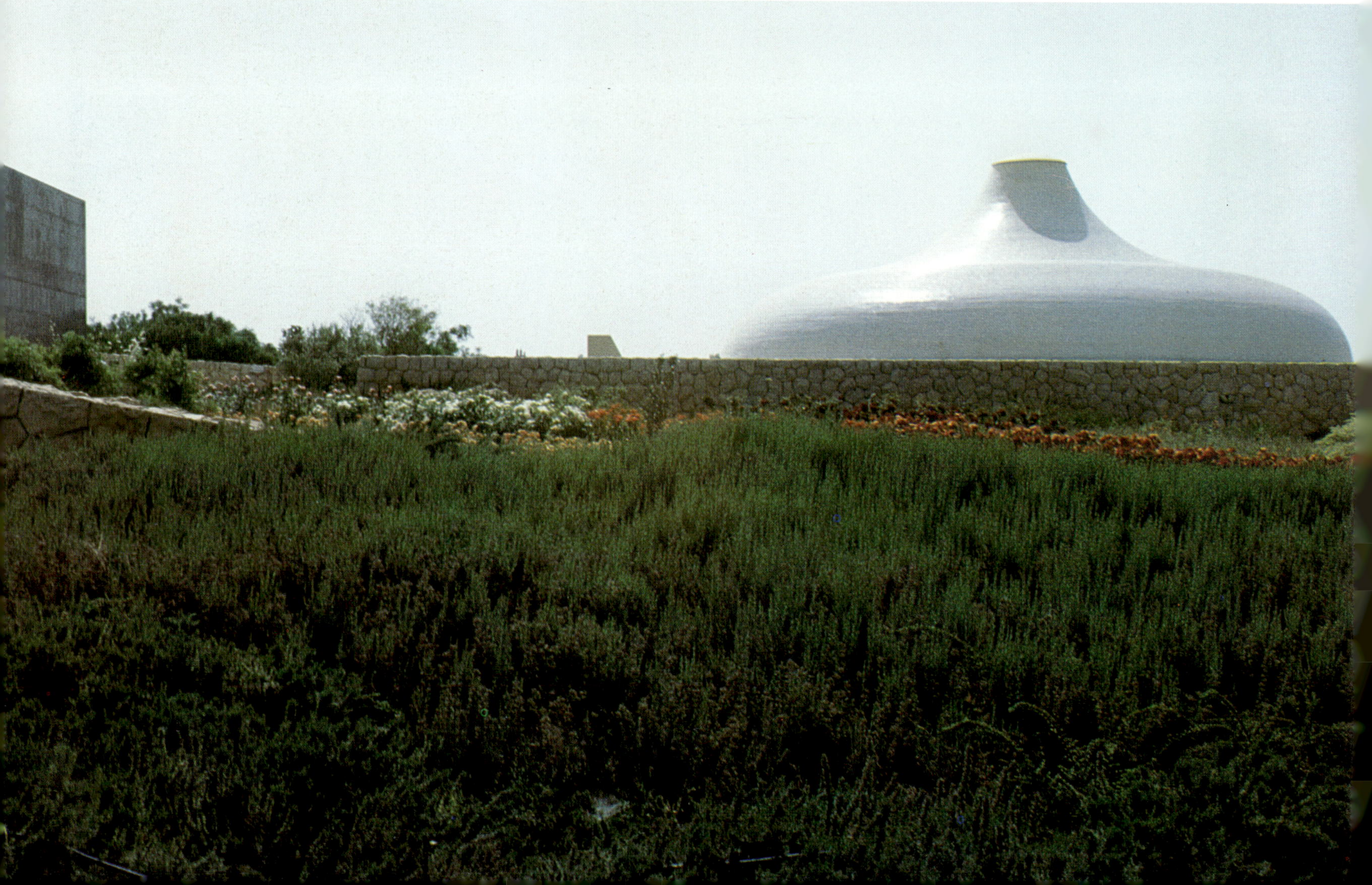

LINKS OBEN: Das jüdische Gelände mit dem ersten Hadassah-Krankenhaus und der Hebräischen Universität auf dem Berg Scopus war bis zum Sechstagekrieg im Juni 1967 von der Stadt Jerusalem abgeschnitten – seit 1968 entsteht hier ein neues Universitätsviertel.

LINKS UNTEN: Der „Schrein des Buches" auf dem Gelände des Jerusalemer Israel-Museums birgt die im Frühjahr 1947 in den Höhlen von Qumran gefundenen „Schriftrollen vom Toten Meer".

RECHTS: Im Stadtviertel Mea Shearim, das 1877 entstand, leben fast ausschließlich streng gesetzestreue, orthodoxe Juden, die ihrer osteuropäischen Tradition treu geblieben sind und sich vorschriftsmäßig mit Kaftan und Streimel kleiden.

FOLGENDE SEITE: Das Kennedy Memorial, von amerikanischen Bürgern aller Staaten gestiftet, symbolisiert einen Baumstumpf als Zeichen jäh unterbrochenen Lebens.

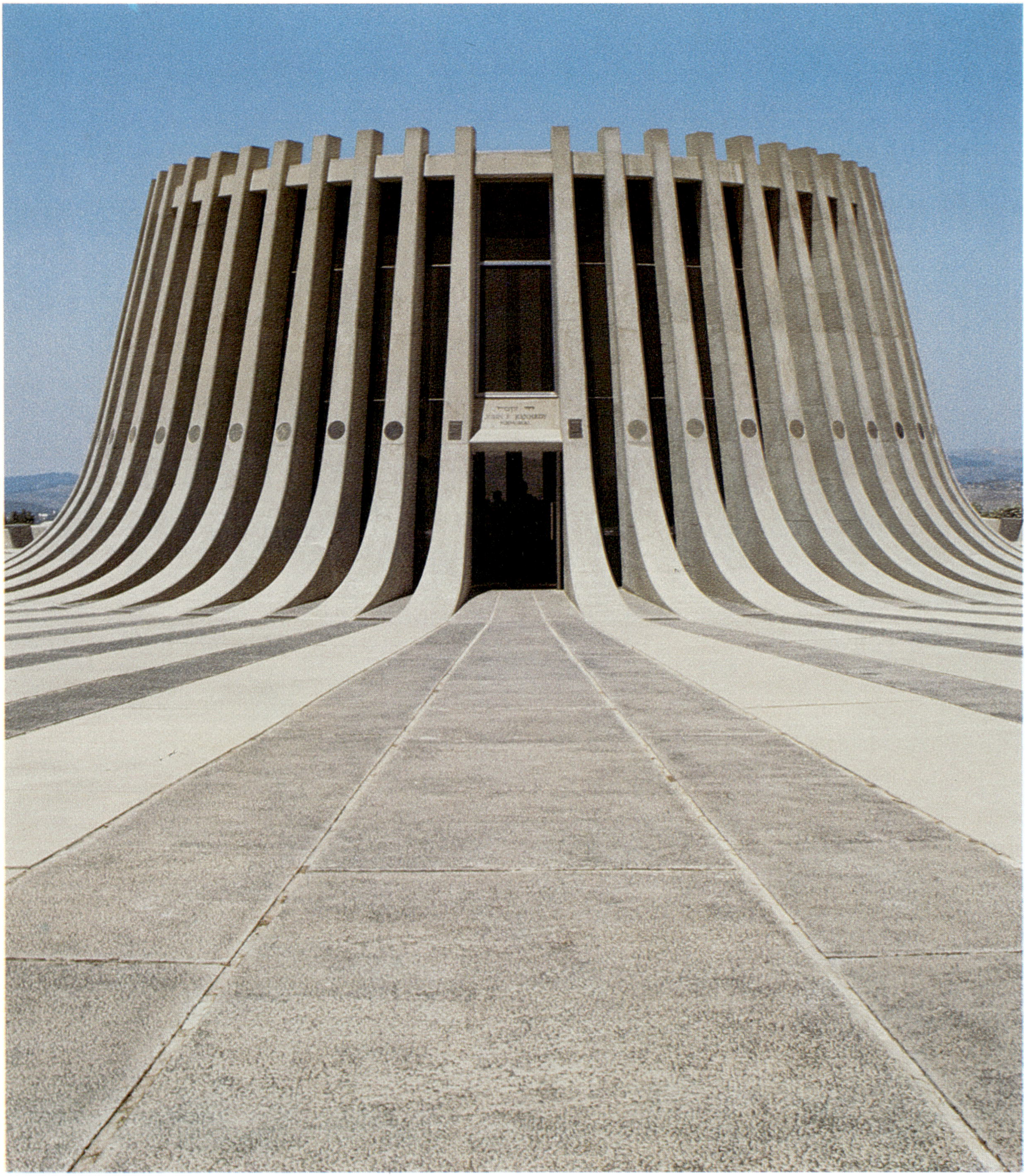

Kurt Benesch
Wo das Wort der Bibel lebt

VORHERGEHENDE SEITE:
Der „Berg Moriah" im Felsendom.
UNTEN: Das Hauptportal der Grabeskirche – so wie es noch heute Scharen von Pilgern und Schaulustigen sehen.

Israel – heiliges Land, Land der Verheißung, Brennpunkt der drei großen monotheistischen Religionen, des Judentums, des Christentums, des Islams. Kein anderes Land auf unserer Erde, das so vielen Menschen so viel bedeutet, das im Lauf der Geschichte so heftig und verzweifelt umkämpft wurde, vor 10.000 Jahren und bis auf den heutigen Tag. Diese Landbrücke zwischen Ägypten, Syrien und Mesopotamien ist immer schon zum Zentrum politischer, wirtschaftlicher und religiöser Interessen geworden. Dem Expansionsdrang der Römer ebenso wie dem der Kalifen, den Kreuzfahrerheeren aus Europa wie den Sultanen aus dem eroberten Byzanz. Dem abenteuernden Napoleon und dem britischen Empire, das sich um seine Haupthandelsader nach Asien, den Suezkanal sorgte – und heute den Weltmächten aus Ost und West, denen es um Einfluß im Krisenherd Nahost und um die alles bewegende Energiequelle Öl geht.

Kaum ein Land, in dem man wie hier keinen Schritt tun kann, ohne auf Zeugen seiner großen und tragischen Geschichte zu stoßen, die uns alle betrifft. Namen, seit Kindertagen jedem vertraut, werden hier Realität: Abraham, Isaak und Jakob; Moses, der aus Ägypten kam, Jesus von Nazareth und Mohammed, der Prophet. Hier zeigen Wegweiser nach Bethlehem und zum See Genezareth, zu den Quellen des Jordan und der Felsenfestung Masada.

Aber auch sonst hat Israel Eindrücke zu bieten wie kaum ein anderes Land: Da ist der Fluß, in dessen Wasser Jesus Christus – für Millionen Menschen der Sohn Gottes – getauft worden war. Da wurde das Kunststück zuwege gebracht, den irrwitzigen Wunschtraum eines Wiener Journalisten namens Theodor Herzl um die Jahrhundertwende Realität werden zu lassen und eine Heimstätte für 3 Millionen Menschen zu schaffen, deren Vorfahren durch 2 Jahrtausende hindurch in der halben Welt als ethnische Minderheit verfemt, verfolgt und vernichtet worden waren. Da war es möglich geworden, eine fast tote Sprache, die nur noch von Gelehrten und Bibelkennern verstanden wurde – das Hebräische – für ein ganzes Volk neu aufleben zu lassen und sie um mehr als das Doppelte ihres einstigen Wortschatzes anzureichern.

Kaum ein anderes Land kann sich rühmen, aus einem durch Jahrhunderte vernachlässigten Wüstenboden, der kaum die paar Schafe der hindurchziehenden Nomaden ernähren konnte, innerhalb weniger Jahrzehnte eine Gartenlandschaft geschaffen zu haben, deren Ernten in alle Welt exportiert werden. Selbst das Tote Meer wurde zu neuem Leben erweckt. Hier, wo einst Sodom und Gomorrha, das eindringlichste Symbol menschlichen Ungehorsams und seiner Bestrafung durch den Feuerregen Gottes, versunken sein soll, liegt die tiefste Stelle des Erdballs: 395 Meter unter dem Meeresspiegel. Das Wasser hat einen Gehalt von 26% Mineralanteilen, die das Leben keines Fisches und keiner Pflanze zulassen – aber die Israelis machen sich den schier unerschöpflichen Reichtum an Kali-, Brom- und Magnesiumsalzen zunutze. Wenn das Wasser in Mund und Nase gerät, verätzt es unerbittlich die Schleimhäute – dennoch wird seine Heilkraft heute erfolgreich gegen Hautkrankheiten eingesetzt, und Patienten aus aller Welt pilgern hierher.

Unweit von diesem tiefsten Punkt der Erde ihre älteste Stadt: Jericho. Hier fand – wie die Prähistoriker sagen – schon 9000 Jahre vor Christus die „Neolithische Revolution" statt, das Seßhaftwerden des nomadisierenden Menschen – in der Bibel dargestellt durch den Ackerbauer Kain, der den Schafhirten Abel erschlägt. Immer schon waren Nomaden in die fruchtbare Oase zwischen Jerusalem und dem Jordan gekommen und hatten hier sogar ihre bescheidenen Heiligtümer errichtet. Dann erscheinen Schicht um Schicht die ersten festen Behausungen mit gestampften Böden, ein kompliziertes Bewässerungssystem, das die nahe Quelle am Stadtrand des heutigen Jericho nutzte. Schließlich die gewaltige Festungsanlage aus tonnenschweren Steinblöcken mit dem mächtigen Rundturm, der zur Zeit seiner Ausgrabung durch die Archäologin Kathleen Kenyon noch die staunenswerte Höhe von zehn Metern erreichte. Und das 7000 Jahre, bevor der Eroberer Josua von seinem Gott den Auftrag erhielt: „Zieh deine Schuhe aus, denn du stehst auf heiligem Boden!"

Über diesem Hügel an der Straße, die heute Jerusalem mit dem Jordan verbindet, der Berg der Versuchung. Nach christlicher Überlieferung der Ort, von dem aus der Teufel dem Herrn alle Herrlichkeiten der Erde zeigte und anbot, sollte dieser seiner Erlösermission untreu werden.

Neolithische Revolution und drittes Jahrzehnt unserer Zeitrechnung, in die die öffentliche Wirksamkeit Jesu Christi fällt – zwischen diesen beiden Polen spielt sich der wesentliche Teil der jüdischen Geschichte ab. Der Teil, von dem das berühmteste und durch sein Wirken auf die Menschheit wohl bedeutungsvollste Buch, das wir kennen, berichtet: die Bibel. Ein heiliges Buch, eine „Gabe Gottes". Aber auch ein großes und, wie sich immer mehr herausstellt, gar nicht

LINKS: Die „Ställe Salomons", die Stützgewölbe des Tempels, wurden vor kurzem für den Touristenstrom geschlossen.
RECHTS: Das Heilige Grab in der Grabeskirche – vor 100 Jahren noch nicht so eingeengt durch eingezogene Mauern wie heute.

37

so unzuverlässiges Geschichtswerk, das seit seiner Existenz verehrt und gelesen, studiert und interpretiert wurde.

Es auf seinen Wahrheitsgehalt zu untersuchen, ist unserer Zeit vorbehalten – und eine der stärksten Triebfedern der Archäologie ist es, die Bibel durch Bodenfunde zu „beweisen". Ein Anliegen des Christen, der seinen Glauben bestätigt haben will, und mehr noch, des israelischen Volkes, für das diese kaum 200 Jahre junge Wissenschaft von eminent politischer Bedeutung ist. Soll sie doch die in der Bibel niedergeschriebenen Ereignisse verifizieren – und das nicht nur, um festzustellen, wo die Bibel „recht hat" und wo nicht, sondern um kundzutun, daß die Verheißung dieses Landes dem von Gott erwählten Volk keine Legende und keine dichterische Fiktion ist, sondern eine Realität, die in jedem Bodenfund sichtbar wird. Der Israeli hat seine Existenzberechtigung in dem Land seiner Väter zwar kaum je bezweifelt, dennoch durchwühlt er seinen Boden mit beispiellosem Eifer nach immer neuen Beweisen. Für die Welt, aber auch für sich – denn die Wiederbegegnung mit den Zeugnissen seiner Vergangenheit ist seine Begegnung mit sich selbst, sein Land ist seine Identität, und nach fast 2000 Jahren Diaspora und der Suche nach dieser Identität in Bibel und Talmud darf er nun endlich dieses Land selbst danach durchsuchen.

Der Israelreisende aber sucht fürs erste nicht diese Bestätigung seiner Bibellektüre. Für ihn sind es einmal Stimmungen und Bilder am Straßenrand, die das von Kind auf Vertraute vor dem leiblichen Auge wiedererwecken: die kargen Wüstenhügel, über denen die Zeit stillsteht und die Oasen, an denen die biblischen Gestalten rasteten, wie heute die Beduinen in ihren dekorativen Gewändern, mit ihren Herden und ihren Zelten. Egal, ob moderne Straßen die

LINKS: Der Teich Bethesda in der Nähe des Löwentors in Jerusalem, wo Jesus zu einem Kranken gesprochen hatte: „Steh auf, nimm dein Bett und geh!"

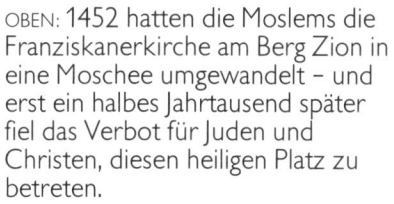

OBEN: 1452 hatten die Moslems die Franziskanerkirche am Berg Zion in eine Moschee umgewandelt – und erst ein halbes Jahrtausend später fiel das Verbot für Juden und Christen, diesen heiligen Platz zu betreten.
RECHTS: Die Kirche der Schwestern Zions mit dem Ecce-Homo-Bogen am Beginn der Via Dolorosa.

Landschaft durchschneiden oder Fernsehantennen die Dächer der Häuser krönen – wir tragen in uns ein vorgeformtes Bild und finden es in dieser Gegenwart wieder.

Abraham kam aus Ur in Chaldäa, sagt uns die Bibel, und zog über Haran „in das Land, das ich dir zeigen werde", wie Gott ihm gebot, damit er gesegnet und zu einem großen Volk werde. Wissenschaftler von heute zweifeln an Ur als Ausgangspunkt, und manche wollen Abraham, der bis nach Ägypten gezogen sein soll, nicht einmal als historische Persönlichkeit wahrhaben. Ein Widerspruch zu den neuesten Funden im syrischen Tell Mardikh, dem einst mächtigen Ebla, wo auf Keilschrifttafeln Namen aus der Patriarchenzeit Ab-ra-mu (Abraham), E-sa-um (Esau), Is-ma-ilu (Ismael) und Is-ra-ilu (Israel) zu lesen sind. Sei dem wie immer, wesentlich ist, daß dieses Land Kanaan, aus dem seine Nachfahren nach Ägypten zogen, ihm als Heimat verheißen war, ebenso verheißen, wie 700 Jahre später dem Moses und den Israeliten, als sie ihren Exodus aus Ägypten vollzogen. Ebenso verheißen wie denen, die wieder 700 Jahre später aus der babylonischen Gefangenschaft heimkehrten und ihren Tempel erneut aufbauten. Es war eine Verheißung, auf die sich nach der Zerstörung dieses Tempels durch die Römer die in aller Welt verstreuten Nachkommen Abrahams beriefen, wenn sie in ihren Synagogen um die Heimkehr nach Jerusalem beteten. Eine Bitte, die das Wiederkommen des Messias einschloß, die jedoch nur in anderer, säkularisierter, in der Form des heutigen Staates Israel erfüllt wurde.

Gott, so sagt die Bibel, machte die Erfüllung seiner Verheißung immer wieder von Treue und Gehorsam seiner „Auserwählten" abhängig, und die erste Tat dieses Gehorsams war, daß Abraham auf den Berg Moriah zog, um seinen Sohn Isaak zu opfern. Ein Bote Gottes konnte die fromme Bluttat verhindern – der Felsen, auf dem dies geschah, ein Teil des berühmten Tempelberges, Zentrum Jerusalems, wird noch heute verehrt. (Wenn man will, kann man die Furchen im Stein erkennen, in denen das Blut des Opfertieres abgeflossen sein soll.) Über ihm wölbt sich die goldene Kuppel des Felsendoms, der nach der Eroberung Jerusalems durch die Soldaten des Propheten (638 n. Chr.) erbaut und nach dem siegreichen Kalifen Omar-Moschee genannt wurde. Denn Abraham war ja zum Stammvater zweier einander immer bekämpfender Völker geworden: der Araber durch seinen Sohn Ismael, den Sohn seiner Magd Hagar, und der Juden durch Isaak, den Sohn seiner Frau Sarah. Aber die Moslems haben noch einen anderen Grund, diesen Ort und somit Jerusalem als ihr Heiligtum zu betrachten, das sie bis heute beanspruchen: vom Felsen Moriah aus soll Mohammed auf seinem Hengst Burak in den Himmel geritten sein. (Wer will, kann im Stein auch einen Fußabdruck des Propheten sehen.) Von Abrahams Felsen aus führen ein paar Stufen in eine Höhle, unter der sich nach altem Glauben die Seelen der Toten versammeln und beten: Bir El-Arwah, Seelenbrunnen, nennen ihn die Araber, und sie sind es auch, die die Stelle zeigen, wo die Propheten Elias und Mohammed, wo die Könige David und Salomon beteten. Viele wollen auch wissen, daß irgendwo unter dieser Höhle die verborgenen Schätze des Königs von Juda zu finden seien.

Die israelischen Wissenschaftler, die seit 1967 in den Tempelberg vordringen, suchen nach anderen Schätzen. Ihnen ist das einzig sichtbare Stück Westmauer nicht genug, sie wollen mehr über die Anlage dieses viel gerühmten Tempels wissen. Die Araber haben dafür wenig Verständnis, Glauben steht über Wissen, sagen sie, heilige Stätten dürfen nicht durch ungebührliche Neugier entweiht werden. Und die lautstark in die Welt hinausgeschriene Sorge, die Arbeiten der Israelis könnten den Felsendom und die benachbarte Al-Aksa-Moschee gefährden, haben die Grabungen immer wieder empfindlich gestört. Ähnlich ist es in Hebron, einer der heiligsten Stätten des Landes, wo sich über der Machpelah-Höhle eine alte Moschee erhebt. Hier liegen der Überlieferung nach die Gräber der Patriarchen Abraham, Isaak und Jakob und ihrer Frauen Sarah, Rebekka und Lea. Aber als israelische Archäologen sie näher untersuchen wollten, brach unter Arabern ein Sturm der Entrüstung los. Auch besuchen, um Konflikte zu vermeiden, Juden und Araber zu geregelten Zeiten die Grabstätten ihrer gemeinsamen Stammväter.

461 Jahre nach Kalif Omar, im Jahre 1099, fielen die Vertreter der dritten monotheistischen Weltreligion, für die Abraham ebenfalls ein großer Patriarch ist, in die Stadt ein: die Kreuzfahrer. Sie machten die Omar-Moschee zum „Templum Domini" und verwandelten die ursprünglich als Basilika gebaute Al-Aksa-

UNTEN: Erst gelegentlich der Restauration der Annenkirche zu Ende des vorigen Jahrhunderts wurde der legendäre Teich Bethesda entdeckt, ausgegraben und erforscht.

RECHTS: Das Davidsgrab auf dem Berg Zion, als es in der „Moschee des Propheten David" nur von Moslems besucht werden durfte.

Moschee wieder in eine christliche Kirche zurück. Nicht für sehr lange allerdings – denn im Jahre 1291 verließ der letzte christliche Soldat die Stadt Jerusalem für viele Jahrhunderte. Aber die Kreuzfahrer hatten, knapp 500 Meter von der Tempelplattform entfernt, eine andere Kirche zurückgelassen: die von ihnen völlig umgebaute Grabeskirche des Kaisers Konstantin über dem Golgothahügel.

Eine einmalig-absurde Situation: die größten Heiligtümer dreier Weltreligionen, die den selben Gott anbeten, sich auf die selbe Tradition berufen, die selben Patriarchen und Propheten anerkennen und einander seit Jahrhunderten befehden, liegen auf einem Stück Erde mit kaum 500 Metern Durchmesser zusammengedrängt. Omar-Moschee und Grabeskirche, Erinnerungen an einen Eroberer und einen Ketzer – Pilgerziele für Millionen. Die Juden aber, denen das Land von Anfang an verheißen war, und die heute die tatsächlichen Besitzer sind, müssen sich mit einem Stück Mauer begnügen. Denn ihre beiden Tempel sind lange zerstört und nicht wieder aufgebaut worden: der Tempel des Salomon 587 v. Chr. durch die Babylonier, der des Herodes 70 n. Chr. durch die Römer, die auf den Trümmern ihren Jupitertempel errichteten. Die Mauer ist ein letzter Rest der Verteidigungsanlage des herodianischen Tempels, in der neuerdings auch ein paar Quader aus der Zeit König Davids gefunden wurden. Sie wird auch Klagemauer genannt, denn eine Legende erzählt, daß die Steine des Nachts mit Tautropfen bedeckt sind, den Tränen, die die Mauer gemeinsam mit ganz Israel vergießt.

Es ist nicht leicht, die Geschehnisse der Bibel historisch einzuordnen. Im allgemeinen wird angenommen, daß die Patriarchen zwischen 1700 und 1460 v. Chr. lebten, aber welcher Pharao herrschte, als Jakobs Sohn Joseph von seinen Brüdern nach Ägypten verkauft wurde, bleibt offen, und ob es der große Ramses oder sein Nachfolger Merenptah war, der nach den schrecklichen Plagen Moses und seinem Volk den Auszug aus Ägypten in das verheißene Land gestattete, ist heute noch genauso umstritten. Es war auch sicher kein Volk, eher ein regelloser Haufen von Sklaven, die für die ägyptischen Fronherren Steine brachen, und Moses hatte gewiß zu tun, aus ihnen das Volk der Erwählten zu machen und sie bei der Stange zu halten, wenn sie auf ihren Irrwegen durch die Sinaiwüste zu meutern begannen, sich nach den Fleischtöpfen

OBEN: Noch im vorigen Jahrhundert stand das Kreuzkloster vor den Mauern Jerusalems in einsamer, wilder Landschaft – heute hat es das Israel-Museum zum Nachbarn bekommen.
LINKS: Das Innere der Al-Aksa-Moschee, das 1969 durch ein Brandattentat schwer beschädigt wurde.

Ägyptens zurücksehnten und immer wieder von dem einen unsichtbaren Gott abfielen, um sich irgendwelchen Götzenbildern zuzuwenden. Daß die sonst äußerst schreibfreudigen Ägypter auf keiner Stele und keinem Papyrusblatt diese Fremden erwähnten, besagt wenig. Was bedeutet schon ein solcher Haufen von Entlaufenen für einen, der die Geschichte von Königen und ihren Heldentaten der Nachwelt zu überliefern hat!

Wenn eine Wissenschaft imstande ist, all diese Fragen zu beantworten, dann ist es die Archäologie – aber der jahrzehntelange Irrweg des Moses ist dennoch nicht zu rekonstruieren. Nur eines glaubt die mündliche Überlieferung zu kennen: den Ort, an dem Gott seinem Auserwählten die Gesetzestafeln übergab, den Mosesberg im Sinai, zu dessen Füßen im 6. Jahrhundert das

RECHTS: Das Goldene Tor in der östlichen Mauer Jerusalems wurde 1530 von den Moslems vermauert – denn nach jüdischem Glauben soll durch dieses Tor einst der Messias einziehen.

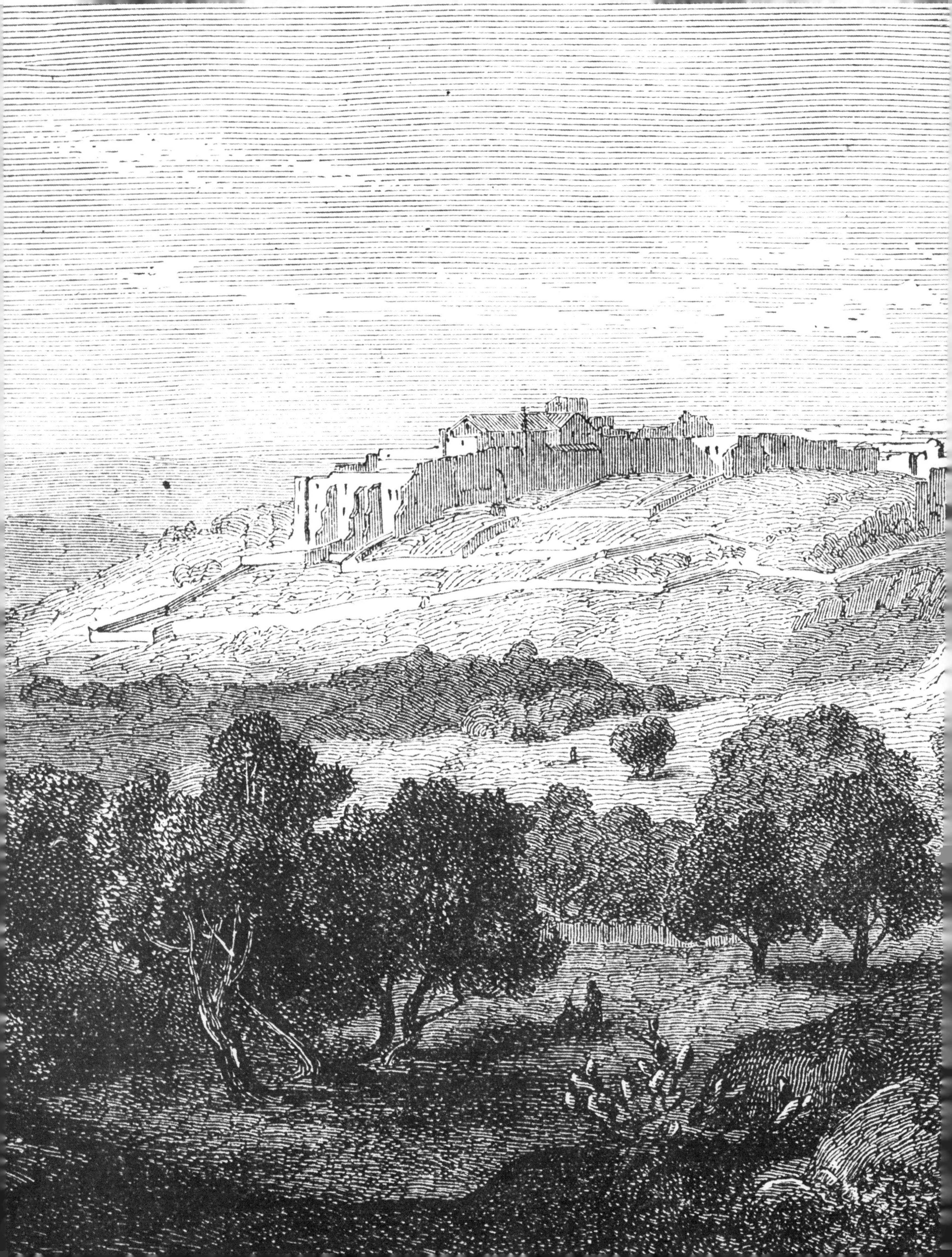

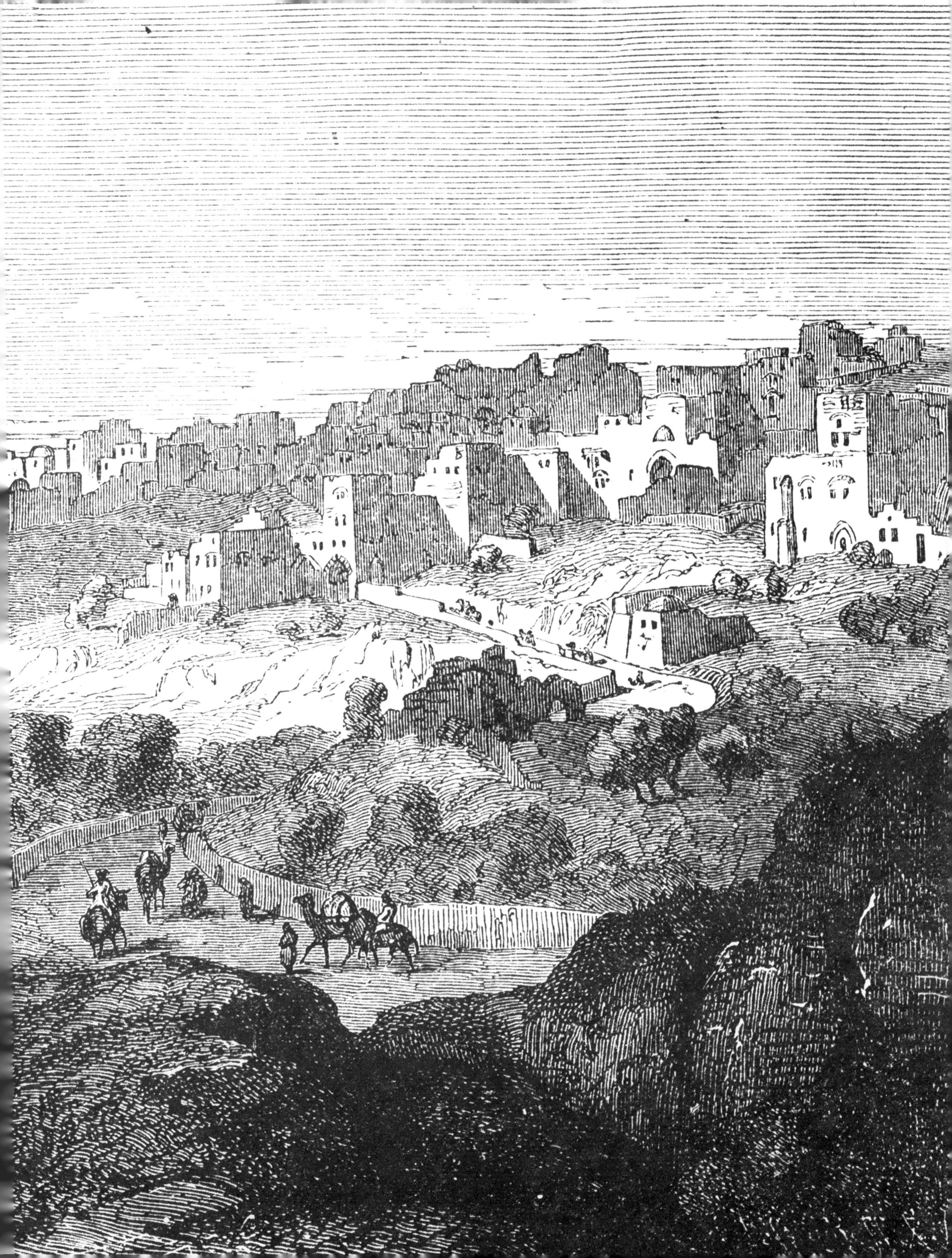

berühmte Katharinenkloster erbaut wurde – Ziel jedes interessierten Israelbesuchers, auch wenn es heute wieder auf ägyptischem Territorium liegt. Jeder, der dort hingelangt, wird begreifen, daß diese Gebirgswüste mit ihrem aus Afrika herübergewehten Sand wirklich ein Ort der Läuterung sein kann, eine Landschaft, in der man sich dem Metaphysischen nahe fühlt. Selbst wer bloß zum Baden in Eilat bleibt und von den roten Bergen Jordaniens und Saudiarabiens über die unzähligen Schiffe vor dem jordanischen Akaba hinüber zu den zerklüfteten Bergen des Sinai blickt, wird etwas von der Gewalt dieser Wüste spüren. Eilat selbst, mit seinen modernen Zweckbauten, ist alter biblischer Boden, schon im 5. Buch Moses wird es als Rastplatz der israelischen Stämme auf dem Weg nach Kanaan erwähnt.

Erst bei ihrem Eindringen in das Gelobte Land, etwa im 13. Jahrhundert, wird man der Israeliten wissenschaftlich habhaft. Man nimmt an, daß sie in mehreren Wellen kamen, wobei es sich nicht immer um gewaltsame Eroberungen sondern auch um ein teilweise friedliches Einsickern handelte. Die eine Welle, die man mit dem Stamm Juda in Verbindung bringt, kam aus dem Süden, die andere nördlich des Toten Meers aus dem Osten mit Stoßrichtung auf das Gebirge von Efraim. Die dritte drang im Norden des Sees Genezareth ein, und sie dürfte es gewesen sein, die unter Josua kam und stark genug war, die Festungen des Landes zu überrennen.

Die Mauern von Jericho, die nach dem biblischen Bericht unter dem Schall der Posaunen zusammenstürzten, sind noch nicht gefunden. Das Alter derjenigen, die man noch in den Dreißigerjahren dafür hielt, setzt man heute um 1000 Jahre früher an.

Im nordgaliläischen Hazor aber (Tell el-Qedach), dem „Haupt all dieser Königreiche", das schon 30.-40.000 Einwohner gehabt haben muß, war man schon glücklicher. Der bekannte Politiker und Archäologe Yigael Yadin, der von sich schrieb, er führe seine Ausgrabungen mit dem Spaten in der einen und mit der Bibel in der anderen Hand durch, stieß während seiner jahrelangen Arbeiten seit 1955 auf sensationelle Funde: auf ein eindrucksvolles Stadttor und Tempelruinen, einen großen Opferaltar sowie die reichste Sammlung von Kultgeräten, die bis dahin in Israel gefunden wurde – sie befinden sich heute im Israel-Museum in Jerusalem. Vor allem aber fand er eindeutige Spuren von Brand und gewaltiger Zerstörung in der Zeit zwischen 1250 und 1225 – und das ist genau die Zeit, zu der nach allgemeiner Ansicht die israelitischen Völkerschaften in das Gelobte Land einbrachen. Heute steht unweit des Ruinenfeldes eine andere Art von Festung: ein Kibbuz mit Gästehaus und einem kleinen Museum. Dazu ein Laden, in dem der antiquitätenlüsterne Tourist kleinere und weniger bedeutungsvolle, dafür garantiert echte Funde aus biblischer Zeit erwerben kann.

Gemäß der Bibel war Hazor die einzige Stadtfestung, die niederbrannte, aber zerstört wurden sie alle, Bethel und Lachisch, Debir und andere. Und über den

VORHERGEHENDE DOPPELSEITE:
Bethlehem, der Tradition nach die Geburtsstadt des christlichen Erlösers, von Norden gesehen.
UNTEN: Die Geburtskirche liegt am Südostrand von Bethlehem.

RECHTS: Auf dem „Feld der Hirten" nahe Bethlehem, soll den Hirten die frohe Botschaft von der Geburt Jesu zuteil geworden sein.

Trümmern der hochentwickelten kanaanäischen Kultur errichteten die Wüstensöhne ihre Zelthütten und Schafställe. Nur Gibeon, heute das arabische Dorf el-Dschib 12 Kilometer nördlich von Jerusalem, wurde verschont. Seine Bewohner, nach den jüngsten Entdeckungen die Besitzer von 63 Weinkellern, hatten gar nicht vesucht, Josua Widerstand zu leisten und waren ihm, wie die Bibel erzählt, als arme Wanderer angeblich aus einem fremden Land entgegengezogen, um ihn um Gnade zu bitten. Als er die List entdeckte, verurteilte er sie zum „Holzhauen und Wassertragen" für ihre neuen Herren, die Israeliten.

Aber die Eindringlinge durften sich ihres Besitzes nicht lange ungestört erfreuen: Moabiter, Kanaanäer und andere Stämme bedrängten sie von allen Seiten. Vor allem die verhaßten Philister, nach neuesten Forschungen ein Teil der legendären „Seevölker", die aus Anatolien über die palästinensische Landbrücke kamen und von Pharao Ramses III. nur unter größten Mühen abgewehrt worden waren. Sie bemächtigten sich mehr und mehr des Landes, und die aus der Bibel bekannten Stadtstaaten Gaza, Ashdod, Ashkelon (Askalon), Gath und Ekron, heute zum Teil schon freigelegt, zeugen von der Macht und der kulturellen Überlegenheit dieses Volkes – um 1050 v. Chr. wurden die israelitischen Bauernhaufen von dem disziplinierten und bereits mit Eisenwaffen ausgerüsteten Philisterheer vernichtend geschlagen. Sogar die tragbare Bundeslade, das Zentralheiligtum des israelitischen Stämmebundes, die erst unter Salomon in Jerusalem einen festen Standplatz bekommen sollte, wurde aus dem alten Kulturzentrum Silo geraubt und zeitweise dem Tempel des Philistergottes Dagon in Ashdod einverleibt.

In ihrer Not taten die Israeliten, was sie bis heute nur unter stärkster äußerer

Bedrängnis tun: sie einigten sich im Verlangen nach einem starken Mann, und das war ihr erster König Saul. Ihm folgte der junge David, Hirte und Volksheld, der den Riesen Goliath und nicht nur ihn, auch die Philister, besiegte, unter denen er zuvor kurz gedient hatte. Er vereinigte Juda und Israel zu einem Reich, machte Jerusalem zur Hauptstadt und ließ die Bundeslade hierher überführen. Auch die ostjordanischen Staaten und ein Stück phönizischer Küste wurden zum mehr oder minder stark abhängigen Bestandteil dieses Großreiches „vom Strom bis an den Bach von Ägypten", das zwei Menschenalter überdauern und dessen Größe nie wieder erreicht werden sollte.

Auf diesen sicher populärsten aller israelitischen Herrscher stößt man allenthalben in diesem Land. Auf dem Berg Moriah, dort, wo Abraham seinen Sohn zu opfern bereit war und sein eigener Sohn Salomon den ersten Tempel errichten sollte, ist ihm Gott erschienen. Neben dem Jaffatal in Jerusalem, an der Stelle, an der Herodes der Große zu Ende des 1. Jahrhunderts v. Chr. seinen Palast bauen ließ, steht heute noch die Davidsburg, eine der Hauptbefestigungen der Stadt beim jüdischen Aufstand gegen die Römer im Jahre 70 n. Chr. Und Jerusalem selbst ist ja „Davids Stadt".

Wir begegnen Davids Namen auch in der Oase En Gedi am Toten Meer: hier an der „Davidsquelle" schonte er das Leben seines schlafenden Gegners Saul, schnitt ihm aber, um ihm zu zeigen, daß er ihn hätte töten können, einen Zipfel seines Mantels ab. „Davids Brunnen" liegt in seinem Geburtsort Bethlehem, der auch der Geburtsort jenes Jesus von Nazareth aus dem gleichen Geschlecht ist. Davids Grab aber, einer der am meisten verehrten Plätze in Israel, liegt auf dem Berg Zion im Süden der Altstadt – ganz nahe dem Saal, in dem nach christlicher Überlieferung Jesus das letzte Abendmahl feierte. Das Grab wird schon seit dem 12. Jahrhundert gezeigt, und Rabbi Benjamin von Tudela erzählt, wie es gefunden wurde: Um 1156 stürzte eine Kirchenwand auf dem Berg Zion ein, und der Patriarch befahl, aus den Steinen der heiligen Mauer eine neue Kirche zu bauen. Im Lauf der Arbeiten deckten die Männer eine Höhle auf, sie stiegen – in der Hoffnung, Geld zu finden – hinunter und kamen tatsächlich bis zu einem großen Palast. Kaum aber wollten sie eintreten, fuhr ihnen ein Windstoß entgegen, und eine Stimme erscholl: „Verlaßt diesen Ort, Gott will nicht, daß ein Mensch das sieht!"

Was man heute sehen kann, ist alles andere als ein Palast. Der Raum mit dem Scheinsarg ist schlicht, als hätte das Volk Israel in den Jahrhunderten der Diaspora jedem Prunk abgeschworen. Schmuck des Raumes sind Gebete, Erinnerungen, Hoffnungen, und man kann ihn selten betreten, ohne einen frommen Beter anzutreffen. Kein Mann darf eintreten ohne das runde Käppchen auf dem Kopf, und wer es nicht mit sich hat, dem wird am Eingang eines angeboten. Äußere Gesten, traditionelle Formen als Zeichen der Demut vor Gott und seinen Berufenen, die sich verbal nicht ausdrücken läßt. Treue im kleinsten Detail, Treue dem Gesetz, das Moses seinem Volk gab.

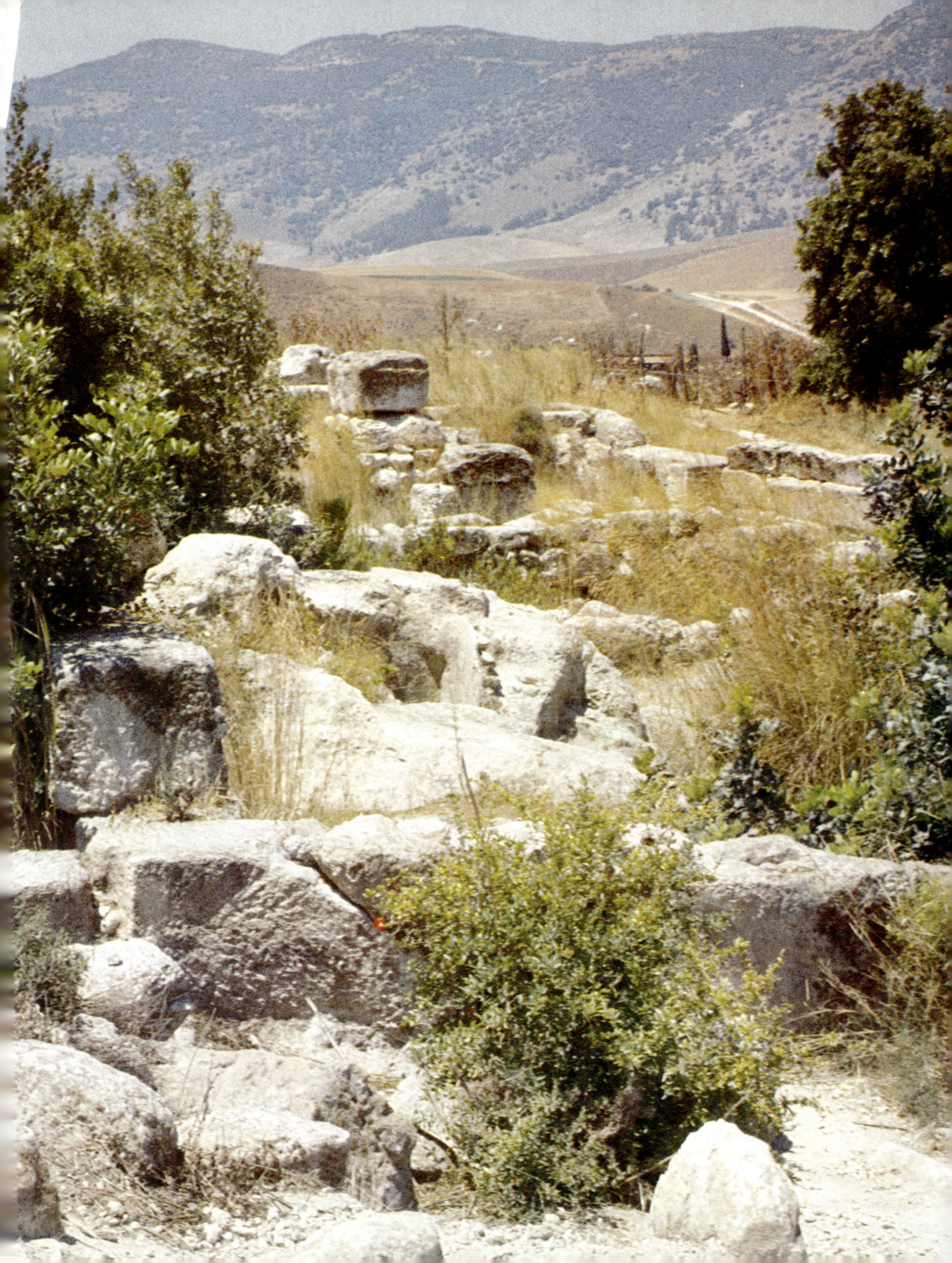

LINKS OBEN: Megiddo, strategisch bedeutend gelegen am Durchzugsweg von Ägypten nach Syrien und Mesopotamien, war häufig Schauplatz kriegerischer Auseinandersetzungen – und ist daher heute einer der Hauptorte archäologischer Forschung.
VORHERGEHENDE SEITE: Die Stadt Beth Shearim, das „Haus der Tore", war unter den Makkabäern entstanden – und wurde nach einem Aufstand 352 n. Chr. von den Römern zerstört.
LINKS UNTEN: Am bedeutendsten war Beth Shearim als Sitz des jüdischen Synhedrions im 2./3. Jahrhundert n. Chr. – die Reste der alten Synagoge stammen aus dieser Zeit.
RECHTS: Die eindrucksvollsten Sehenswürdigkeiten von Beth Shearim sind die Katakomben der Mitglieder des Synhedrions mit den auch kunstgeschichtlich interessanten Sarkophagen.

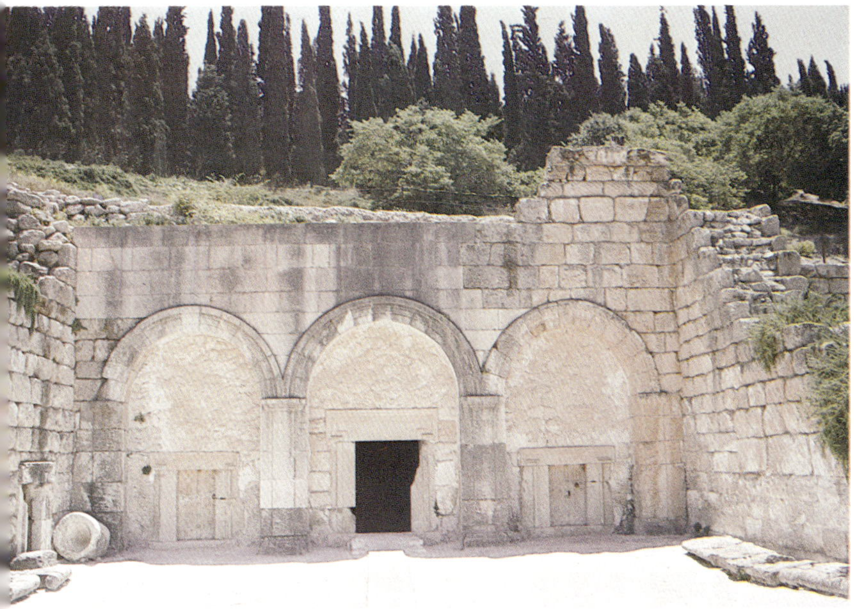

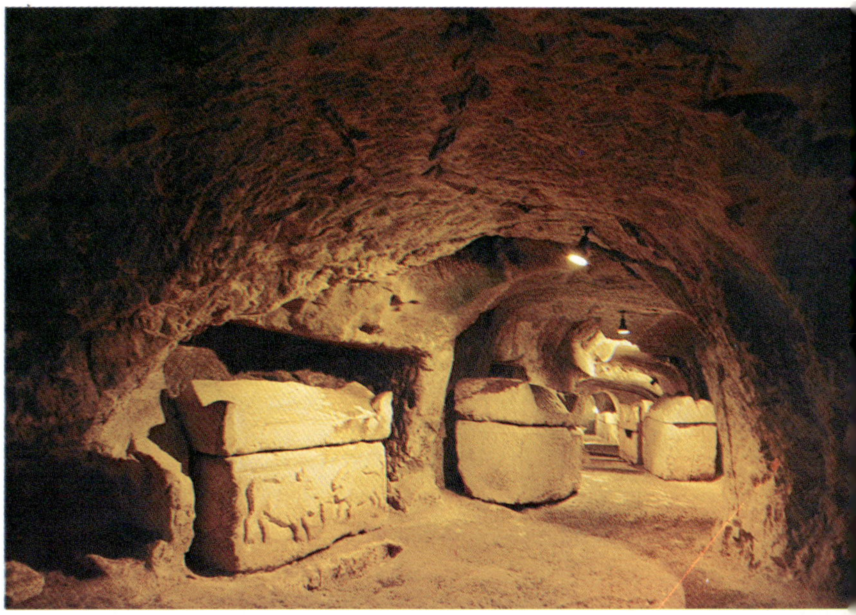

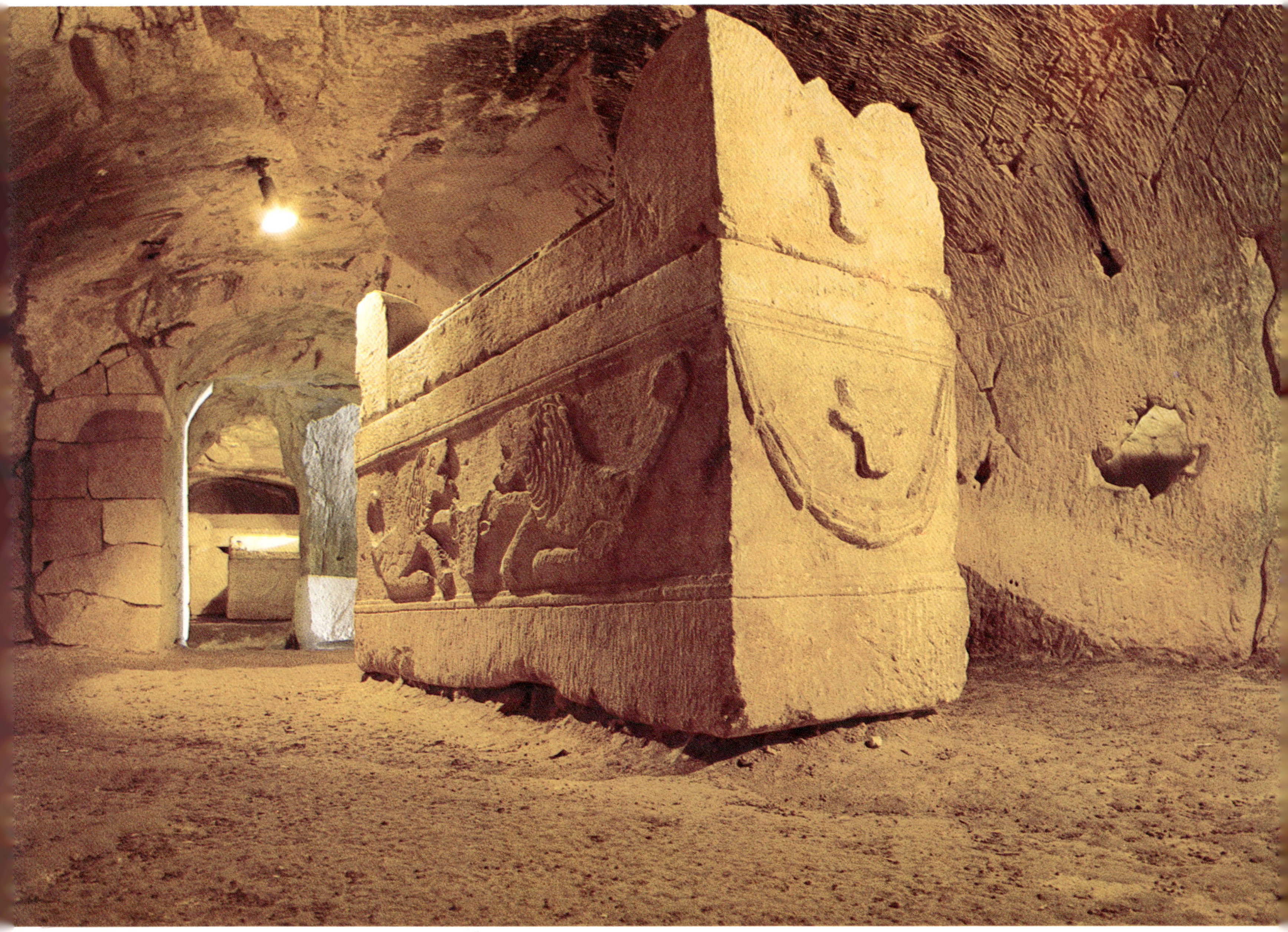

LINKS: Der Mosaikfußboden einer alten Synagoge aus dem 6. Jahrhundert n. Chr. in Beth Alfa wurde 1928 bei Arbeiten an einem Bewässerungskanal zufällig entdeckt – es handelt sich um einen der schönsten und bemerkenswertesten religiösen Plätze jüdischer Vergangenheit.

RECHTS: Beth Shean, heute eine blühende jüdische Stadt, war einst durch seinen Burgberg berühmt – hier hatten sich die Tempel der Philister erhoben. Im 2./3. Jahrhundert n. Chr. entstand ein römisches Theater, das heute das besterhaltene in Israel ist.

52

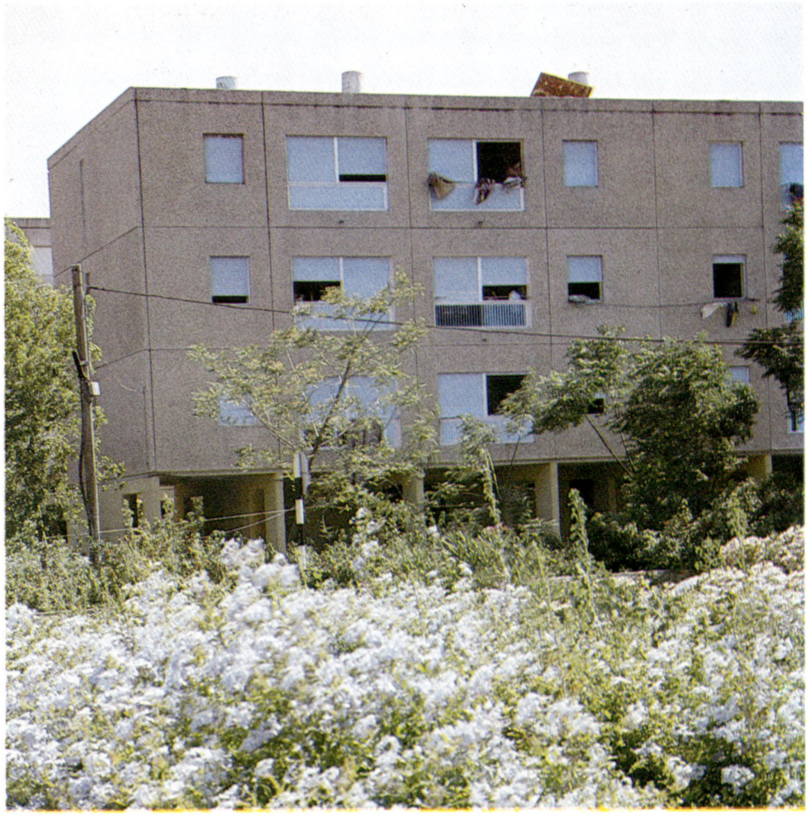
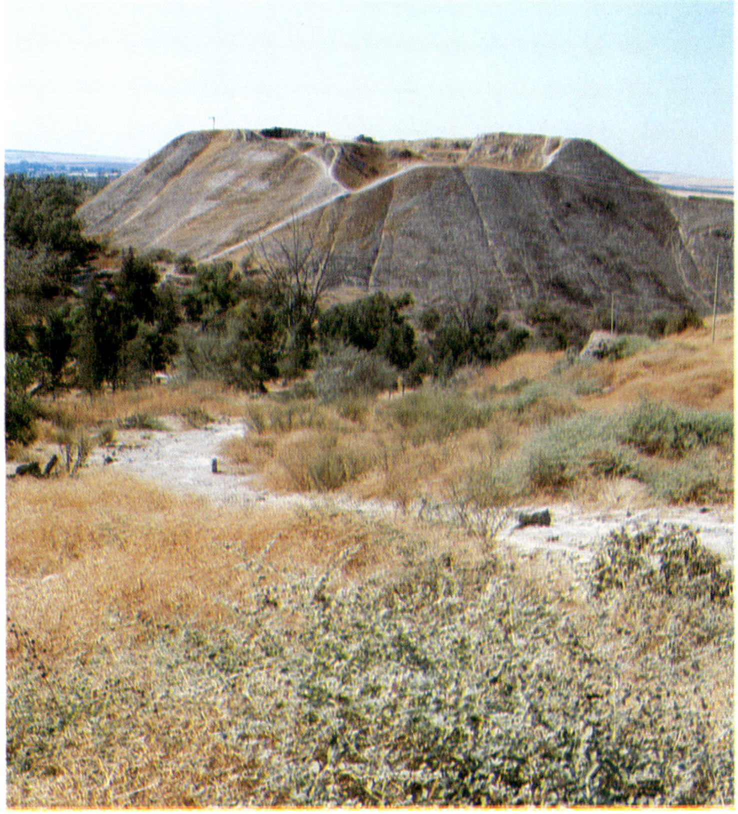
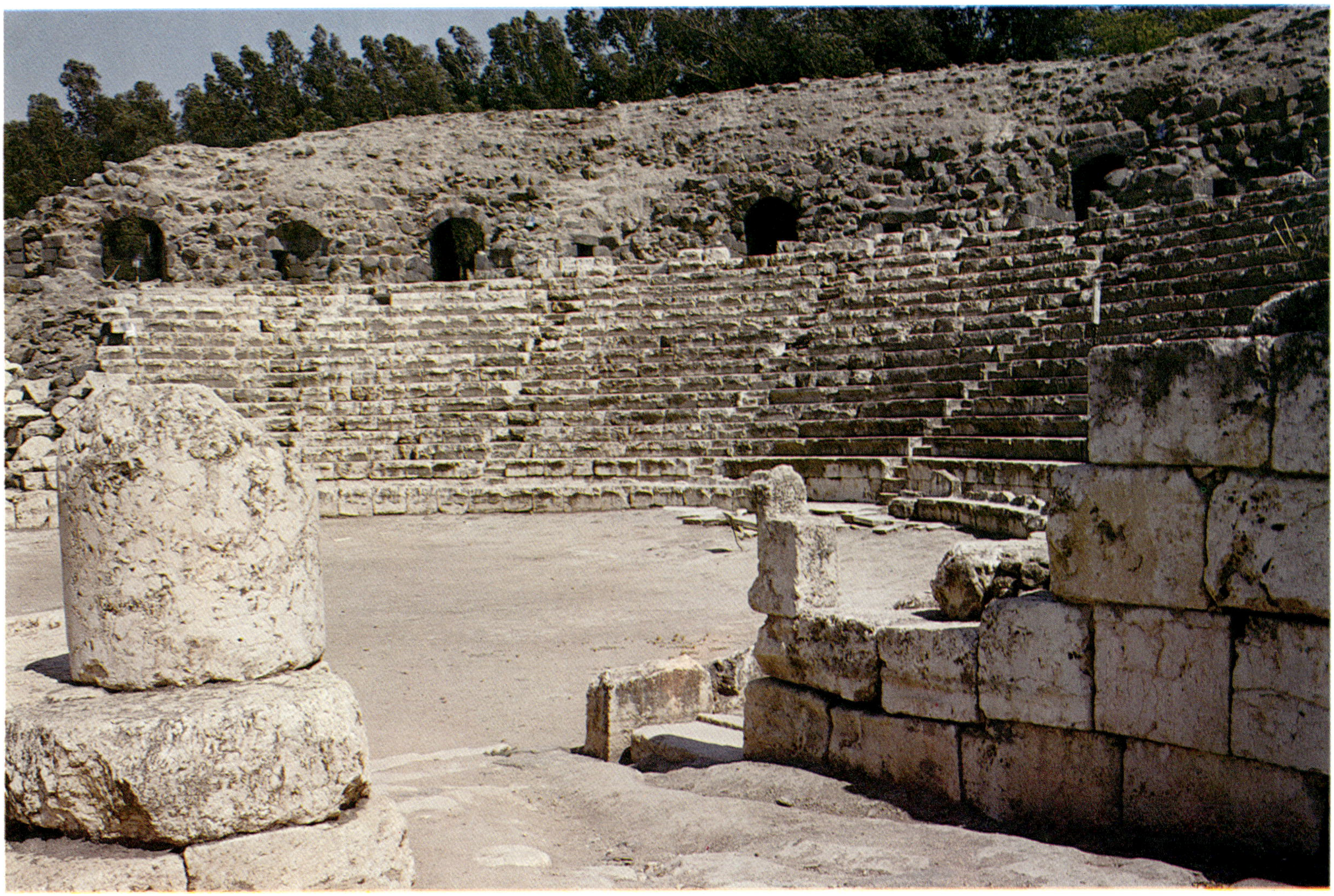

S. MATTHAEVS
MARCVS
S. LVCAS
S. JOANNES

NVNTIA... MA...

CARO... FACTVM EST ET HABITAVIT IN NO...

LINKS: Bereits 1620 hatten sich die Franziskaner in Nazareth niedergelassen – ihre neue Verkündigungskirche, 1969 mit internationaler Hilfe vollendet, erhebt sich über der Stelle, an der das Haus der Maria gestanden haben soll.

RECHTS OBEN: Der Gipfel des Bergs Tabor ist Grundbesitz der Franziskaner. 1924 weihten sie – über Ruinen aus der Kreuzfahrerzeit – ihre Verklärungsbasilika ein.

RECHTS UNTEN: Das Innere der Verkündigungskirche, die vielen als eines der größten Heiligtümer des Christentums gilt.

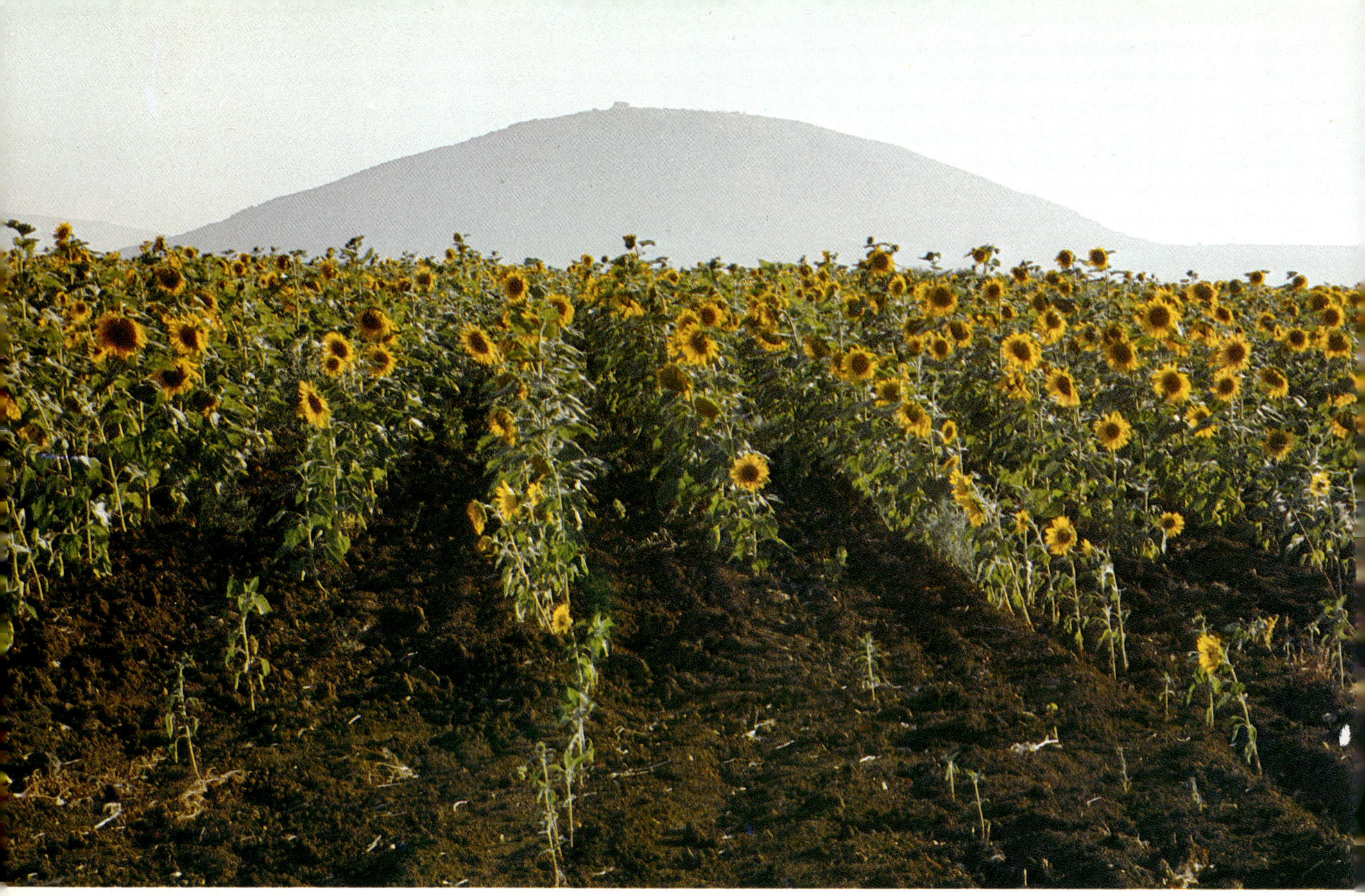
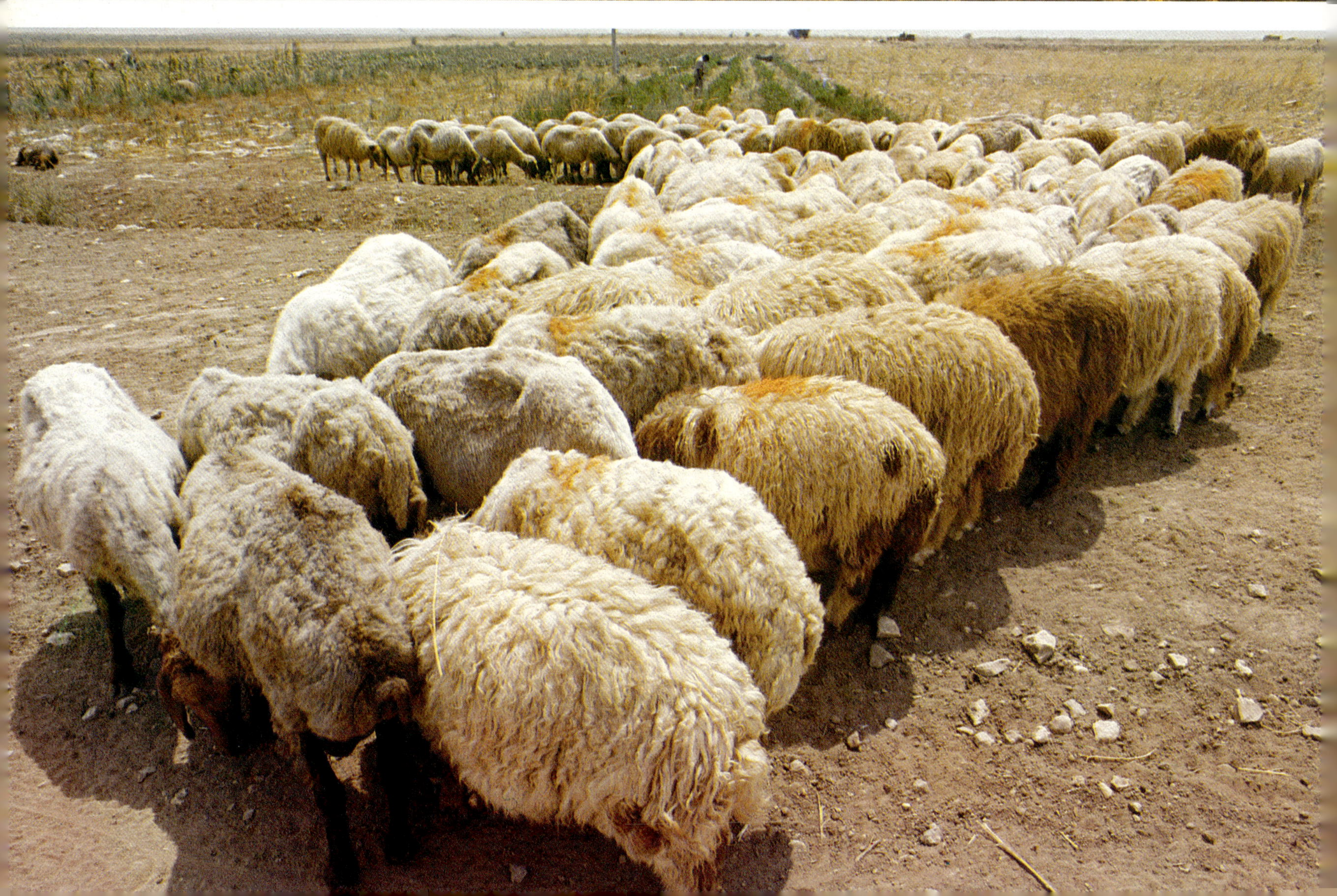

Untergaliläa, die fruchtbare Landschaft, spielte bereits in ferner Vergangenheit eine bedeutende wirtschaftliche und kulturelle Rolle. Auseinandersetzungen um sie reichen vom Altertum bis in die Gegenwart: Babylonier, Perser und Römer lösten einander als Herren ab – heute versuchen Araber, Besitzrechte geltend zu machen.

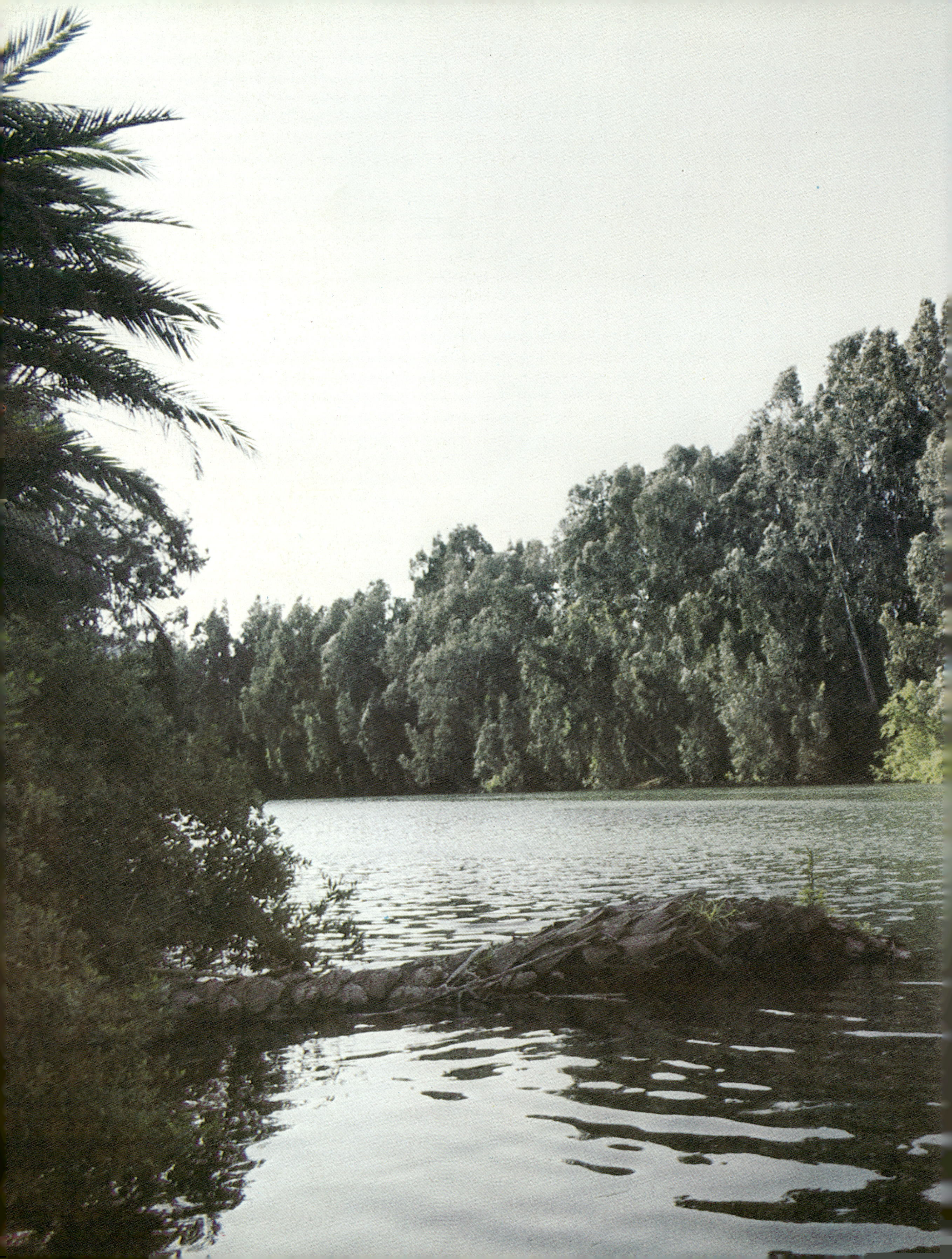

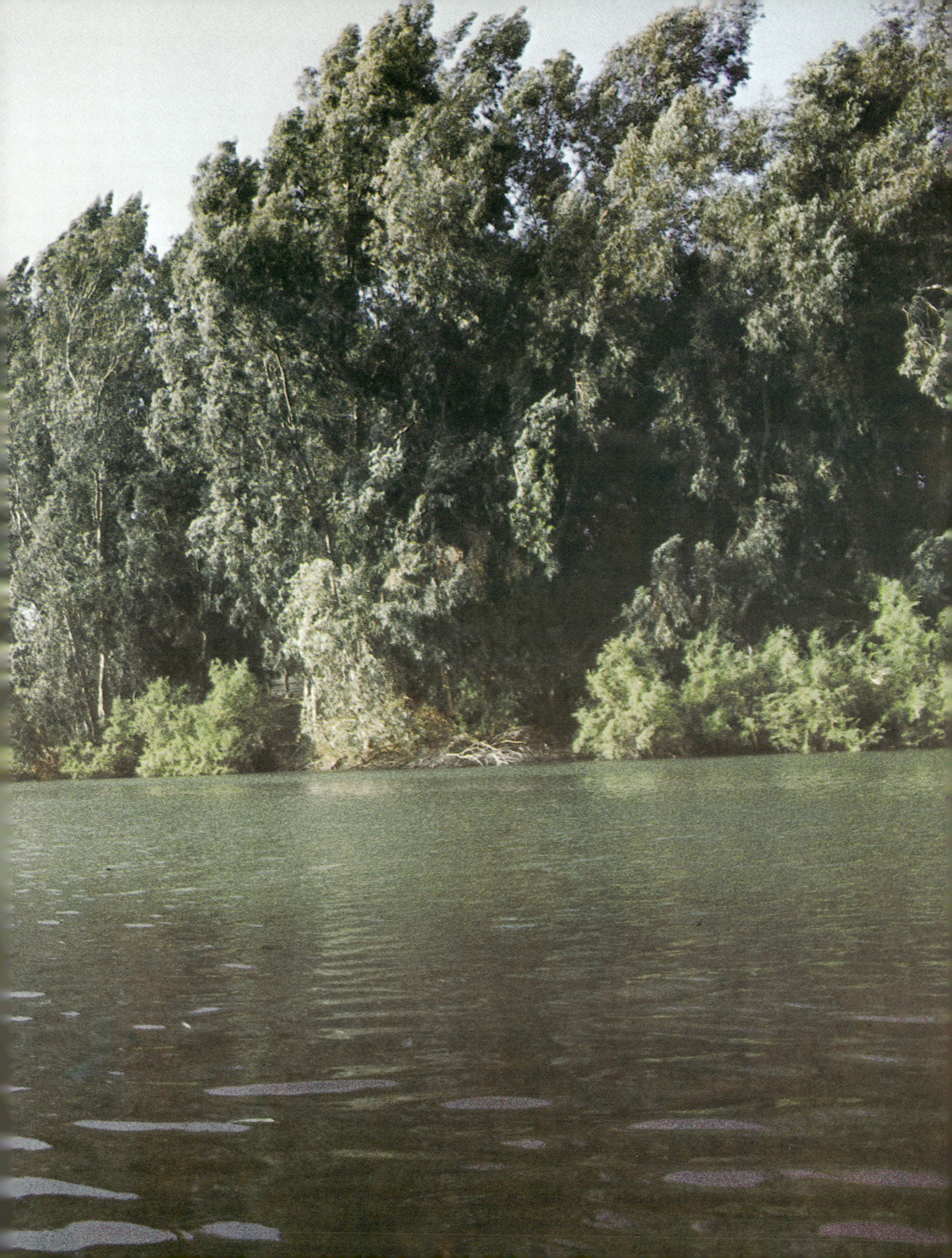

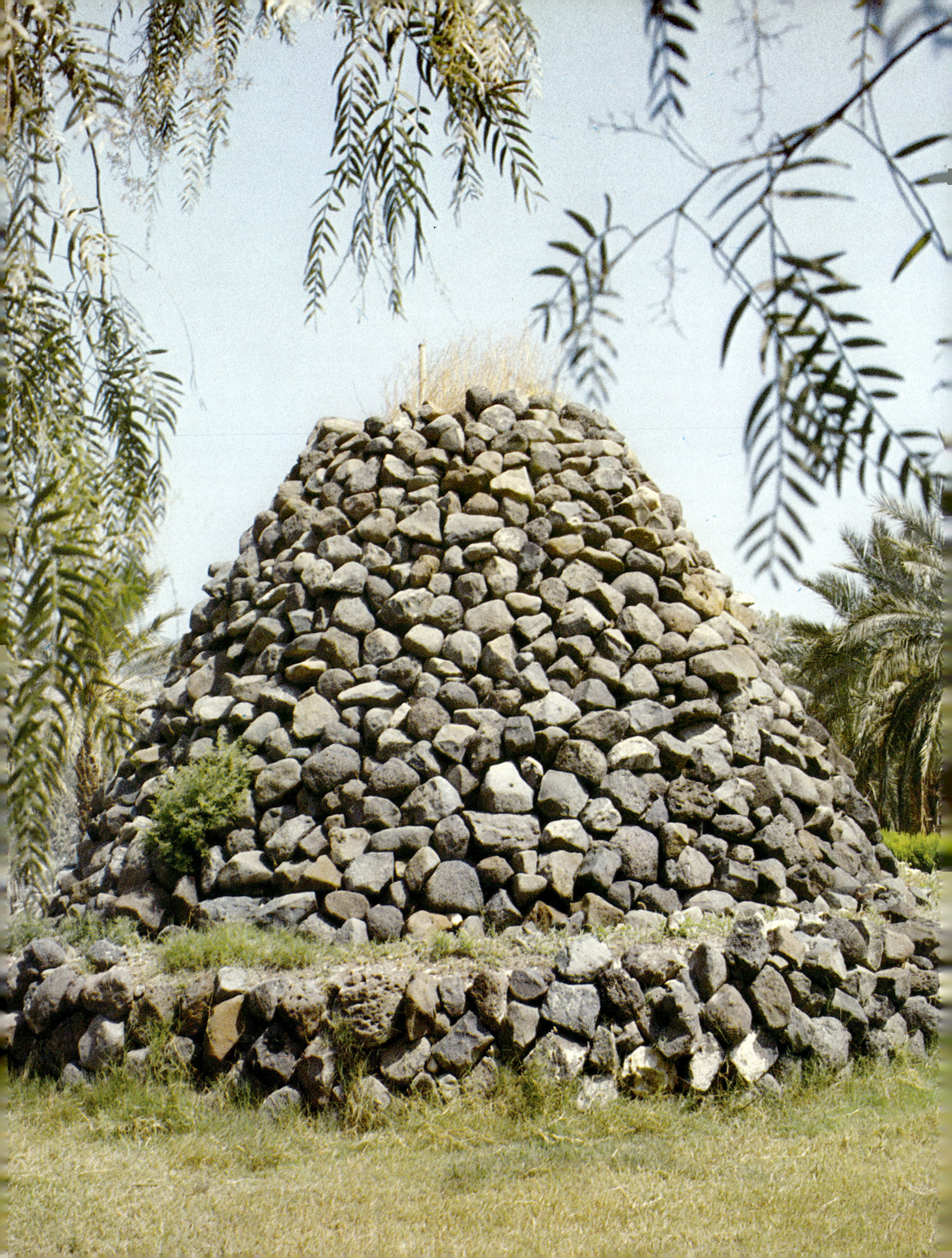

VORHERGEHENDE DOPPELSEITE:
Der Jordan – Lebensader zwischen See Genezareth und Totem Meer.
LINKS: In Beth Yerah, dem „Mondhaus" am Südufer des Sees Genezareth, hat man vor kurzem Rundaltäre eines kanaanitischen Mondkults ausgegraben – sie wurden mit Aufbauten ergänzt und Theodor Herzl gewidmet.
RECHTS: Die Thermalquellen von Tiberias waren zu Jesu Zeiten die bedeutendsten in ganz Galiläa. Herodes Antipas gründete 20 n. Chr. die nach dem römischen Kaiser Tiberius benannte Stadt – und die Juden bauten im 2./3. Jahrhundert eine Synagoge, deren Mosaikfußboden noch heute unvermindert beeindruckt.

LINKS: Das Grabmal des Rabbi Meir Ba'al-Haness in Tiberias gilt als eines der größten Heiligtümer in Israel. Der „Lichtspender" und „Wundertäter" lebte im 2. Jahrhundert und wird bis heute innig verehrt – seine Grabstätte dient Frommen und Armen als Wohnort.
RECHTS: Ein zweites berühmtes Grab in Tiberias: Der Ruheort des Maimonides. Dieser große Philosoph und Arzt prägte jüdisches Denken, indem er das Grundwerk des rabbinischen Schrifttums erarbeitete; er starb 1204. Hügelabwärts liegen noch weitere Gelehrte und deren Schüler „im heiligen Bezirk" bestattet.
FOLGENDE SEITE: Landschaft am Westufer des Sees Genezareth.

Maimonides
30 March 1135
13 Dec 1204

הרמב״ם
מֹשֶׁה בֶּן מַיְמוֹן
הַתַּלְמִיד
מוֹרֵה הַנְּבוֹכִים

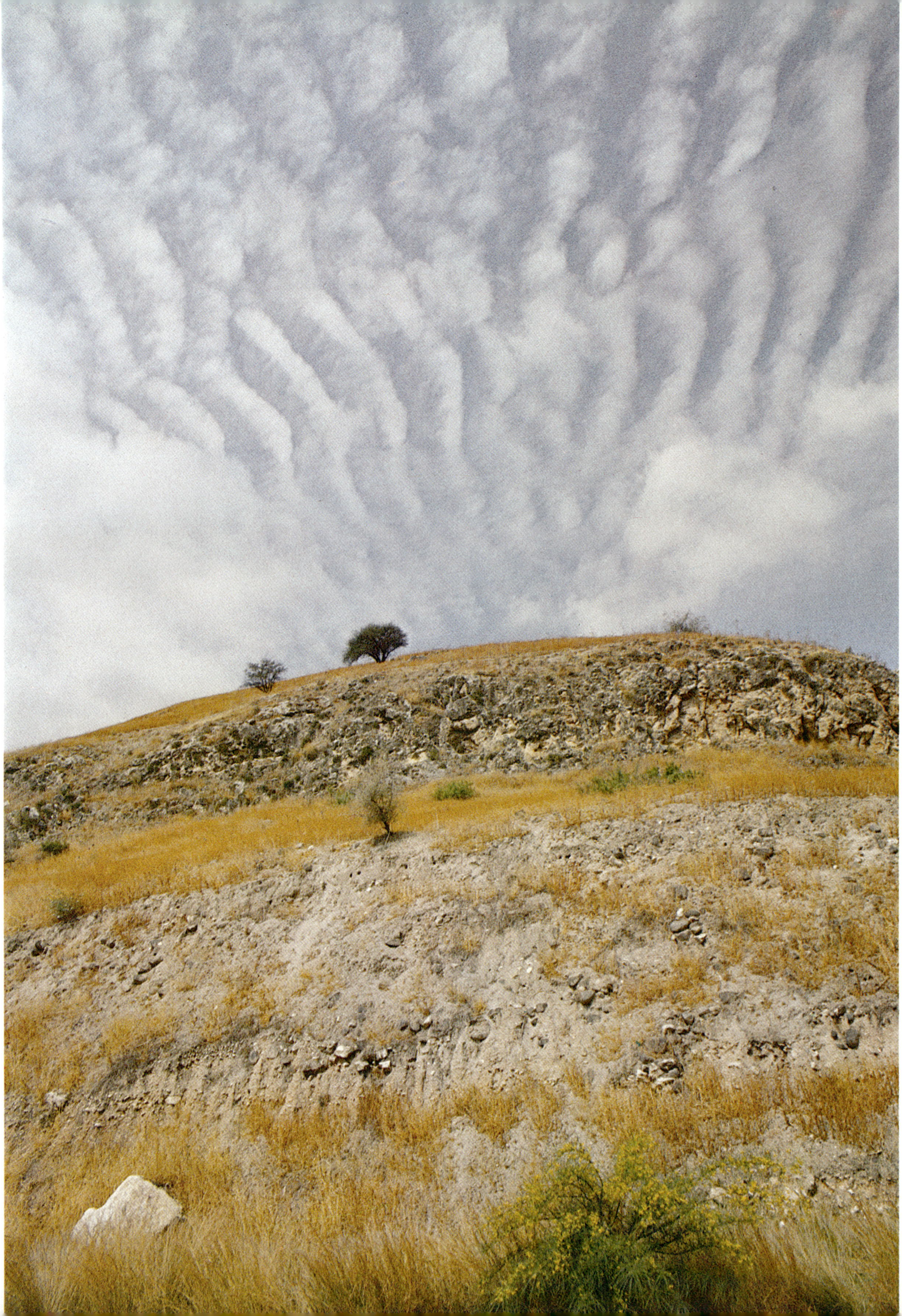

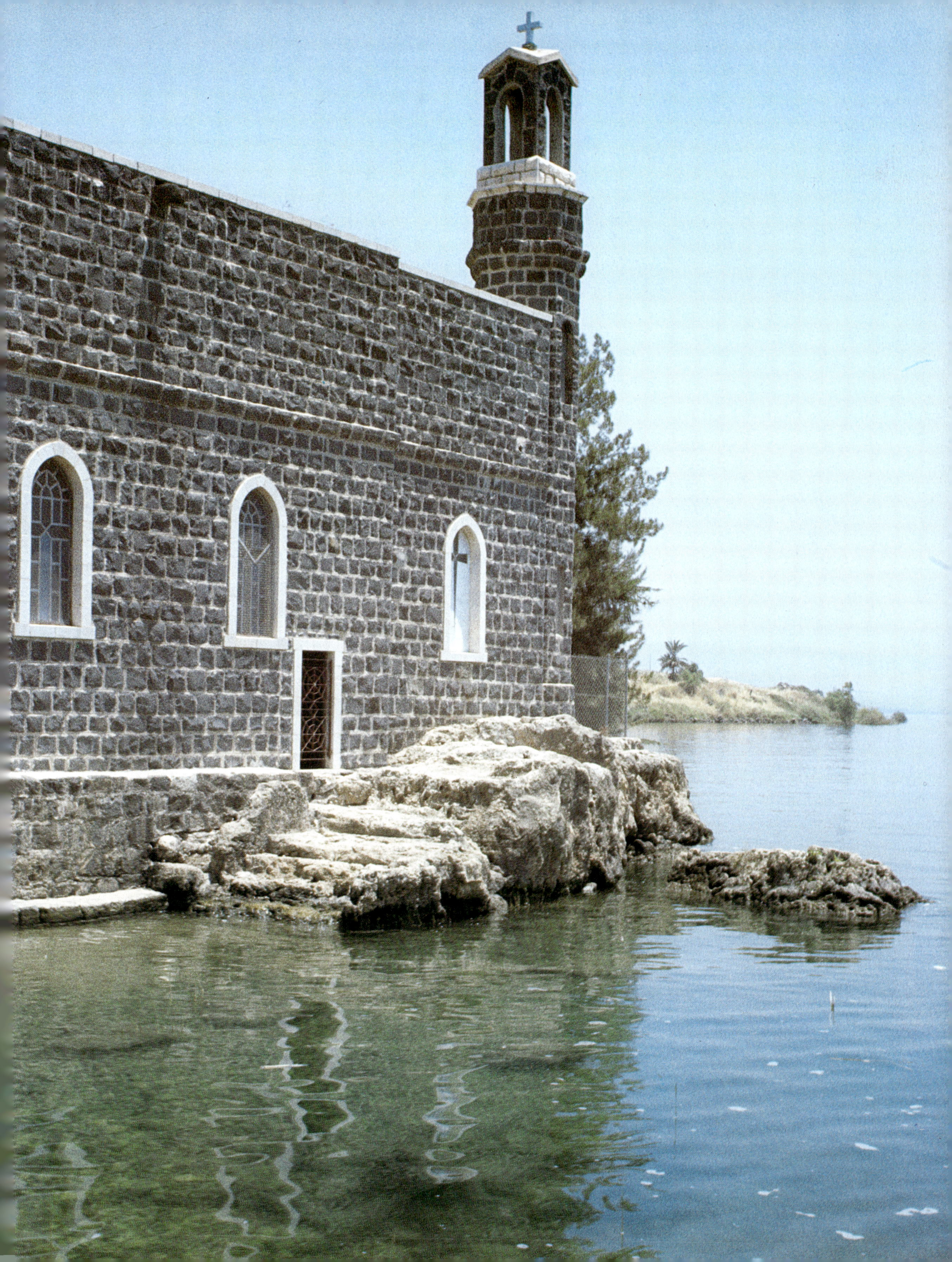

VORHERGEHENDE SEITE: Unmittelbar am Ufer des Sees Genezareth errichteten Franziskaner 1943 über alten Ruinen die Peterskirche aus schwarzem Basalt. Christlicher Tradition folgend gab sich hier Jesus, nachdem er vom Tod auferstanden war, seinen Jüngern zum dritten Mal zu erkennen.

LINKS: Gleich in der Nähe stand die Vermehrungskirche an jener Stelle, wo Jesus die wunderbare Brotvermehrung vollbracht haben soll. Die im Bild gezeigte Kirche wurde inzwischen aufgelassen – es wird nebenan an einem neuen Bau gearbeitet, in dem die einzigartigen byzantinischen Mosaiken aus dem 5. Jahrhundert untergebracht werden sollen.

RECHTS: Landschaft im Norden des Sees Genezareth.

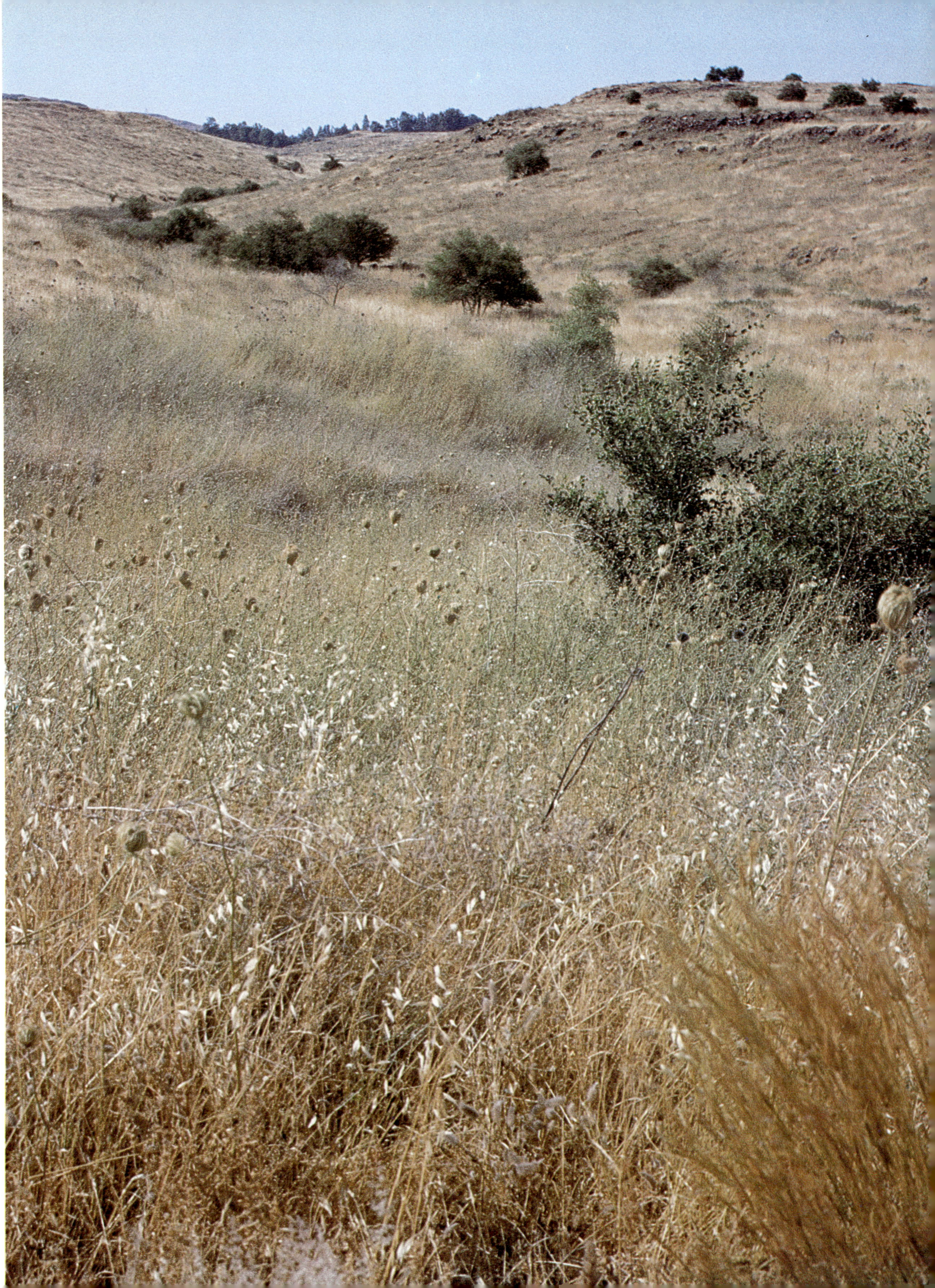

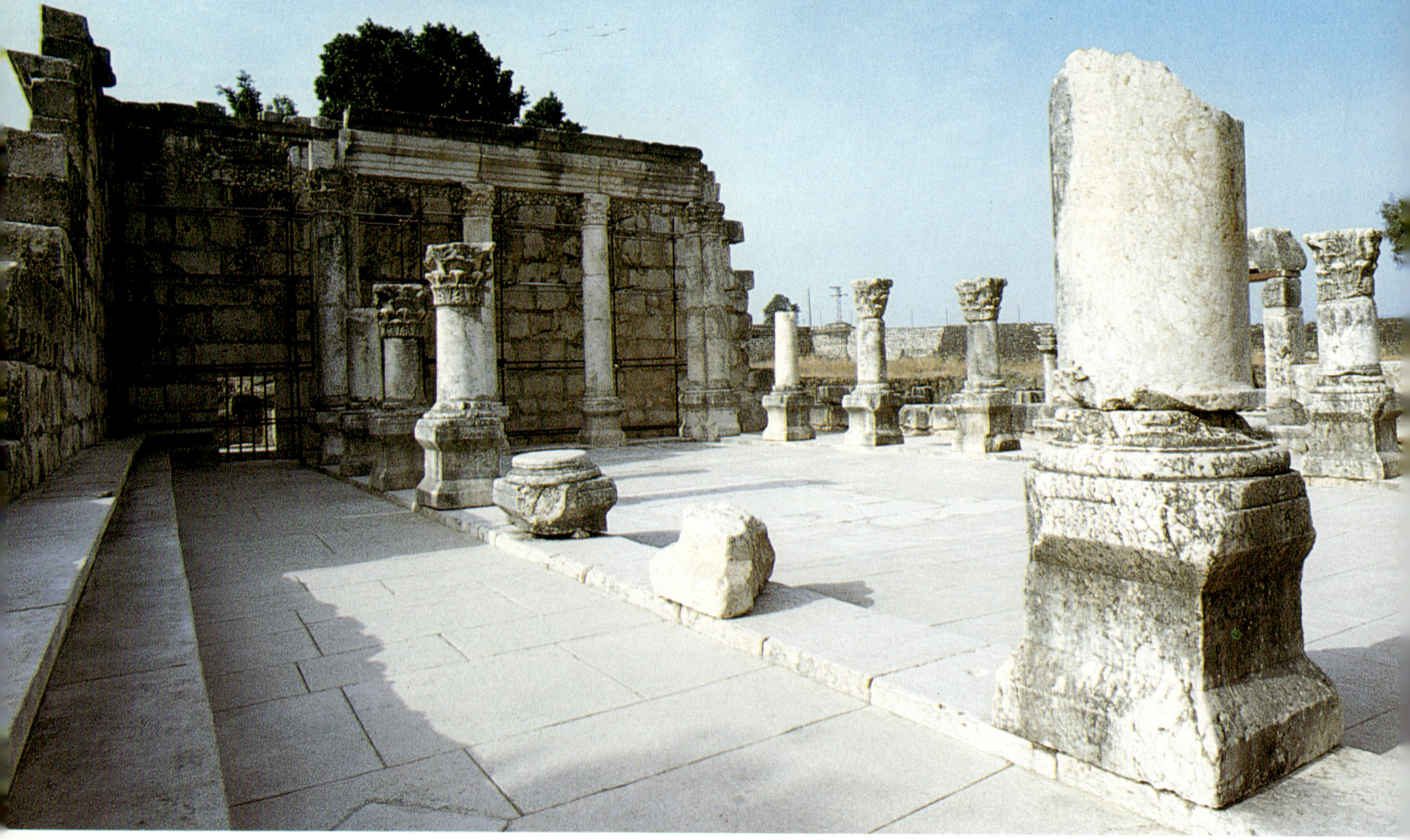

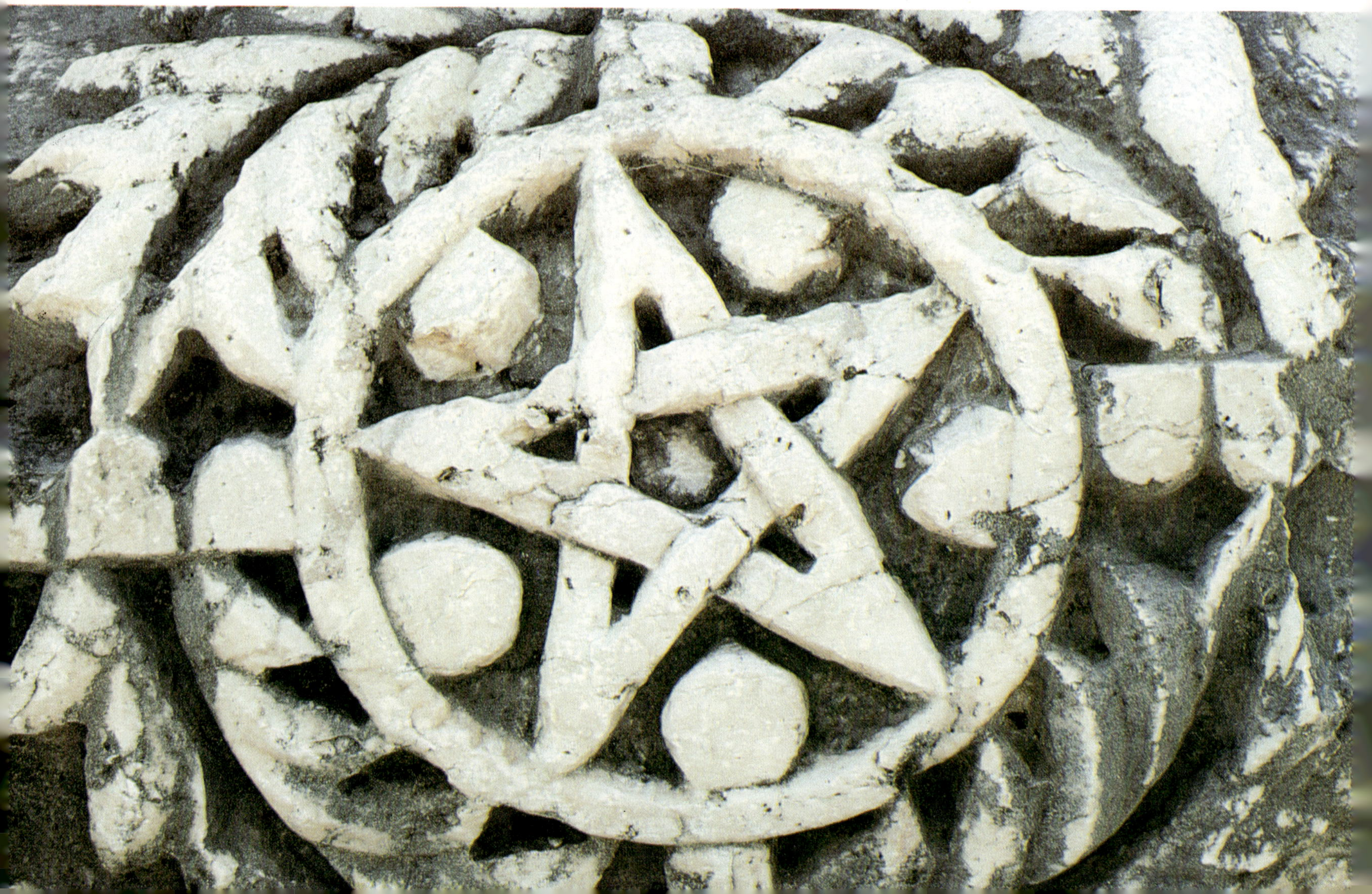

Zur Zeit Jesu hatte Capernaum einige Bedeutung. Etliche Forscher meinen sogar, hier sei seine wirkliche Heimat gewesen – jedenfalls bewirkte Jesus in keiner anderen Stadt so viele Wunder und Heilungen wie in Capernaum. Die Stadt verfiel im 6. Jahrhundert; 1894 kauften die Franziskaner den Platz, beseitigten Schutt und stellten die alte Synagoge teilweise wieder her. Die im griechisch-römischen Baustil errichtete Anlage ist die imposanteste Synagogenruine Galiläas; bemerkenswert sind auch die vielen in Stein gemeißelten jüdischen Symbole und Verzierungen.

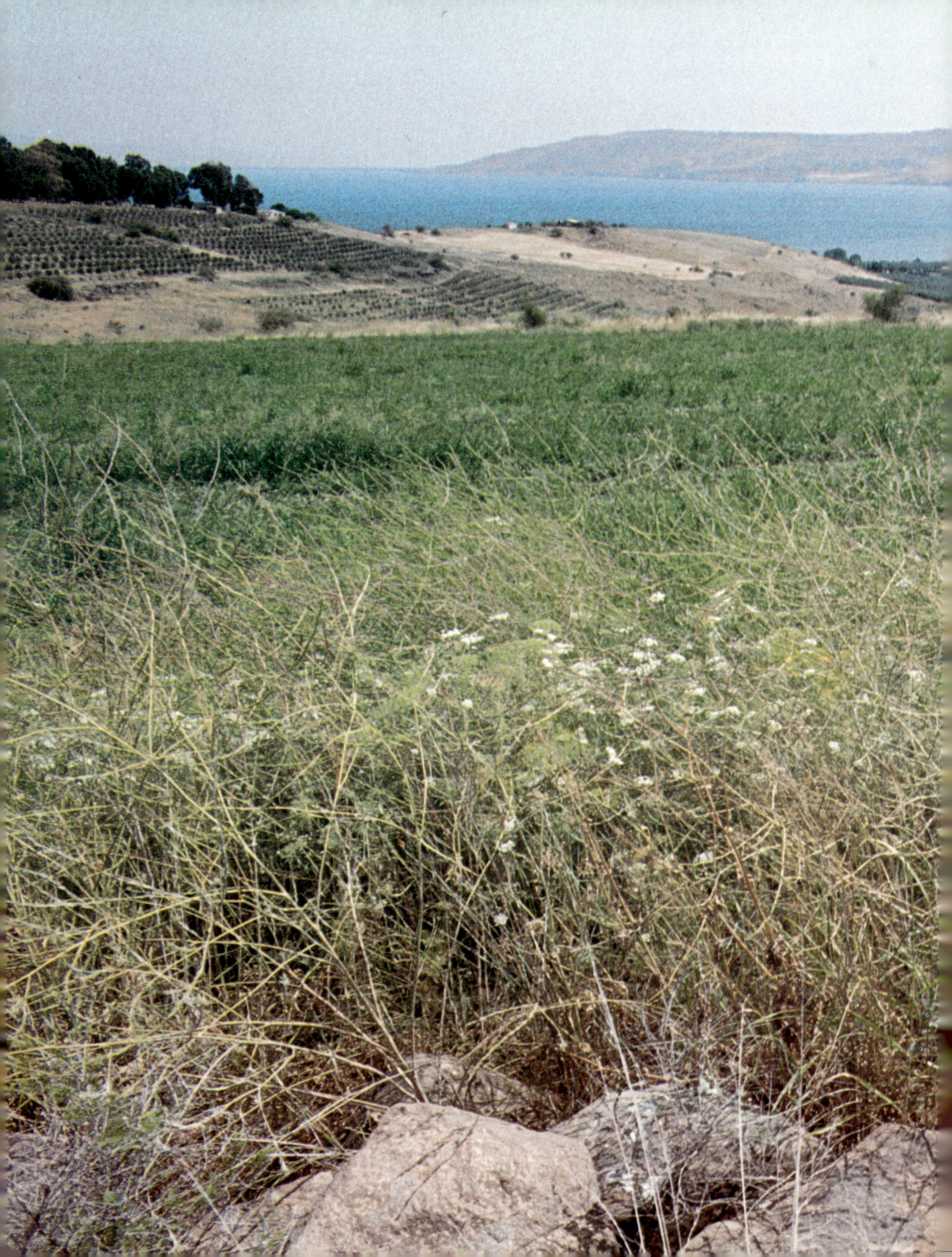

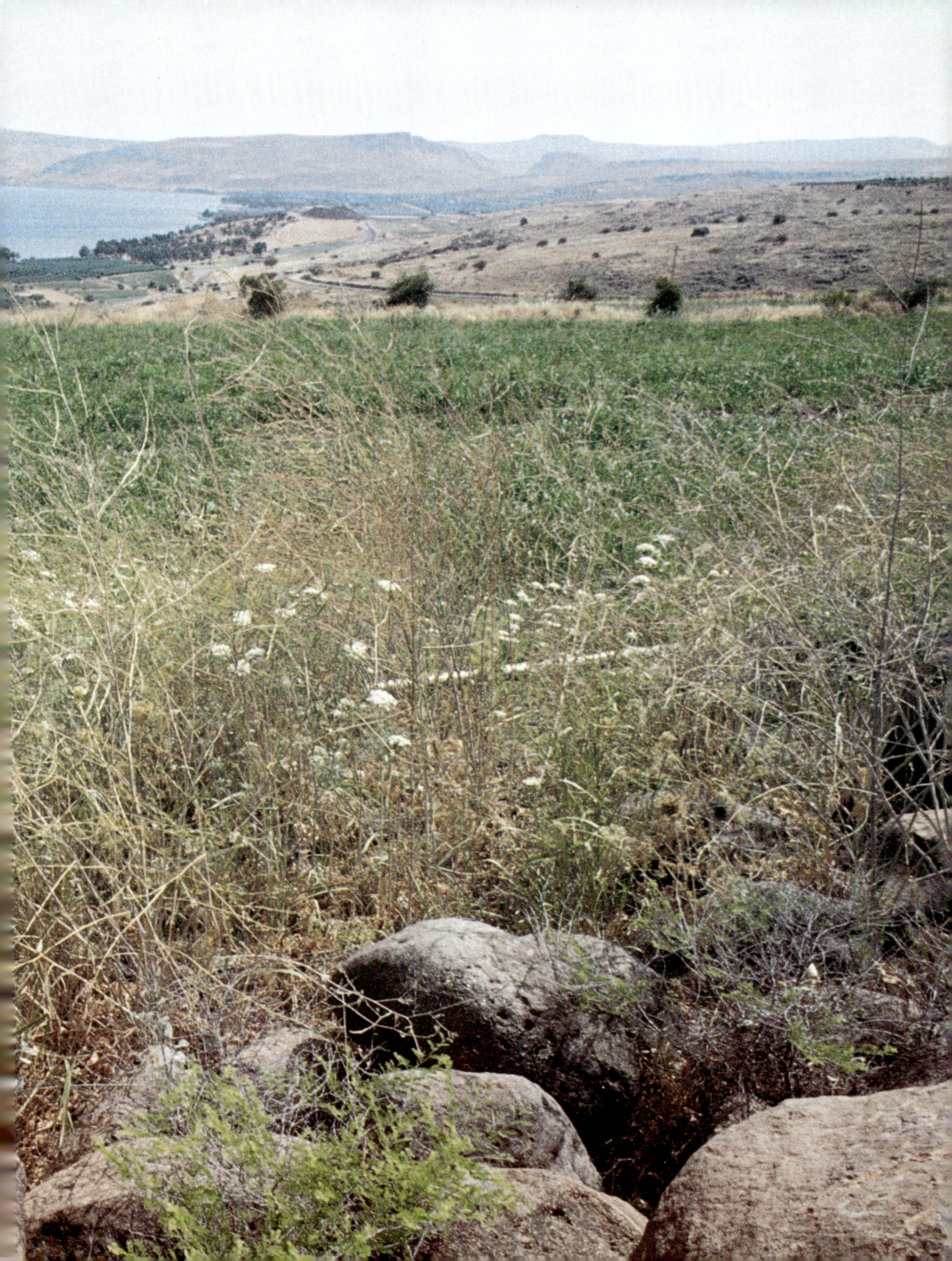

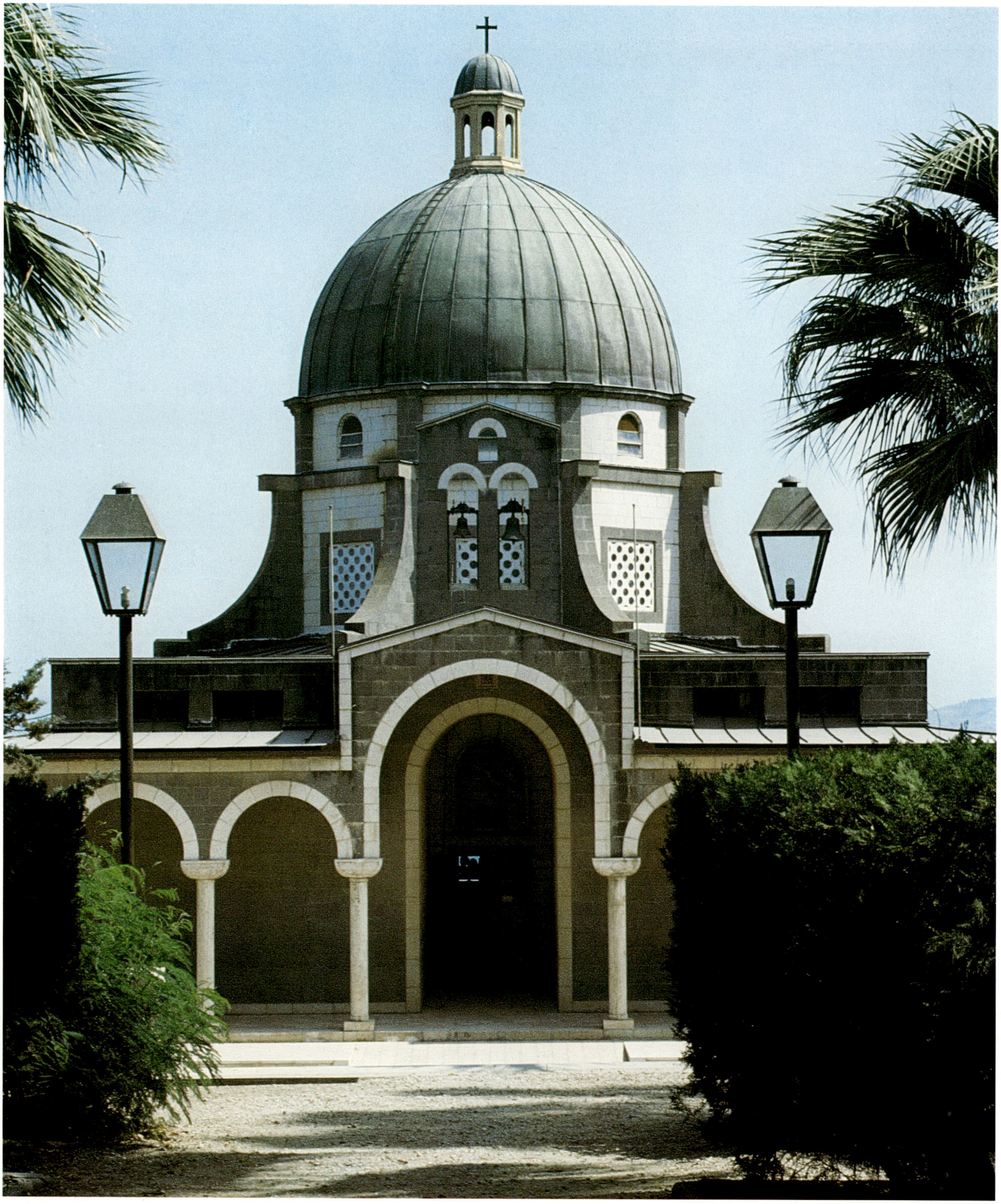

VORHERGEHENDE DOPPELSEITE: Blick vom Berg der Seligpreisungen zum See Genezareth. Hier soll Christus die Bergpredigt gehalten und die 12 Apostel ausgewählt haben.
LINKS: Die anmutige Kirche auf dem Berg der Seligpreisungen wurde von italienischen Franziskanerinnen 1937 errichtet.
RECHTS: Die jüdische Kleinstadt Chorazim war besonders im 3./4. Jahrhundert recht bedeutsam – geblieben sind vor allem die schwarzen Trümmer der Basaltstein-Synagoge.

LINKS: Der Kibbuz En Gev am Ostufer des Sees Genezareth, am Fuß der Golanhöhen, wurde 1937 von jüdischen Fischern gegründet, die hier gefahrvolle Pionierleistungen vollbrachten – bis 1967 war die syrische Grenze bloß 3 km entfernt. Heute lebt man einigermaßen idyllisch und unterhält eine berühmte Konzerthalle, in der jährlich Passah-Musikfestspiele mit Prominenz aus aller Welt stattfinden.
RECHTS: Der See Genezareth ist historisches Gebiet. Seit der Zeit des Zweiten Tempels entfaltete sich auch am Nordostufer reiche Bautätigkeit. Aus jüngerer Zeit erhalten sind vor allem Ruinen byzantinischer Kirchen.

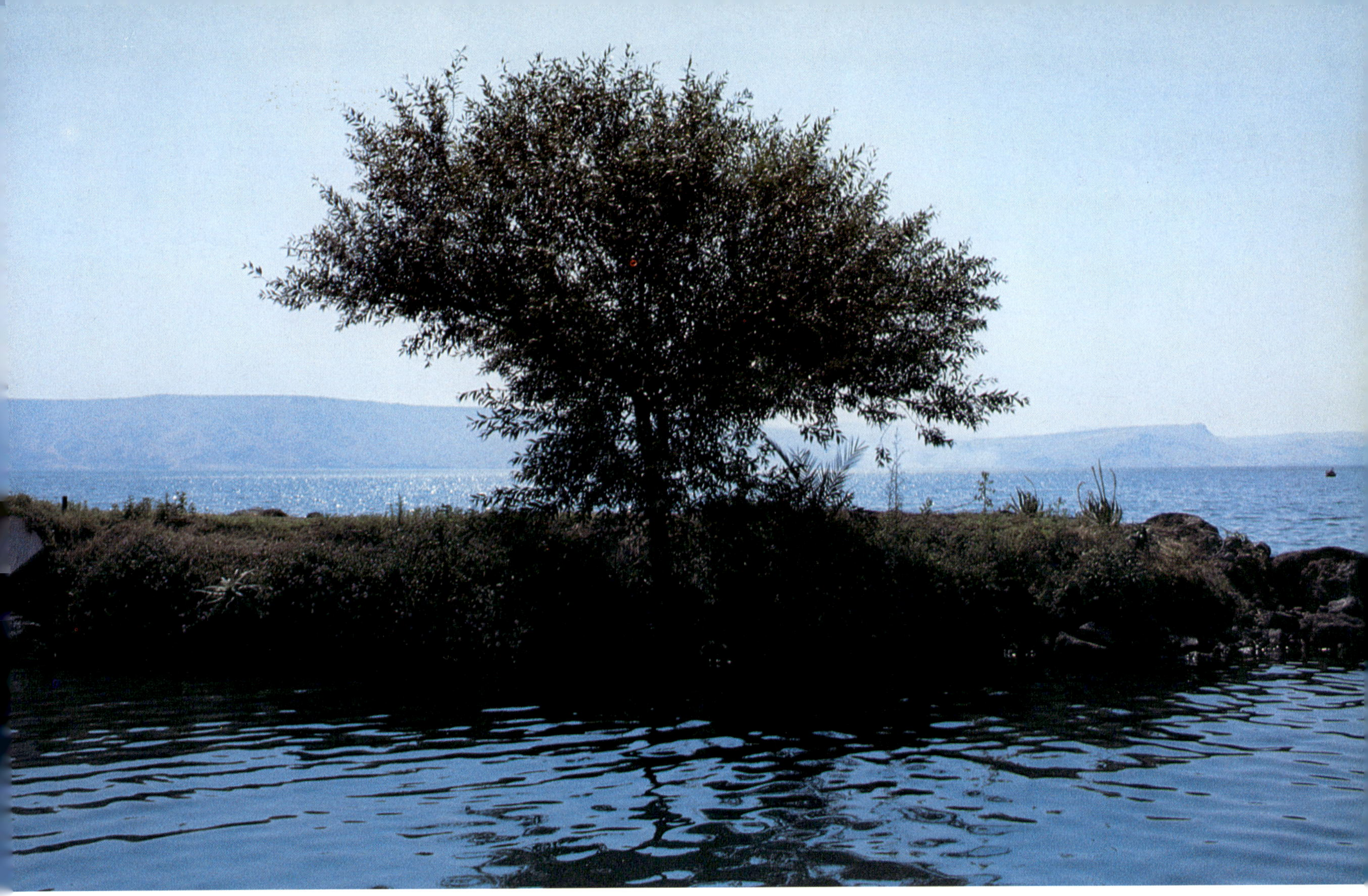
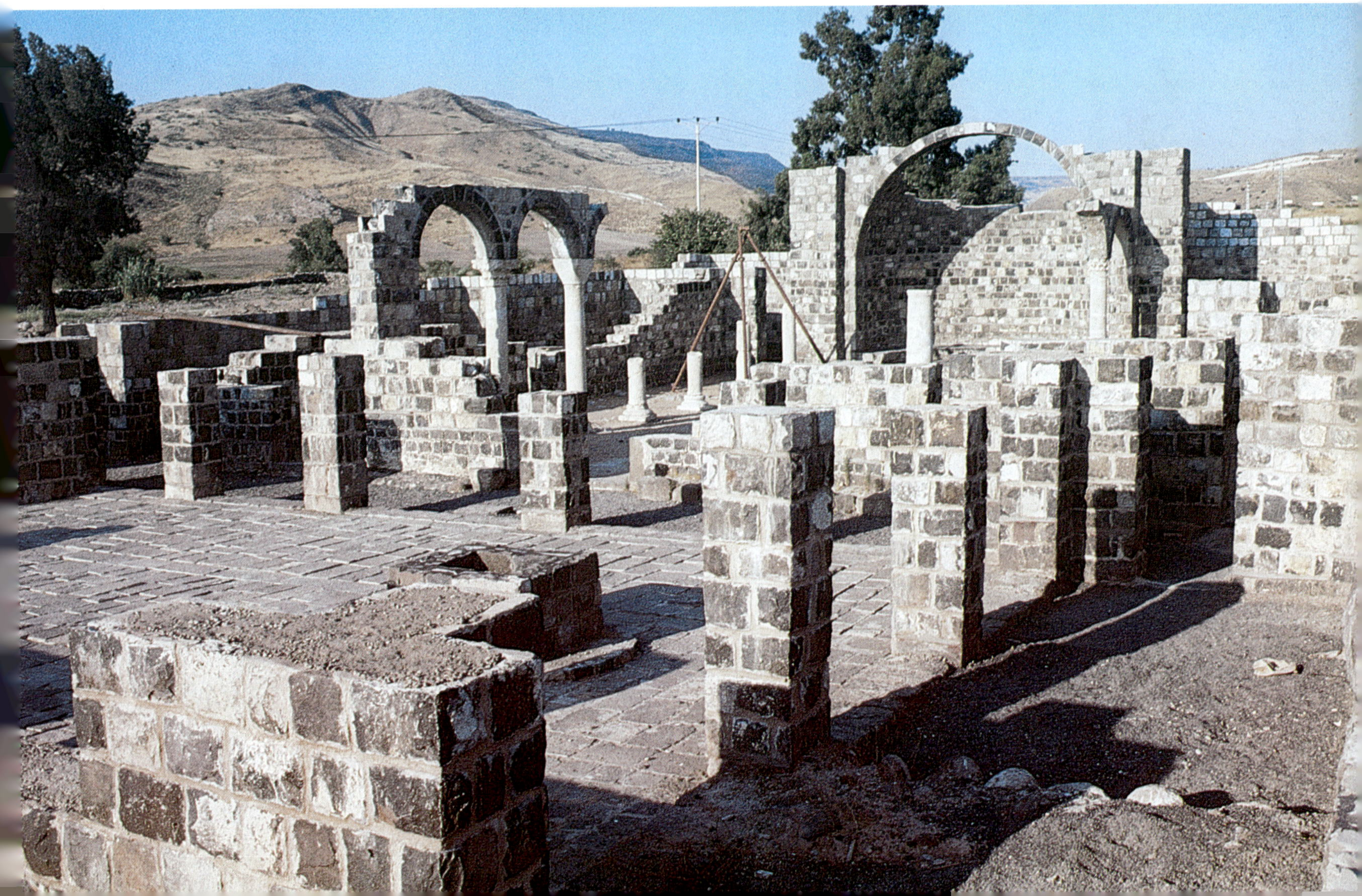

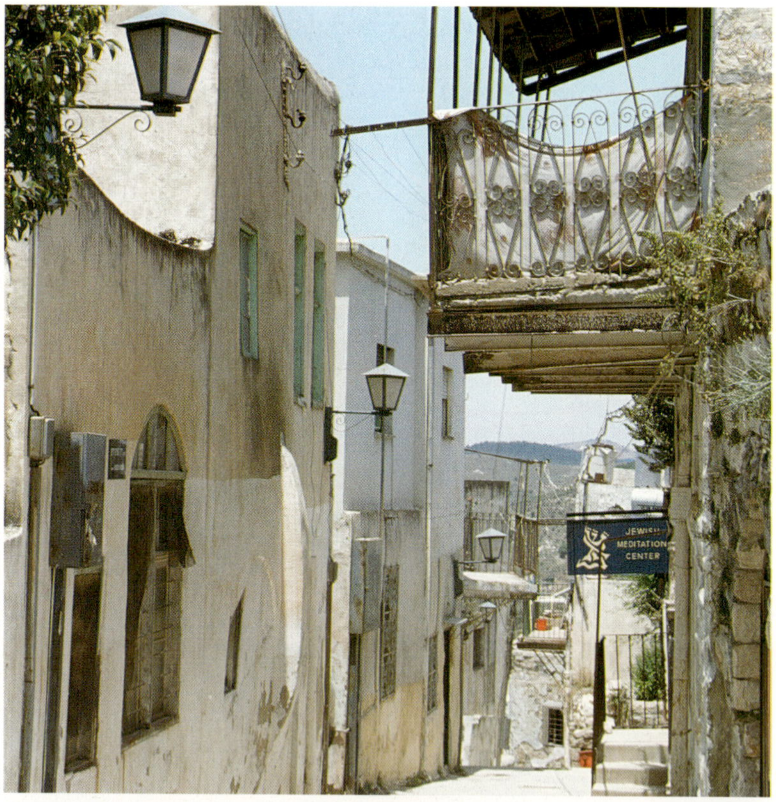
MEDITATION
CENTER

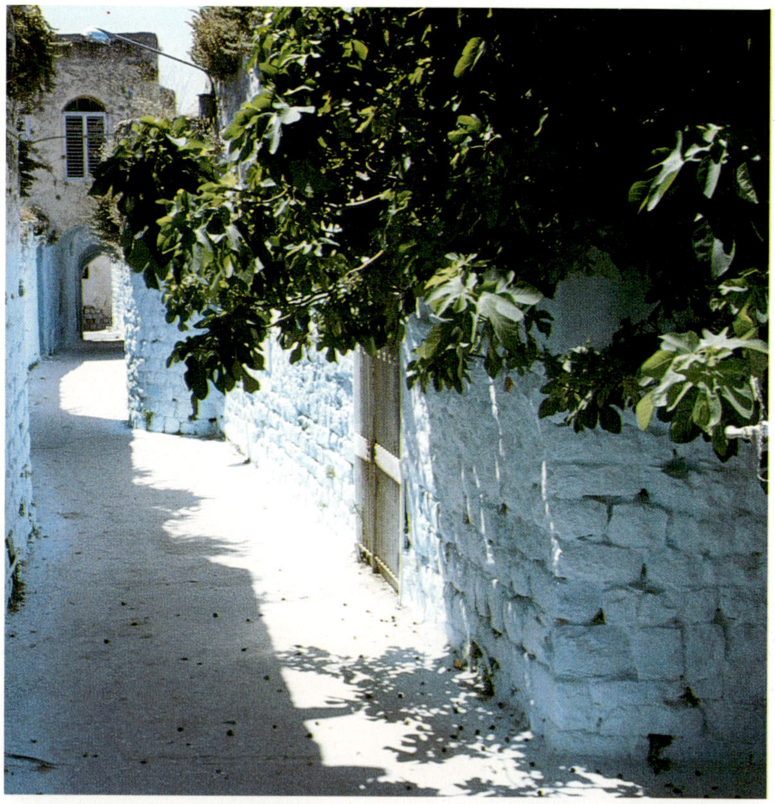

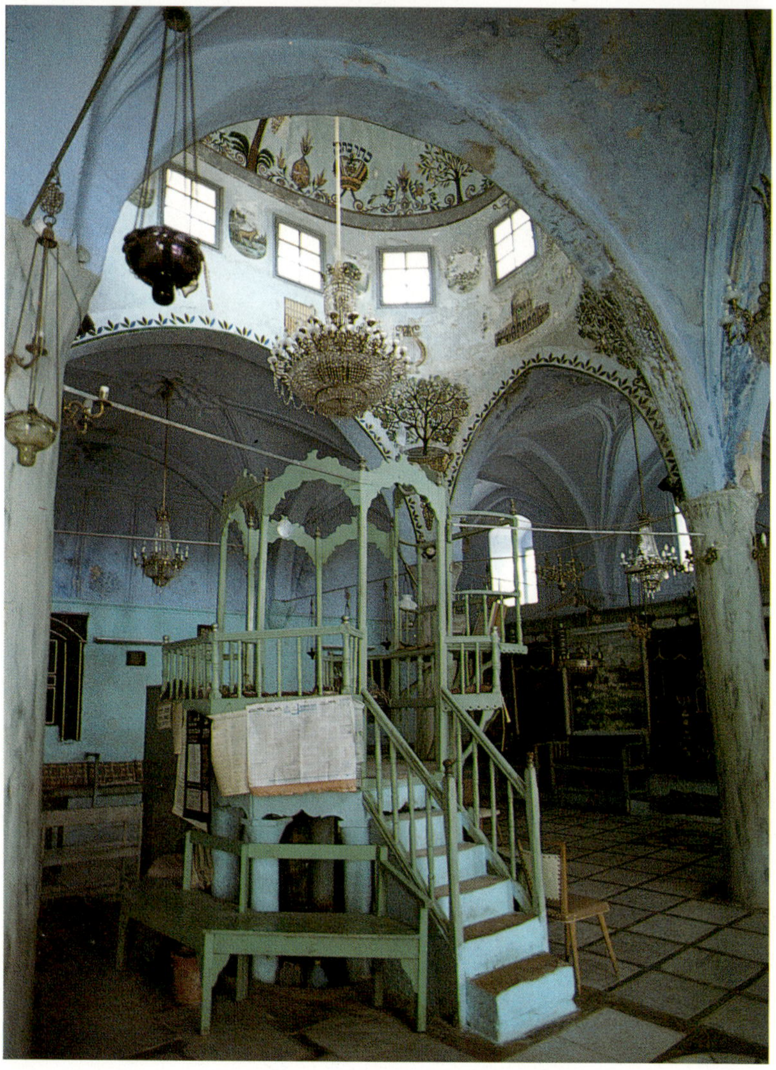

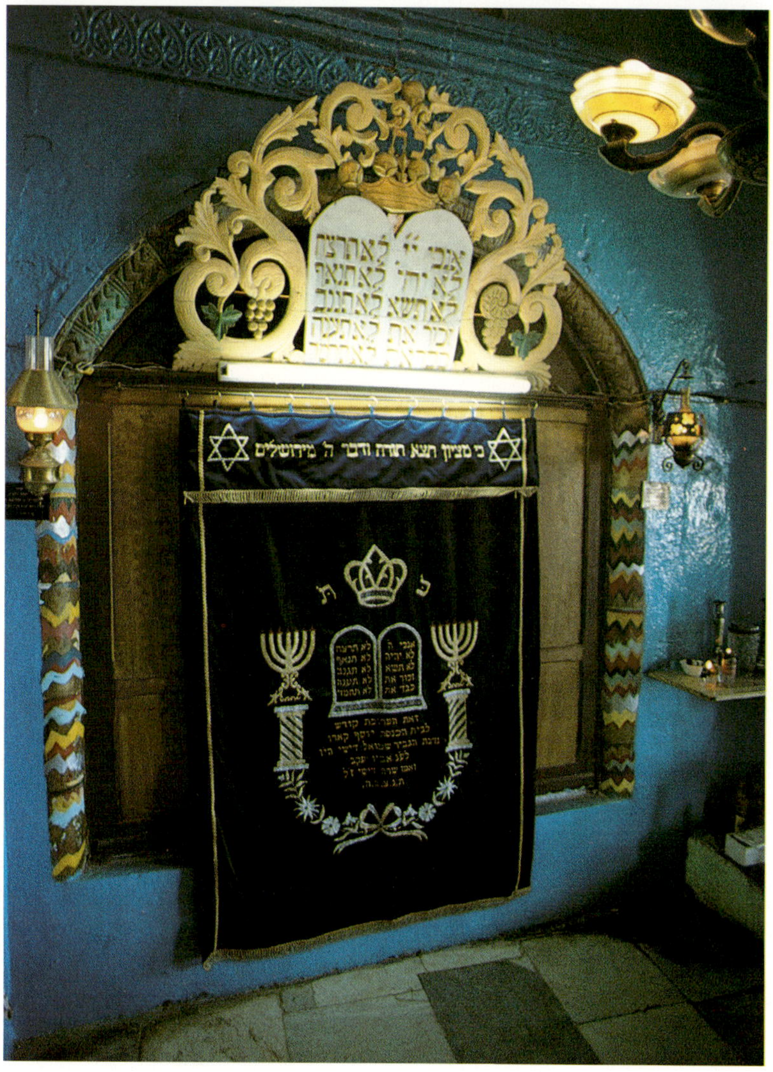
כי מציון תצא תורה ודבר ה׳ מירושלים

LINKS: Safed ist eine der heiligsten Städte des Judentums. Im 16. Jahrhundert machten Kabbalisten den Ort zum Zentrum ihrer mystischen Lehren; den prominentesten Rabbinern dieser Zeit sind die ärmlich geschmückten Synagogen noch heute gewidmet. Erdbeben in der ersten Hälfte des 19. Jahrhunderts zerstörten die Stadt völlig, 4.000 Menschen wurden von den Trümmern begraben. Seitdem die Israelis 1948 die arabischen Stellungen Safeds erobern konnten, wird die Stadt nun besonders in ihrem alten, beschaulichen Kern grundlegend restauriert.

RECHTS: In den Bergen Obergaliläas stößt man oft auf in sich geschlossene Drusensiedlungen und Burgruinen aus der Zeit der Kreuzfahrer.

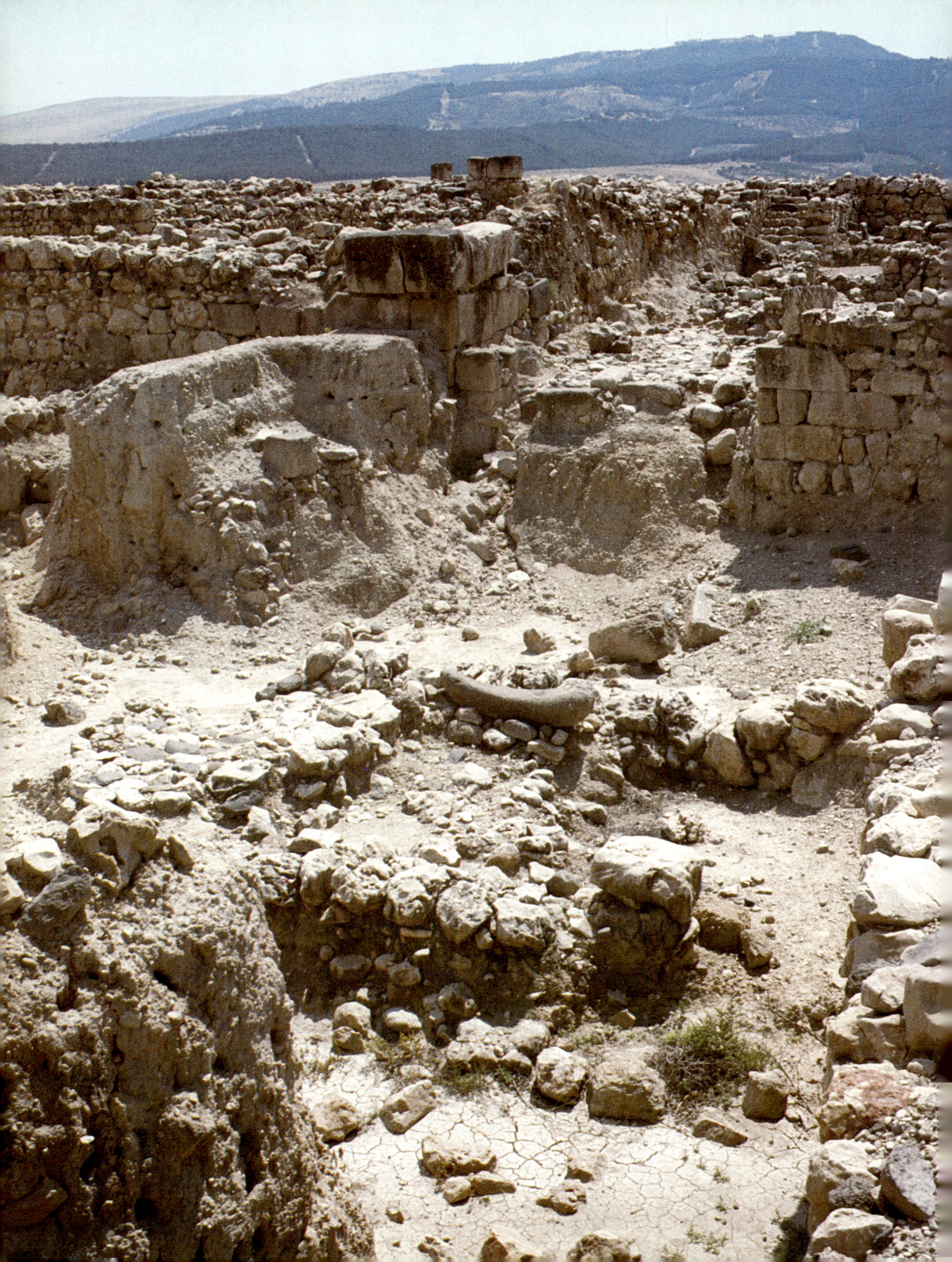

LINKS: Hazor wurde bereits im 19. Jahrhundert vor Christus in assyrischen und ägyptischen Berichten erwähnt – und ist seit 1955 ein reiches Betätigungsfeld für Archäologen, die vor allem auch die massiven, strategisch wichtigen Festungsmauern freilegen konnten.
RECHTS: Der Norden: 1959 legten die Israelis den Hule-See mit seinen Fiebersümpfen trocken – und gewannen fruchtbares Land. Banias, einer der Quellflüsse des Jordans, bietet reizvolle Wasserfälle.
FOLGENDE SEITE: Metulla, das nördlichste Dorf Israels an der Grenze zum Libanon, ist in ruhigen Zeiten wegen des würzigen Bergklimas beliebte Sommerfrische.

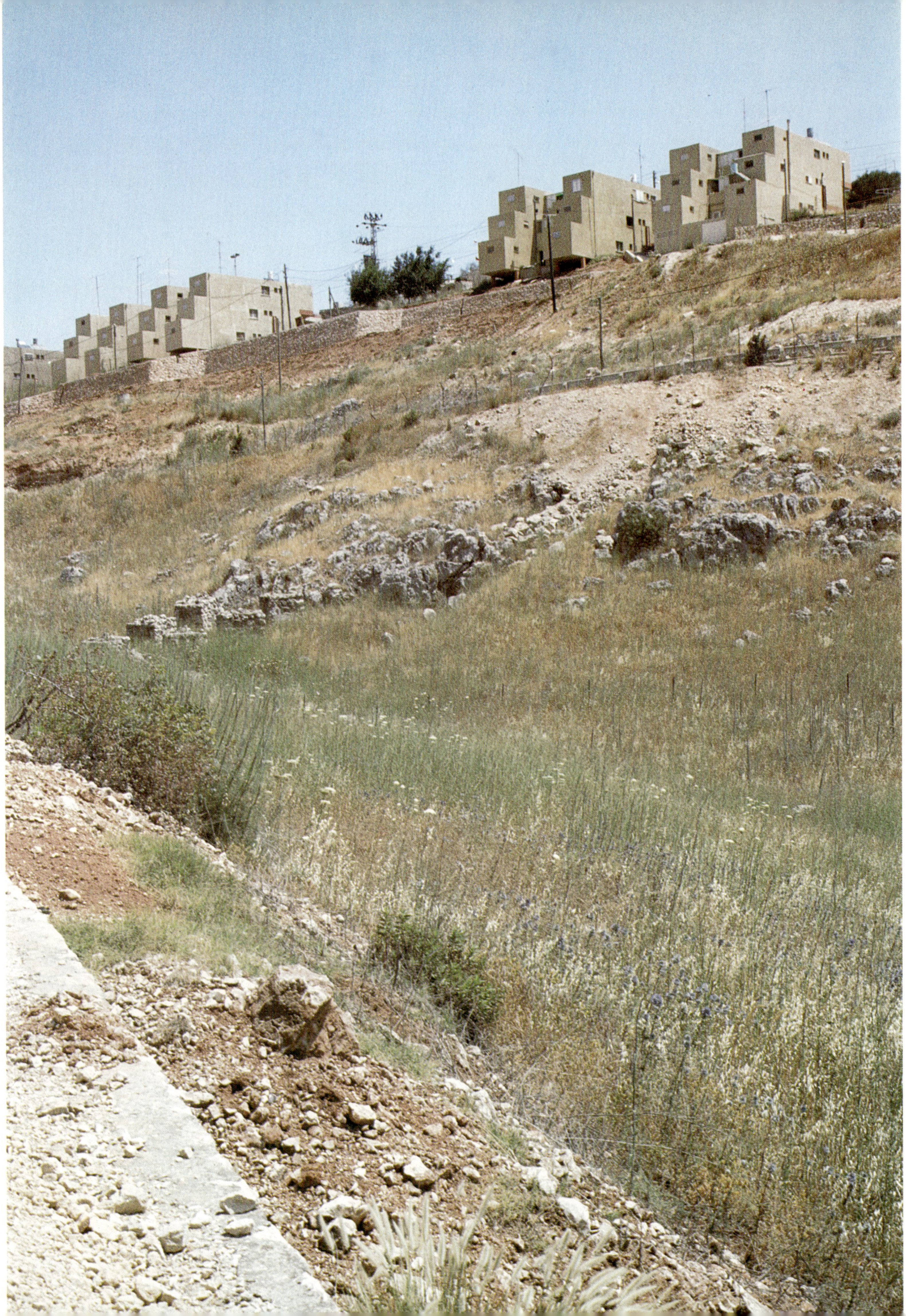

Auf David folgte Salomon, der Weise, der Prunkvolle, der durch den Ausbau der Grenzfestungen, durch Heiraten und ausgedehnte Handelsbeziehungen bis zum Indischen Ozean die Grundlage zur kulturellen Hochblüte seiner Zeit schuf. Ihm werden unter anderem auch das Buch der Sprüche, Psalmen und das Hohe Lied zugeschrieben, und selbst dem Uninteressierten dürfte seine halb politische, halb leidenschaftliche Affäre mit der Königin von Saba bekannt sein. Allzuvieles freilich wurde ihm zugeschrieben, das aus späterer Zeit stammt. In „Salomons Minen" etwa, dem alten Bergwerk von Timna, im Norden von Eilat, wurde seit dem Chalkolithikum bis zu den Römern tatsächlich Kupfer abgebaut; ausgerechnet zu Salomons Regierungszeit aber waren sie, wie der in Tel Aviv lehrende Beno Rothenberg nachwies, stillgelegen. Ebenso dürften „Salomons Ställe" in Megiddo, wo die in der Bibel erwähnten Streitwagen des Königs angeblich stationiert waren, eher dem 50 Jahre später regierenden König Ahab zuzuschreiben sein. „Salomons Ställe" im Tempelbereich von Jerusalem stammen gar erst aus herodianischer Zeit. Aber in den von ihm zur Sicherung des Reiches wiederaufgebauten Festungsstädten Hazor, Megiddo und Gezer wurden während der letzten Jahrzehnte allerlei Bauten aus salomonischer Zeit freigelegt: die Reste zweier Paläste in Megiddo, Kasemattenmauern sowie die charakteristischen sechszelligen Tore, die schon der Prophet Ezechiel (40,7) genau beschrieben hatte – der schmale Eingang wird von je drei hintereinander liegenden Wachräumen auf beiden Seiten flankiert, die gesondert verteidigt werden können. Das Tor in Megiddo wurde von William F. Albright in den späten dreißiger Jahren gefunden, das Tor von Hazor 1956 von Yigael Yadin und das in Gezer, der Stadt, die die Tochter des Pharao Psusennes ihrem Gatten Salomon als Mitgift in die Ehe gebracht hatte, wurde 1969 durch Dr. Denver vom Hebrew Union College freigelegt.

In Jerusalem selbst gibt es nur wenige Zeugnisse von Salomons Bautätigkeit. Der vielgerühmte Tempel auf der von Herodes noch erweiterten Plattform, die heute Felsendom und Al-Aksa-Moschee trägt, die Paläste und Verwaltungsgebäude in der alten Davidsstadt, die in der Bibel so anschaulich beschrieben werden – sie alle sind seit der Eroberung Jerusalems durch die Babylonier zerstört. Und was noch übriggeblieben sein mochte, wurde nach der Rückkehr der Juden aus der babylonischen Gefangenschaft für den Wiederaufbau verwendet. Ein Glück, daß archäologische Funde an anderen Orten ganz verblüffende Ähnlichkeiten mit den biblischen Beschreibungen der salomonischen Bauten aufweisen, etwa in Ugarit und in Mari im heutigen Syrien. Die Bibel erzählt ja auch, daß Salomon sich Handwerker und Baumaterialen aus den Küstengebieten Phöniziens kommen ließ, und neuere Ausgrabungen in Samaria aus etwas späterer Zeit bestätigen diesen Einfluß der weit höher entwickelten phönizischen Kultur. Die biblische Beschreibung des salomonischen Palastes von Jerusalem ist an der Realität zweier Paläste im syrischen Sendchirli leicht nachzuprüfen, und die phönizischen Schnitzarbeiten aus Ugarit, Nimrud oder Samaria könnten die besten Illustrationen zur Bibel sein. Deutlich auch die Parallelen von Sendchirli zu den Palastbauten in Megiddo, die nachweisbar aus salomonischer Zeit stammen – im „Palast 6000" wurde zudem noch ein reicher Schatz an Vorratskrügen, Kannen und Schüsseln entdeckt. So kann man dank der ziemlich genauen Kenntnis des Umrisses des salomonischen Jerusalem sich schon heute ein gutes Bild der gesamten Anlage machen.

Aber so sehr sich die Wissenschaft bemüht, die in der Bibel geschilderten Geschehnisse mittels Spaten und chemophysikalischen Methoden zu verifizieren – die Menschen, die in Jerusalem am Fuß des Tempelberges vor der Westmauer stehen, brauchen keine Beweise. Vor ihren Augen mag der Tempel Salomons in all seiner Herrlichkeit jeden Tag wiedererstehen, sie brauchten zum Anlaß für ihre gläubigen Visionen nicht den winzigsten Stein. Sie sind an dem Ort, den sie für den heiligsten der Welt halten: Kotel Hamaaravi. Gewaltige Blöcke, die wohl schon unzählige Klagen gehört haben, Klagen um das zerstörte Jerusalem, um das Leid derer, die in der Diaspora leben mußten und heute noch leben. Über allem Elend aber die Ehrfurcht vor der Gegenwart Gottes. Es ist nur selbstverständlich, daß eine Stätte dieses Ranges im Zentrum mystischer Glaubensgewißheit steht: was in die Ritzen dieser Mauer dringt, das dringt direkt zu Gott vor. Unzählige Pilger kommen hierher, und ein ständiges Gemurmel erfüllt den Platz. Man sieht, wie abgearbeitete Hände sorgsam Papierstückchen mit hebräischen Schriftzeichen in die Ritzen stecken, unzählige Papierstückchen, eines neben dem anderen, bis ein seltener Regen sie hinwegwäscht oder ein Sturm sie davonwirbelt. Und Gott wird sie lesen, er hört jedes einzelne Wort und wird es verstehen. Denn er ist immerfort gegenwärtig.
Mag sein, daß die Menschen, die ihn da suchen und um Hilfe bitten, sich im Grad ihrer Gesetzestreue voneinander unterscheiden – schon ihre Kleider verraten es. So mancher trägt den Tallith, den weißen über den Kopf gezogenen Gebetsmantel, am Arm die Tefillin, die Gebetsriemen, und auf der Stirn das schwarze Kästchen, das Abschnitte aus der Thora enthält. Andere kommen in Kaftan und pelzbesetzter Mütze, der Kleidung des osteuropäischen Ghettos, oder den schwarzen Hut über dem bärtigen Gesicht. Andere im Straßenanzug mit Hut oder kunstvoll besticktem Käppchen, andere haben den Kopf nur notdürftig mit einem Taschentuch bedeckt. Doch Gläubige sind sie alle an dieser Mauer. Von den Männern durch eine Absperrung getrennt, beten die Frauen – auch sie ein buntes Gemisch aus Tradition und modernem Habitus. Und selbst der andersgläubige Besucher darf herantreten und sich die Steine besehen – und wenn er will, auch beten.
Vor dem 7. Juni 1967 war es nur wenigen Juden vergönnt, hier zu beten, denn die Altstadt Jerusalems lag auf jordanischem Gebiet und wurde erst im Verlauf

82

Der Eingang zur Milchgrotte in Bethlehem – in ihr soll sich Maria mit dem Kind versteckt gehalten haben, bevor sie nach Ägypten floh.

Das Innere der Geburtskirche in Bethlehem wurde durch ein Erdbeben im Jahr 1834 stark in Mitleidenschaft gezogen – doch ein recht kahler Eindruck blieb bis heute.

des „Sechstagekriegs" Straße um Straße erobert. Seither hat sich das Bild geändert: Die alten Häuser und Buden, die den Pilgerscharen nur wenig Raum gelassen hatten, wurden fortgeräumt, und auf dem großen, freien Platz strömen heute die Menschen zu Familienfesten zusammen, hier vereinigen sie sich zu großen Feiern, ja selbst die Vereidigung von Rekruten findet angesichts der Westmauer statt.

Manch fremder Besucher, der mit der Eigenart jüdischen Denkens und jüdischer Mystik zu wenig vertraut ist, wird das nicht ganz verstehen. Natürlich kann auch anderswo gebetet werden, und das wird es auch. So groß die Menge vor diesem Stück Tempel auch sein mag, es ist ja doch nur ein verschwindend kleiner Teil des jüdischen Volkes – die übrigen beten in der übrigen Welt, in ihren Synagogen. Beten um den neuen Tempel, der erstehen wird. Irgend einmal. Wohl hat Gott ihnen das Land verheißen, aber seine Propheten haben ebenso immer gesagt, es werde sie wieder „ausspeien", wenn sie ihren sündigen Lebenswandel weiterführen. Und so ist es auch geschehen, nach der Zerstörung des ersten Tempels durch König Nebukadnezar, nach der Zerstörung des zweiten, der immer noch nicht wieder aufgebaut ist. Und wenn sie auch jetzt vor seinen Resten beten dürfen – für den gläubigen Juden ist das verheißene Land doch noch mehr als so und so viele Quadratkilometer Bodens, es ist das Land, in das der von Gott Gesandte, der Messias, sie dereinst führen wird. Und auf diesen Tag wird seit zwei Jahrtausenden gewartet, auf diesen Tag rich-

Die Geburtsgrotte in dem Gewölbe unter der Geburtskirche wurde 1869 durch Brand völlig entstellt – von der mittelalterlichen Ausschmückung ist nichts geblieben.

tet sich das gesamte jüdische Leben aus, der Gottesdienst, das Gebet, der Ablauf des Alltags. Man ist geduldig, man hat zu warten gelernt – was aber nicht heißt, daß man auch nur einen Augenblick lang die Hoffnung vergißt, die in der immerwährenden Bitte laut wird: „Nächstes Jahr in Jerusalem."

Kaum war König Salomon tot, war Israels „Goldenes Zeitalter" Vergangenheit, und das alte israelitische Stammesdenken – besonders der Gegensatz zwischen den Nord- und Südstämmen – lebte wieder auf. Salomons Sohn Rehabeam war zu schwach, den zentralistischen Staatsaufbau seines Vaters mit Steuer und Frondienst weiter durchzusetzen: Das nördliche Israel erhob sich und machte sich 926 v. Chr. unter Jerobeam I. selbständig. Von nun an war der Bruderkrieg wichtiger als die Absicherung nach außen, es wurden sogar Bundesgenossen gegen den jeweils anderen gesucht. Das Nordreich Israel hatte die bessere Ausgangsposition, sein Territorium war fruchtbarer als das Wüstenland Juda im Süden und konnte ungehindert seine Handels- und Kulturbeziehungen mit den Nachbarn, dem aramäischen Damaskus, den Philistern und Phöniziern ausbauen; Nachbarn, die aber auch immer wieder zu erbitterten Feinden wurden.

Aber das Nordreich hatte das religiöse Zentrum Jerusalem an den Süden verloren, den Tempel mit der Bundeslade, dem leeren Thronsitz, über dem der

Zu allen Zeiten strömten Pilger zu Rachels Grab, einem der bedeutendsten Heiligtümer im Heiligen Land – heute allerdings ist es nicht mehr weithin sichtbar, man muß es an der Straßenseite am Eingang nach Bethlehem suchen.

einzige Gott Jahwe unsichtbar zugegen war. So verfielen die Bewohner Israels mehr und mehr den Versuchungen der phönizischen und kanaanitischen Götterkulte – und ihre Könige sahen das gar nicht so ungern. Um ihre Stellung zu festigen, mußten sie verhindern, daß zu viele ihrer Untertanen immer noch nach Jerusalem ins feindliche Juda pilgerten – also wurden die alten Heiligtümer Dan an der Nordgrenze des Reichs und Bethel an dessen südlichem Ende zu neuen königlichen Kultstätten erhoben.

Diese wildbewegte Zeit zwischen dem Tod Salomons und der babylonischen Gefangenschaft hinterließ eine Fülle materieller Zeugnisse: In Dan, von dem die Bibel berichtet, „das Volk ging zur Anbetung des einen (des goldenen) Kalbes nach Dan", fand der israelische Archäologe Avraham Biran einen aus einem Kalksteinblock gehauenen „Hörneraltar", wie ihn das 2. Buch Moses genau beschreibt, und in Samaria kann man unter den prachtvollen römischen Baudenkmälern – einer Säulenbasilika und einem Amphitheater – die gewaltigen Reste eines Palastes sehen. Omri, der Gründer einer neuen Dynastie und der

„Abrahams Eiche" nahe Hebron, unter der auch die Heilige Familie auf ihrer Flucht nach Ägypten gerastet haben soll, ist inzwischen morscher geworden – heute wird sie von einem ausgeklügelten System von Pfeilern gestützt.

erste König des jüdischen Volkes, der in zeitgenössischen Dokumenten auch anderer Völker anzutreffen ist, hat diesen Palast begonnen, sein Sohn Ahab (871–852) hat den Bau weitergeführt – derselbe Ahab, den die Bibel verdammt, weil er die phönizische Prinzessin Isebel zur Frau genommen hatte. Sie brachte den Baalskult aus Tyrus, aber sie brachte auch ihre Handwerker und den verfeinerten Lebensstil ihres Volkes mit, und wenn die Bibel von Ahabs „elfenbeinernem Haus" spricht, dann war das keine märchenhafte Übertreibung, denn die Archäologen fanden in seinem Palast tatsächlich eine Unzahl geschnitzter Elfenbeinarbeiten mit phönizisch-ägyptischen Stilelementen, zauberhafte Einlegearbeiten für Wände und Möbel, Tier- und Göttermotive, Sphinxe und Menschen.

Ahabs Bauten dürften denen des Königs Salomon kaum nachstehen, und zur Sicherung seines Reiches nach außen ließ er auch die alten, zerstörten Festungen Hazor und Megiddo wieder aufbauen: eine Zitadelle, neue Mauern und die berühmten „Salomonischen Ställe", die man heute eher für Vorratshäuser hält. Am faszinierendsten aber sind die Wasserbauten in beiden Städten. Eine belagerte Stadt brauchte vor allem Wasser, und Megiddo wurde zwischen dem 4. Jahrtausend und dem 4. Jahrhundert v. Chr. so oft belagert und zerstört, daß dieser Ort in der Apokalypse als „Harmageddon" (Hügel von Megiddo) zum Inbegriff der letzten Schlacht zwischen Gut und Böse am Jüngsten Tag werden sollte. Da diese Stadt aber nur eine Quelle außerhalb ihrer Mauern besaß, trieben Ahabs Ingenieure einen mächtigen, etwa 25 Meter tiefen begehbaren Schacht in den Felsen, von dessen Boden ein 70 Meter langer Tunnel unter der Stadtmauer hindurch zur Quelle führte. Gleiche Anlagen gab es in Hazor und – schon aus früherer Zeit – in Gezer und Gibeon, und auch in Jerusalem ließ König Hiskia durch einen 533 Meter langen unterirdischen Kanal das Wasser

LINKS: Einst ragte der mächtige Haram el-Khalil über der Machpelah-Höhle im Herzen Hebrons empor – die Stadt hat sich inzwischen aber wesentlich ausgedehnt.
UNTEN: Beide Seiten einer Bronzemünze des Herodes Antipas aus der Zeit Christi.

der Gihonquelle im Kidrontal in den Siloahteich leiten. Eine der größten Ingenieurleistungen der Antike!

Auch aus dem Südreich, das mit Samaria in Fehde lag, zu Zeiten aber doch wieder mit ihm in Frieden lebte, gibt es Zeugnisse jener Epoche zur Genüge; vor allem in der Altstadt Jerusalems, dem jüdischen Viertel, in dem nach dem Sechstagekrieg von 1967 eifrig gegraben wurde: die Felsengräber der eindrucksvollen Totenstadt im Osten des Kidrontales beim arabischen Dorf Silwan oder verschiedene Tonfigurinen, die bezeugen, daß auch Juda gegen das Eindringen heidnischer Kulte nicht ganz gefeit war. Erstrangig aber die Reste der gewaltigen, etwa 7 Meter dicken Stadtmauer aus der Zeit König Hiskias (725–697) in der Altstadt, die zusammen mit anderen Ausgrabungen demonstrieren, daß Jerusalem damals weit größer war, als man bisher angenommen hatte.

Ahabs Reich stand an Ausdehnung dem des Königs David kaum nach, aber im Inneren wuchs die Opposition gegen seine liberale Religionspolitik. In der Bibel manifestiert sich diese religiöse Bewegung hauptsächlich in der Gestalt des Propheten Elias, der in einem feurigen Wagen zum Himmel fährt. Ahab, Isebel und ihre Baalspriester wurden schließlich getötet, und auch im Reich Juda standen Propheten wie Isaias und Jeremias auf, um das Gericht Gottes über sein sündiges Volk zu verkünden.

Das Gericht fand in grausamer Weise statt: Aus dem Norden brachen die mächtigen Assyrer ein und zerstörten 722 v. Chr. Samaria, 589 v. Chr. standen

RECHTS: So naturbelassen sah der Eingang zu Abrahams Ruhestätte im Haram noch vor 150 Jahren aus – der gewaltige Bau, der seine Form von Byzantinern, Kreuzfahrern und Arabern erhielt, wurde inzwischen von den Israelis blitzsauber restauriert.

die Babylonier vor den Mauern Jerusalems. Die anderen Städte waren im ersten Ansturm gefallen, nur die Festungen Azeka und Lachisch hielten sich länger. In Lachisch fanden die Archäologen eine Anzahl von Tontäfelchen mit einer erschütternden militärischen Korrespondenz. „Wir warten auf das Feuerzeichen von Lachisch", heißt es da aus Jerusalem im Jahre 588, „die Zeichen von Azeka sind nicht mehr zu sehen". Ein Jahr später fiel auch Jerusalem und wurde mitsamt seinem Tempel dem Erdboden gleichgemacht. Ein Teil des Volkes mußte in die „Babylonische Gefangenschaft", und der Psalm 137 verkündet: „An den Wassern Babylons saßen wir und weinten, wenn wir Zions gedachten."

Die Gefangenschaft in Babylon war sicher das bedeutungsvollste Ereignis in der Geschichte der Juden. Sie hatten ihr Land verloren, und es gab keinen König mehr. Aber nicht nur das. Auch die Beziehung zu ihrem Gott, die bisher hauptsächlich auf dem Besitz des verheißenen Landes gründete, auf der Gegenwart Gottes im Heiligtum zu Jerusalem, das jetzt zerstört war, geriet in eine Krise. Ein völliges Umdenken war notwendig geworden, eine Rückbesinnung auf Abraham, dessen Bund mit Gott allein auf bedingungslosem, persönlichen Gehorsam beruhte, und Priester und Propheten wie Hosea verkündeten jetzt auch in Babylon diese Botschaft: Gehorsam und Glauben! Dann würde Gott sein Volk befreien, wie er es schon einmal aus der ägyptischen Gefangenschaft befreit hatte – ein Glaube, der trotz aller Krisen über zweitausend Jahre Diaspora nicht verlorengegangen ist.

Im Jahre 539 entließ König Kyros, der persische Eroberer Babylons, die Juden wieder in ihre Heimat. Der Tempel wurde wiederhergestellt und die Gesetzesreligion begründet. Das gesamte Leben wurde durch das Gesetz, das Geschenk Gottes, geregelt. Aber mit der religiösen Neuordnung ging keineswegs auch ein politischer Aufschwung einher. Die Juden waren abwechselnd Untertanen der Perser, des großen Alexander und seiner Nachfolger; nur kurze Zeit – unter den Makkabäern, die einen Volkskrieg gegen Heidentum und Hellenisierung führten – gab es noch einmal ein Reich von den Grenzen des Sinai bis zur Jordanquelle. Bald aber verzehrten die Juden einander wieder in blutigen Machtkämpfen – nur daß die religiösen Parteien jetzt Pharisäer und Sadduzäer hießen. Neben ihnen erstand eine dritte Kraft, die Essener. 63 v. Chr. ließ Pompejus seine Legionen in Jerusalem einziehen, und der Idumäer Herodes wurde 37 v. Chr. zum König der Juden von Roms Gnaden.

Dieser Herodes, Inbegriff des genußgierigen Machtmenschen, vom Volk gehaßt und von den Römern ständig beargwöhnt, war aber auch ein besessener Bauherr, der ganz Palästina mit Palästen, Villen und Fluchtburgen überzog. Er baute den Römern in Caesarea ein Theater und ein dem Augustus geweihtes Heiligtum, ein zweites in Samaria und dazu noch ein Stadion. Er baute den Juden einen prachtvollen Tempel, doppelt so groß wie der des Salomon und von einem Reichtum ohnegleichen – in unserer Zeit war von diesem Tempel neben den Resten der Stützmauer nichts mehr vorhanden, aber nach dem Sechstagekrieg wurde die gewaltige Treppe des Haupteingangs, über die die Juden einst die Tempelanlage betraten, aus den jahrhundertealten Schuttmassen herausgelöst. Nach Beendigung der Ausgrabungen soll hier ein „Archäologischer Park" angelegt werden, in dem man auf kleinstem Platz Jahrhunderte buchstäblich durchwandern kann: von einer Stadtbefestigung Suleimans des Prächtigen (16. Jh.) über einen Kreuzfahrerturm (12. Jh.) und die Reste eines Palastkomplexes aus der Omajjadenzeit (7. Jh.) zu einem byzantinischen Gebäude aus dem 6. (noch christlichen) Jahrhundert bis zu den Resten eines Lagers der römischen Eroberer, unter denen endlich die des herodianischen Jerusalem liegen.

Wer aber in Rekonstruktion sehen möchte, wie dieses Jerusalem vor 2000 Jahren ausgesehen haben mag, der kann im Garten des Holyland-Hotels ein maßstabgetreues Modell aus Holz, Stein und Marmor bewundern, das unter Aufsicht von Wissenschaftlern nach den Ergebnissen der Grabungen entstanden ist: den gewaltigen Tempel und die Stadtmauern, den stark befestigten Palast des Herodes mit seinen Hunderten Gemächern, die Wohnhäuser der Reichen in der Weststadt, von denen in jüngster Zeit im jüdischen Viertel eindrucksvolle Beispiele einer letzten Blütezeit freigelegt wurden.

OBEN: Jahrtausende haben die faszinierende Bergwüste zwischen Jerusalem und Jericho kaum verwandelt.
UNTEN: Das Tote Meer, 392 m unter dem Meeresspiegel und damit tiefster Punkt der Erdoberfläche, lange bevor es für Touristen attraktiv gemacht wurde.

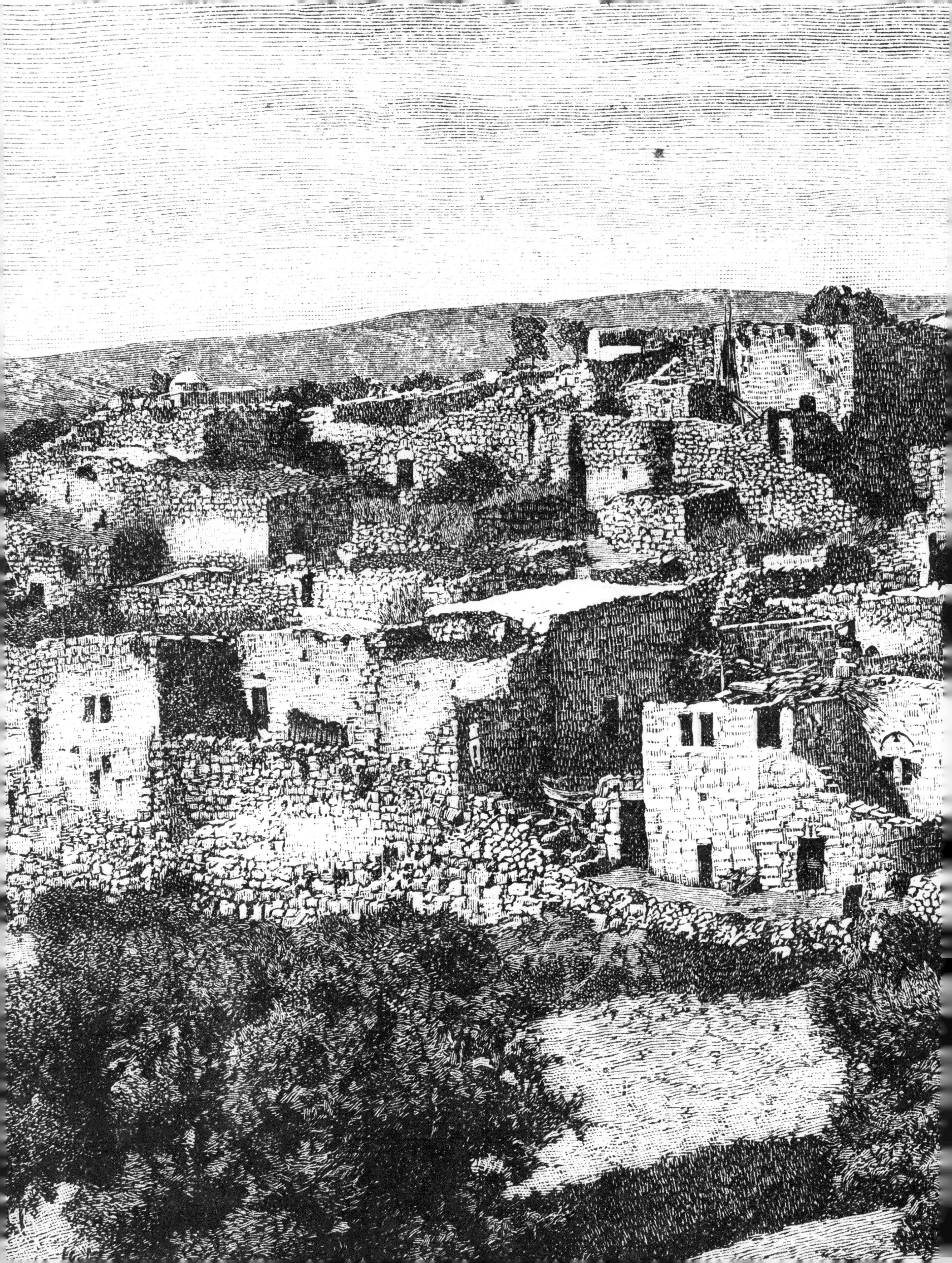

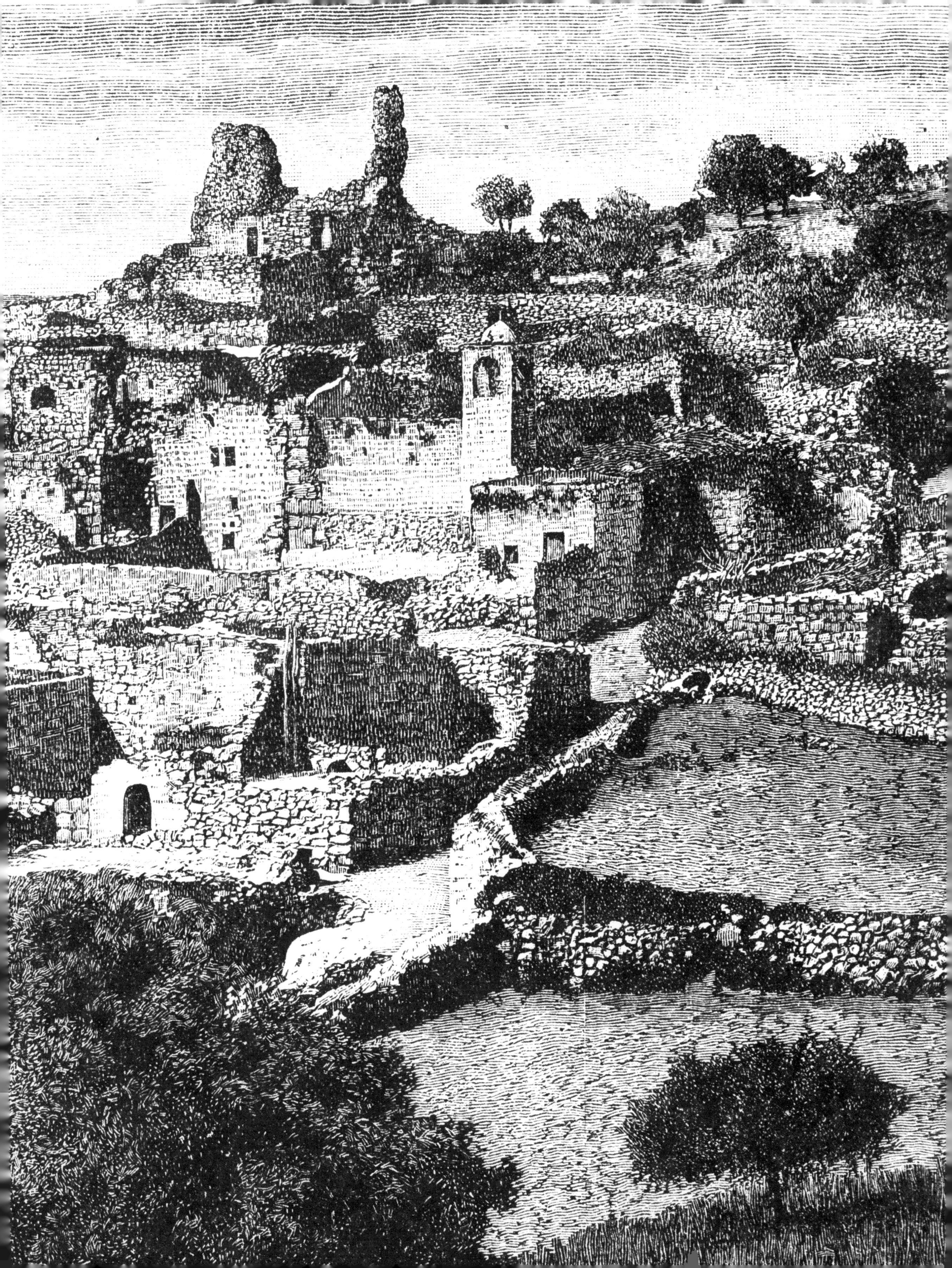

Hier etwa endet die Periode der jüdischen Geschichte, wie sie im Alten Testament erzählt wird, das seinerseits mit einer Fülle archäologischer Funde belegt werden kann. Wobei man mit Sicherheit sagen darf, daß Israels Erde bisher erst an der Oberfläche angekratzt wurde. Verglichen mit dieser vielhundertjährigen Geschichte sind die knapp 33 Lebensjahre des Mannes aus Nazareth, der keine Reiche eroberte und keine Städte verwüstete, eine Winzigkeit. Dennoch kommt ein großer Teil der Besucher besonders aus Europa und Amerika hauptsächlich seinetwegen nach Israel.

VORHERGEHENDE DOPPELSEITE: In der Mitte des 19. Jahrhunderts kauften die Franziskaner das Gelände um Bethanien, da sich hier Jesus oft aufgehalten haben soll – aber erst 1953/54 errichteten sie eine Kirche.

Wer als christlicher Pilger Israel besucht, der sollte am besten dort beginnen, wo die Geschichte Jesu begann: In Nazareth, dem Ort, in dem der Tradition zufolge seine Mutter lebte und sein Ziehvater als Zimmermann arbeitete, in dem er selbst die ersten 30 Jahre seines Lebens verbrachte. In Nazareth, so steht geschrieben, erschien einem blutjungen jüdischen Mädchen ein Engel mit der Verkündigung, sie werde „empfangen und einen Sohn gebären, der soll Jesus heißen. Er wird groß sein und der Sohn des Allerhöchsten genannt werden."

Zwei Kirchen stehen im Zentrum des idyllischen Städtchens, das aus manchem Blickpunkt noch etwas von dem Nest vor 2000 Jahren haben mag. Es sind keine Bauten, die den Kunsthistoriker reizen werden, aber sie erheben sich über zwei bedeutsamen Orten: dem Ort der Verkündigung und der Werkstatt Josefs, des Ziehvaters. Die neue Verkündigungskirche wurde erst 1969 fertiggestellt, auf den Mauerresten einer Franziskanerkirche aus dem 18. Jahrhundert, die ihrerseits auf den Trümmern einer alten Kreuzfahrerkirche stand. Und die Josefskirche stammt auch erst aus dem Jahre 1914. In den Gassen davor flutet lebhafter Verkehr, Touristenbusse drängen sich zwischen Andenkenständen und durch Basarstraßen, arabische Fremdenführer bieten ihre Dienste an. Auch die anderen Kirchen und Klöster, katholisch, maronitisch oder orthodox, gewinnen ihre Bedeutung mehr aus dem Ort, an dem sie stehen, als aus sich selbst: Die Franziskanerkirche etwa, die „Mensa Christi", die einen Felsen umfaßt, auf dem der Legende nach Christus mit seinen Getreuen nach seiner Auferstehung ein Mahl eingenommen hat; die Synagogenkirche, die einst jene Synagoge gewesen sein soll, die Jesus als Kind besuchte. Und wenn am „Marienbrunnen", aus dem das Wasser wie eh und je strömt, besonders gegen Abend die Frauen ihre Wasserkrüge füllen und sie aufrechten Ganges auf dem Kopf heimtragen, dann fließen Gegenwart und Vergangenheit ineinander. Hier haben die Griechisch-Orthodoxen die Gabrielskirche erbaut, da sie der Überzeugung sind, die Verkündigung habe hier stattgefunden. Ein Engel – ein männliches Wesen! – hätte sich einem unverheirateten Mädchen niemals in ihrem Heim genähert.

Aber auch die uralten Steine der Verkündigungsgrotte und der Josefswerkstatt

RECHTS: Tiberias am See Genezareth, eine der vier heiligen Städte des Judentums, ist wegen seiner heißen Quellen schon seit der Römerzeit Anziehungspunkt.
UNTEN: Über Magdala am See Genezareth führte die Karawanenstraße vom Berg Tabor herab, um dann nördlich weiter nach Damaskus zu verlaufen.

berühren den Besucher: hier – zumindest ganz in der Nähe, nur ein paar Meter tiefer und zwischen kleineren, ärmlicheren Häusern – wuchs Jesus auf, hier hat ein Geschehen seinen Anfang genommen, das unser Weltbild, unsere ganze kulturelle Entwicklung entscheidend mitgeprägt hat. Seine Mutter aber, so heißt es weiter, machte sich, dem Willen Gottes folgend, auf den Weg zu ihrer Verwandten Elisabeth nach En Kerem. Man sieht den kleinen Ort im Tal liegen, wenn man Jerusalem beim Herzlberg verläßt, um das Hadassah-Krankenhaus zu besuchen, für das Marc Chagall die berühmten Fenster entwarf: die zwölf Söhne Jakobs, die Stammväter der zwölf Stämme Israels. En Kerem ist der Ort, in dem die alternde Elisabeth ihrem Mann Zacharias wunderbarerweise noch einen Sohn gebären sollte: Johannes den Täufer. Unter der Johanneskirche die Grotte der Geburt mit Mosaiken aus dem 5.-6. Jahrhundert, Ornament gewordene Pfauen, Tauben und Pflanzen, und in ihrer Mitte die griechische Inschrift: „Heil, Märtyrer Gottes!" Dort, wo sich die Visitationskirche erhebt, die Stelle des Hauses, in dem Maria und Elisabeth einander trafen und von den Wundern erzählten, die ihnen widerfahren waren.

Es muß ein mühseliger Weg gewesen sein für die junge Maria, denn mehr als 150 km liegen zwischen Nazareth und En Kerem. Ein Weg über steinige Hügel, in Sonne und Staub, kaum vorstellbar für den Besucher, der heute über die Asphaltstraßen fährt. Dabei mußte das Mädchen, knapp bevor es Mutter wurde, eine noch weitere Reise unternehmen, die nach Bethlehem, der Stadt Davids, etwa 10 km südlich von Jerusalem, um sich nach dem Gebot des Kaisers Augustus in die Steuerlisten einzutragen. Hier war König David geboren worden, hier gebar, tausend Jahre später, ein Mädchen aus seinem Stamm den Erlöser der Christen, den die Juden nicht als Messias anerkennen wollten. Es wurde bisher kein Beleg für die im Neuen Testament erwähnte Volkszählung oder Steuerregistrierung gefunden, derentwegen Maria und Josef die weite Reise unternahmen. Und in einer Zeit, in der jedes bedeutende Ereignis sorgfältig aufgezeichnet wurde, müßte das, so meinen die Skeptiker, doch irgendwo vermerkt sein. Aber es fand sich auch lange kein Beweis für die historische Existenz eines römischen Statthalters, der dreiunddreißig Jahre später über den hier geborenen Jesus das Todesurteil sprechen sollte – und dann entdeckte man doch den berühmten Stein in Caesarea mit dem Namen des Pontius Pilatus. Die Pilger freilich, die sich besonders zu Weihnachten und zu Ostern in Bethlehem drängen, fragen nicht nach Zeugnissen von Archäologen. Ihnen genügen die Zeugnisse des Neuen Testaments – so wie den Juden die des Alten Testaments genügen, wenn sie ehrfürchtig das Grab der Rachel an der Einfahrt nach Bethlehem besuchen. Rachel, die Jakob den jüngsten Sohn Benjamin geboren hat, die aber nicht wie die anderen Frauen bei den Patriarchen in Hebron liegt. In der Krippenstraße, auf dem Weg zur Geburtskirche, liegt auch der Brunnen des Königs David, der im Philisterkrieg eine Rolle spielte. Da durchbrachen drei tapfere Krieger die Kampflinie der Philister, wie die Bibel erzählt, um ihrem König Wasser aus dem Brunnen von Bethlehem zu holen. Er aber wollte nicht trinken, er sagte: Soll ich das Blut der Männer trinken, die ihr Leben aufs Spiel gesetzt haben? Und opferte das Wasser dem Herrn.

Schlimm wird die Geschichte des Städtchens Bethlehem – hebräisch: „Brothaus" – dort, wo die Überlieferung endet und die sichtbare Realität beginnt: der Streit der christlichen Konfessionen um die Kirche, die über der Geburtsgrotte steht, bietet eine traurige Parallele zur Grabeskirche in Jerusalem. Kaiser Konstantin ließ die erste Basilika errichten, die in der Folge immer wieder umgebaut und im 12. Jahrhundert n. Chr. völlig erneuert wurde. 1672 kauften die Griechen die Kirche, 1832 erhielten die Katholiken – hier Lateiner genannt – einen Teil davon wieder zurück. Den südlichen Teil besitzen die Armenier. Hier ist alles genau aufgeteilt, Kirchenräume, Altäre und Grotten; besonders um den Stern an der Geburtsstelle Jesu, der 1717 von den Lateinern angebracht wurde, entbrannte ein Streit: 1847 entfernten ihn die Griechen, 1853 wurden sie von den Türken gezwungen, ihn wieder anzubringen. Diese Differenzen um den Ort des Friedens und der Versöhnung trugen sogar zum Ausbruch des Krimkriegs bei, in dem Rußland 1853–56 gegen die Türkei, Frankreich und England stand.

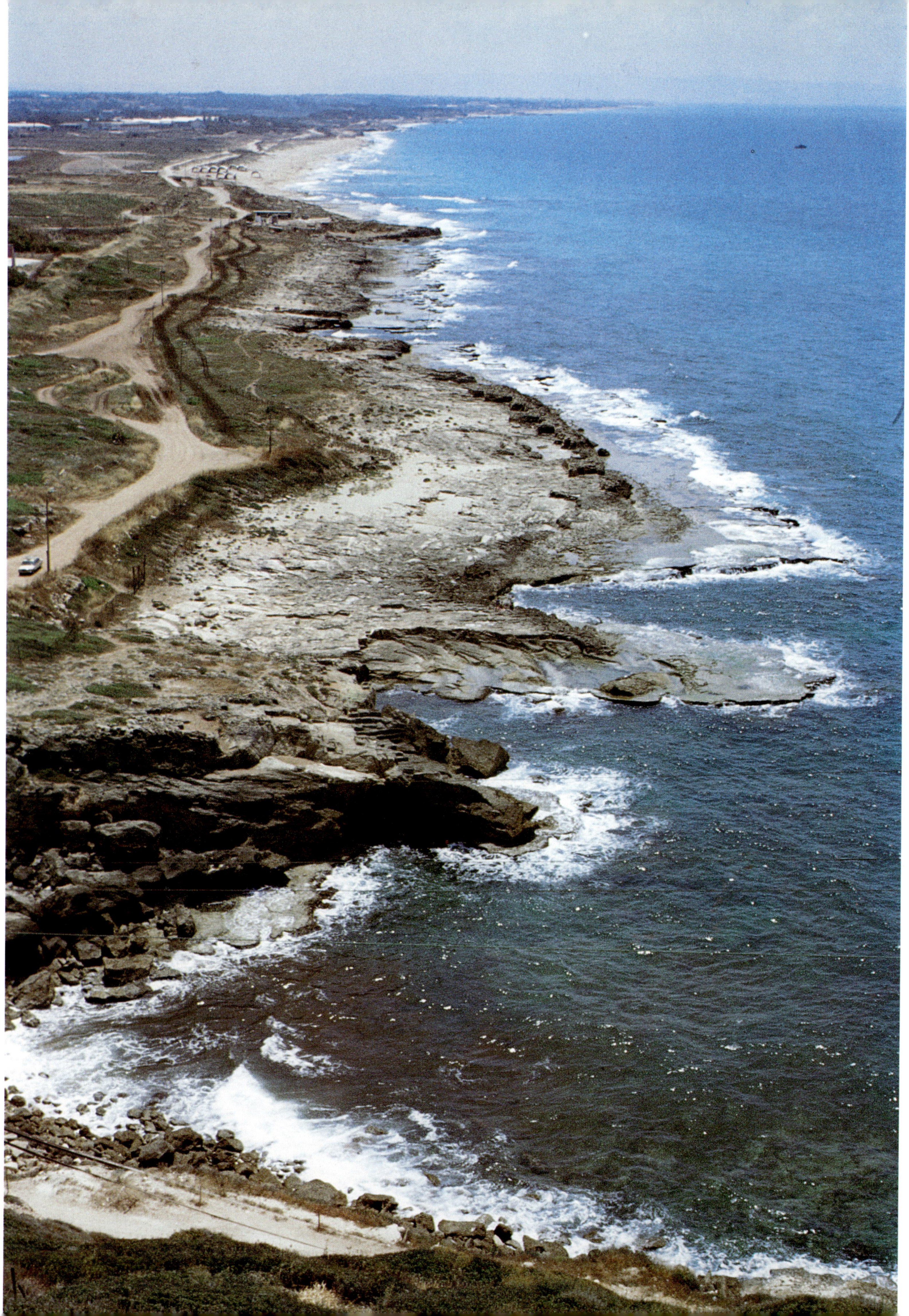

VORHERGEHENDE SEITE: Blick vom Felsen Rosh Hanikra, dem nördlichsten Punkt Israels am Mittelmeer, über die Küste, die Abraham von Gott erbeten hatte.
LINKS: Der Aquädukt im Norden Akkos wurde von dem türkischen Pascha Ahmed, den man wegen seiner Grausamkeit auch Jezzar („Schlächter") nannte, 1780 erbaut.
RECHTS OBEN: Achziv erinnert mit restaurierten Ruinen daran, daß hier einst bereits ein phönizischer Hafen Bedeutung hatte.
RECHTS UNTEN: Die Bahá'i-Gärten in Bahjí, etwa 3 km nördlich von Akko, sind um die letzte Ruhestätte Bahá'u'lláhs, des Begründers der Bahá'i-Religion, angelegt – für die Bahá'i die heiligste Stätte der Welt.

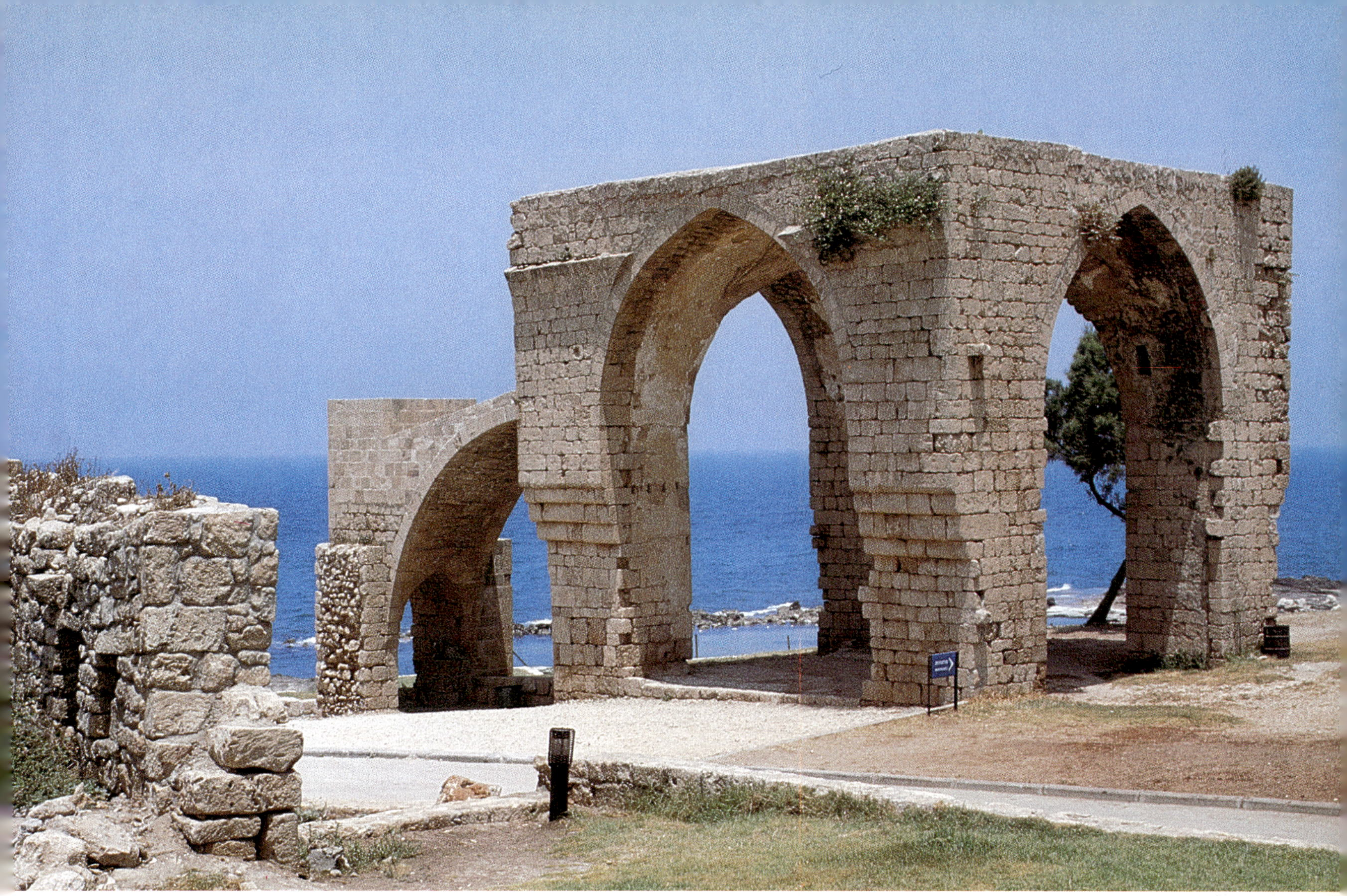

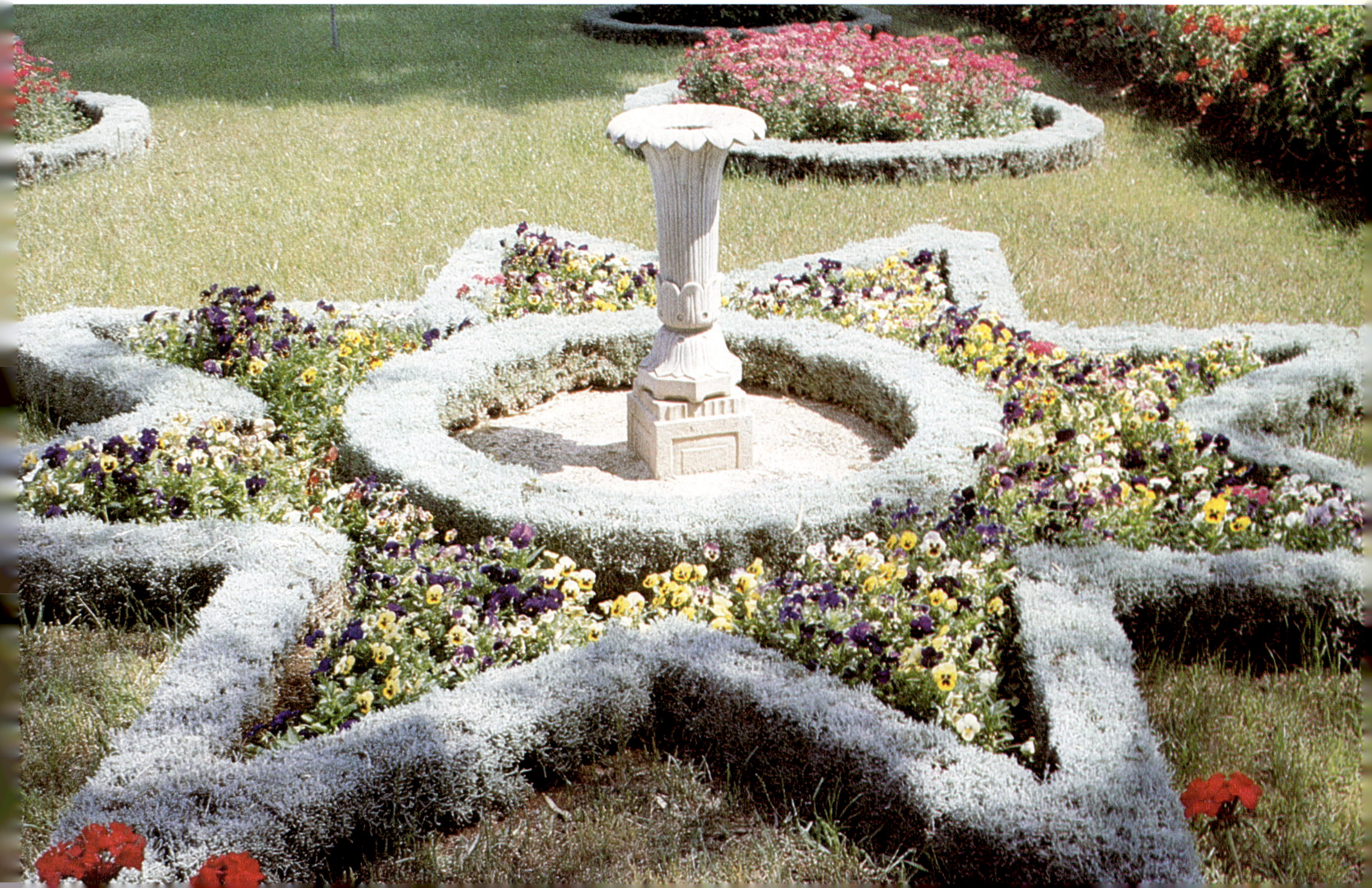

LINKS: Nachdem 1187 Jerusalem verloren war, wurde Akko am Mittelmeer Sitz des fränkischen Königtums und des Ordens der Johanniter. Kreuzritter und Muselmanen unter Sultan Saladin lieferten einander heftige Schlachten, bis das bedeutende Handelszentrum Akko 1291 endgültig fiel. An diese kriegerischen Zeiten erinnern die mächtigen Seebastionen und die Krypta der Johanniterburg.
RECHTS: In der Altstadt von Akko dominiert heute einfaches Leben vor malerischem Hintergrund.

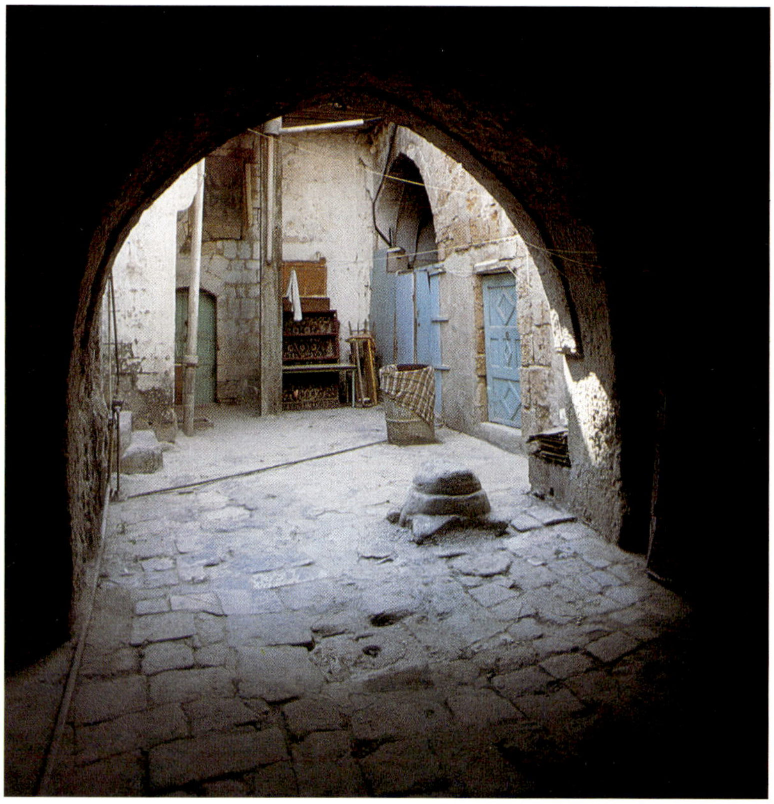
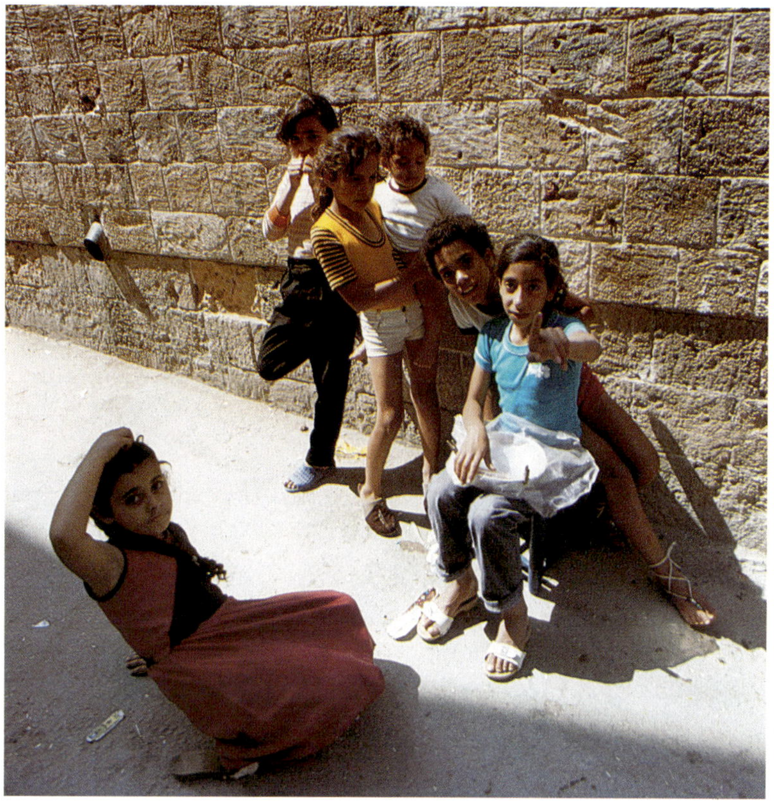
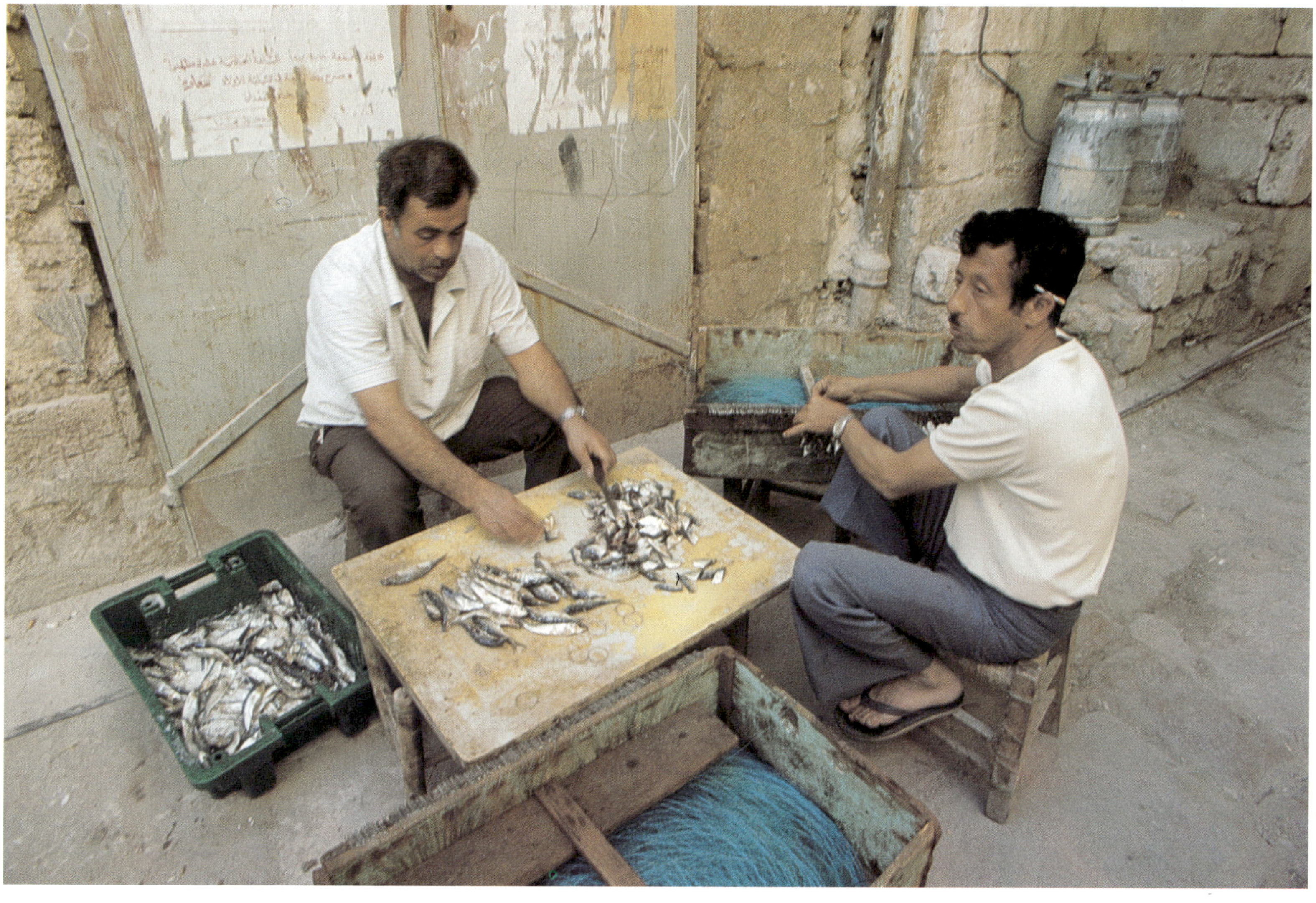

LINKS: Nachdem Akko 1291 von den Moslems erobert worden war, blieb es fast 500 Jahre ein Trümmerhaufen und vergessenes Dorf. Erst 1749 errichtete hier der Beduinenscheich Zahir el-Amr seine Residenz – in den Folgejahren behielten die Türken Akko als Sitz ihres Paschas bei. Ahmed, der berühmteste dieser Paschas, entfaltete rege Bautätigkeit – das Bild zeigt den Aufgang zur Moschee.
RECHTS UNTEN: Die 1781 erbaute Ahmed-Moschee ist die größte und bedeutendste Moschee in Israel; das Ministerium für religiöse Angelegenheiten hat vor allem auch das Innere für die moslemische Gemeinde renovieren lassen.
RECHTS OBEN: Auch die Karawanserei Khan el-Umdan wurde, 1785, unter Ahmed erbaut, wobei vor allem Säulen aus den Ruinen von Caesarea Verwendung fanden. Der Uhrturm über dem Eingang ist allerdings erst 1906 hinzugebaut worden.

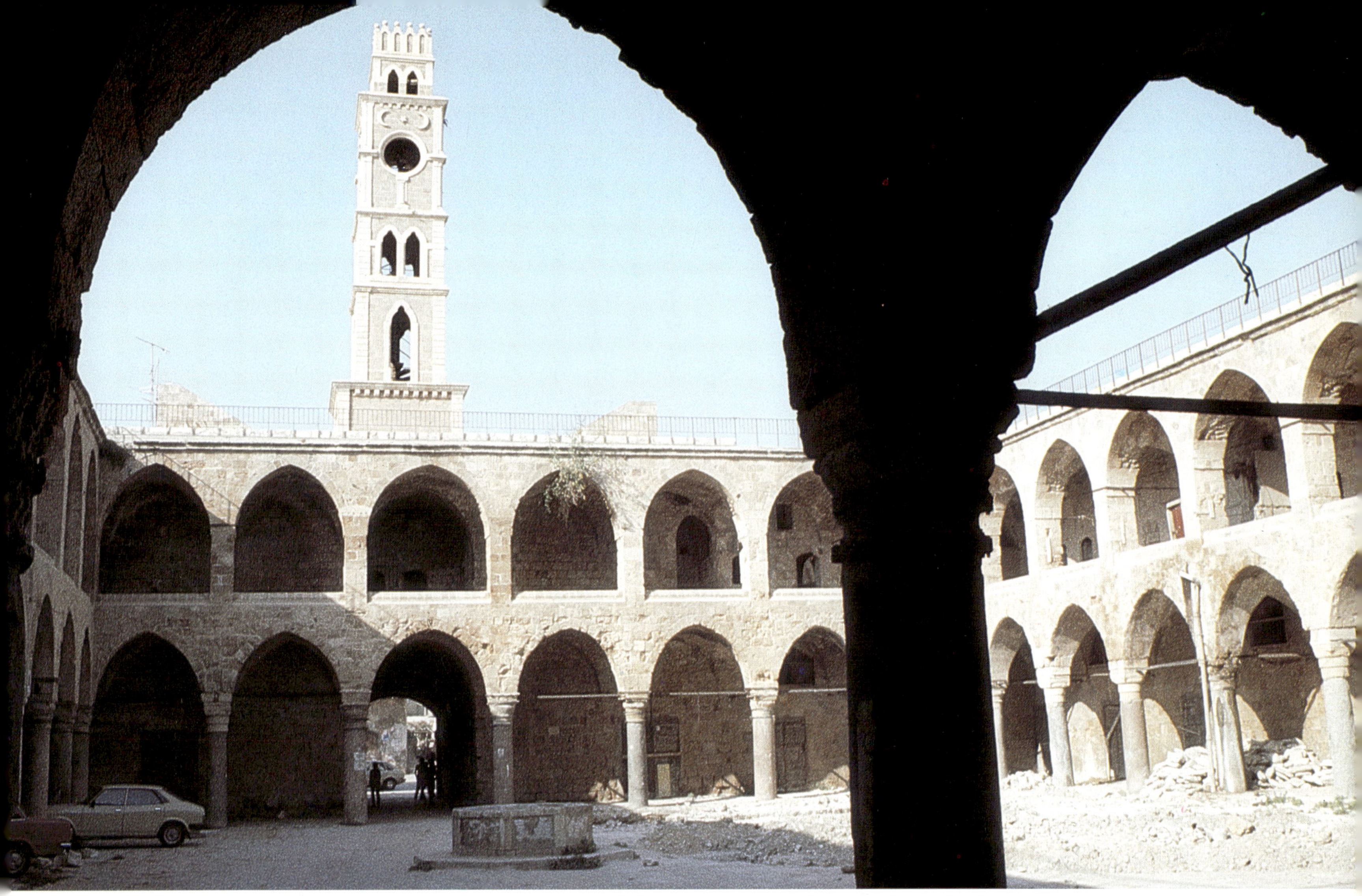
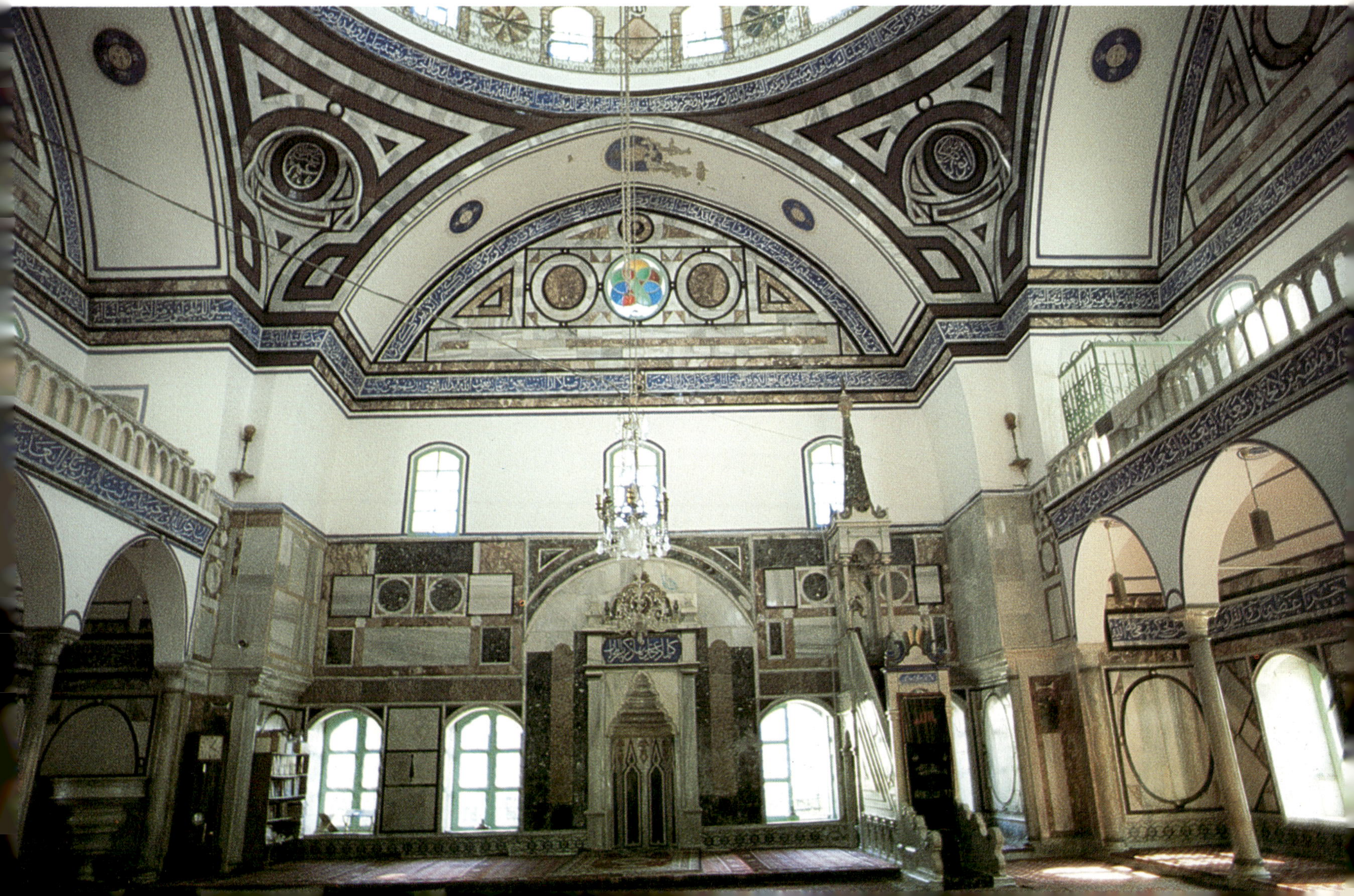

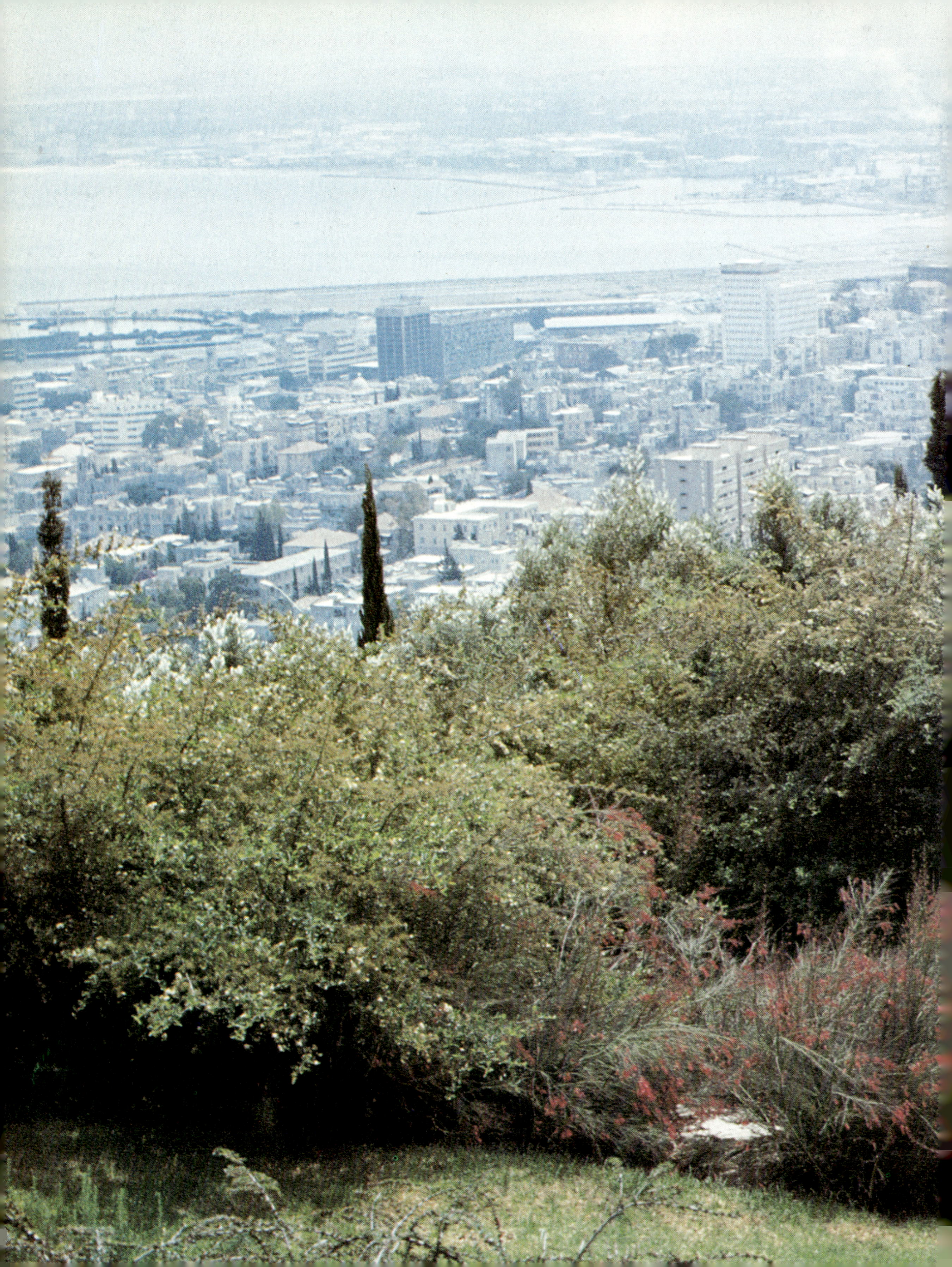

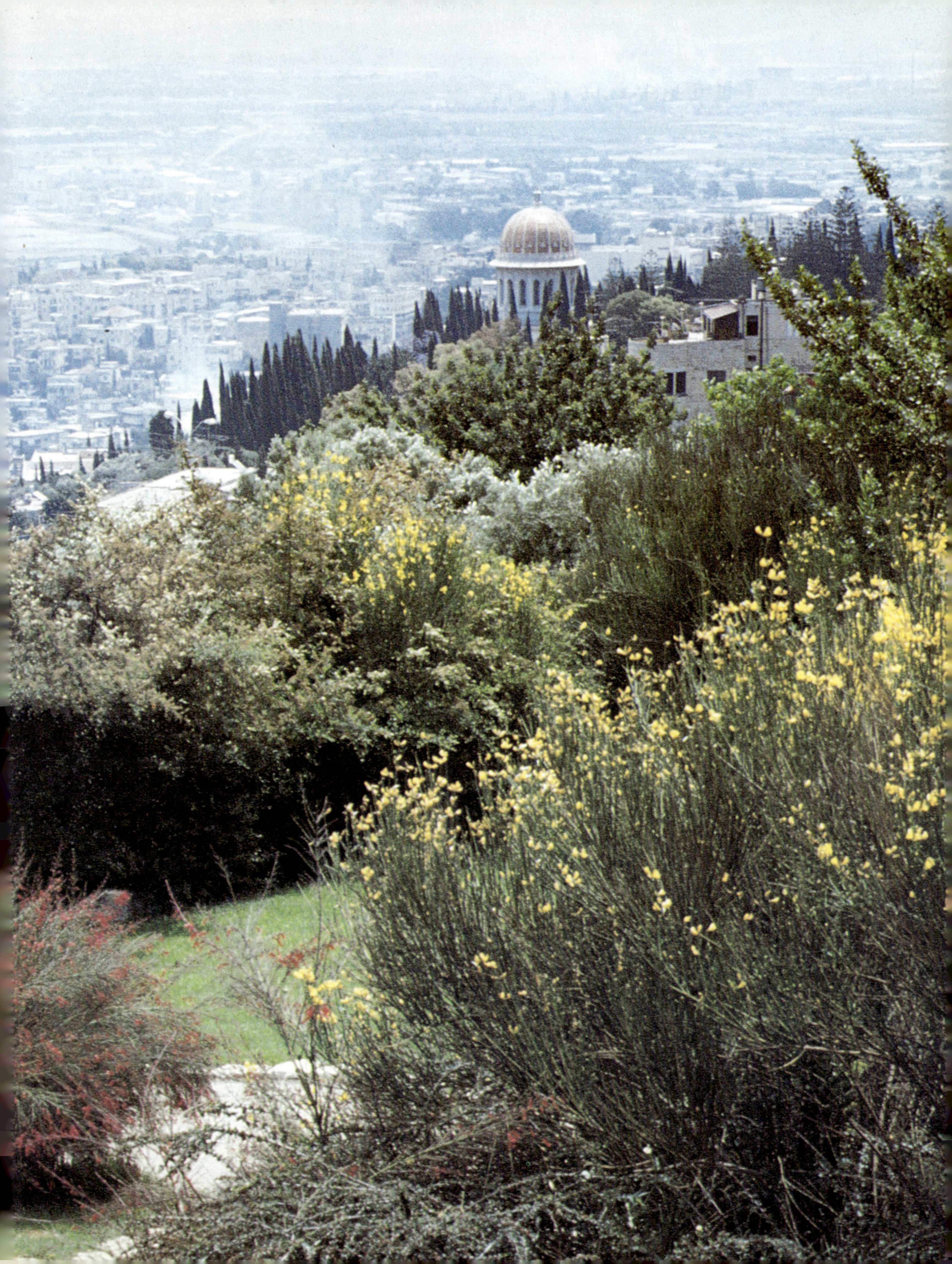

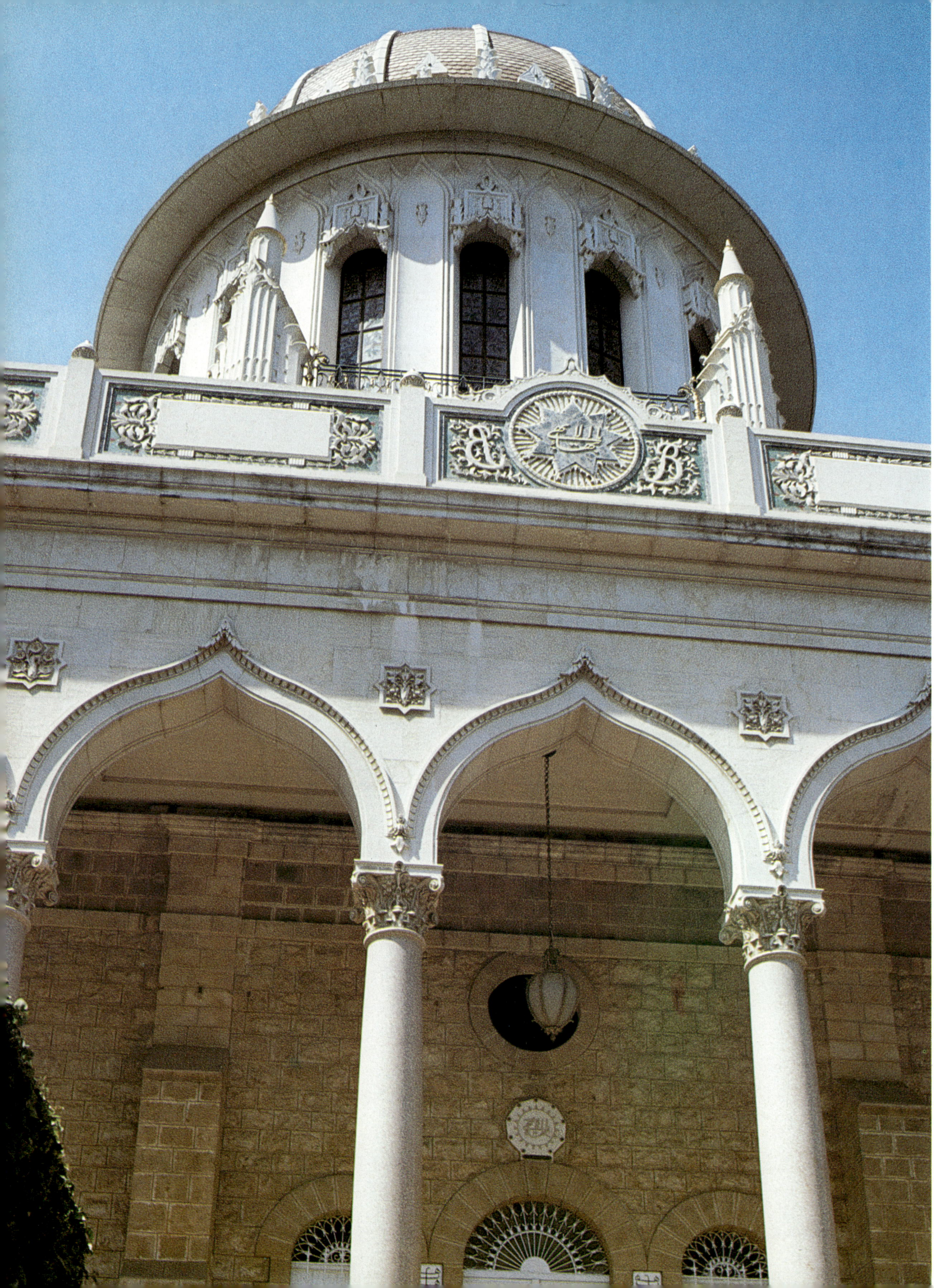

VORHERGEHENDE DOPPELSEITE: Haifa, Israels bedeutendste Hafenstadt, erstreckt sich über den Berg Karmel. Erst nachdem Kaiser Wilhelm II. 1095 die Bahnlinie von Haifa zur Hedschasbahn eröffnet hatte, nahm die Stadt einen raschen Aufschwung.

LINKS: Der Bahá'i-Schrein des Báb am Abhang des Bergs Karmel wurde kurz nach 1900 innen fertiggestellt, worauf die sterbliche Hülle des Báb, des Märtyrer-Verkünders der Bahá'i-Religion, im März 1909 hier beigesetzt wurde. Oberbau und Kuppel des heutigen Wahrzeichens von Haifa sind 1953 ausgestattet worden.

RECHTS: Das Gebäude des Internationalen Bahá'i-Archivs, das 1957 im Stil griechischer Klassik aus italienischem Chiampo-Stein erbaut wurde, liegt – wie besonders auch der Schrein des Báb – in herrlich gepflegten Gartenanlagen, deren Schönheit zu Besinnung zu führen vermag.

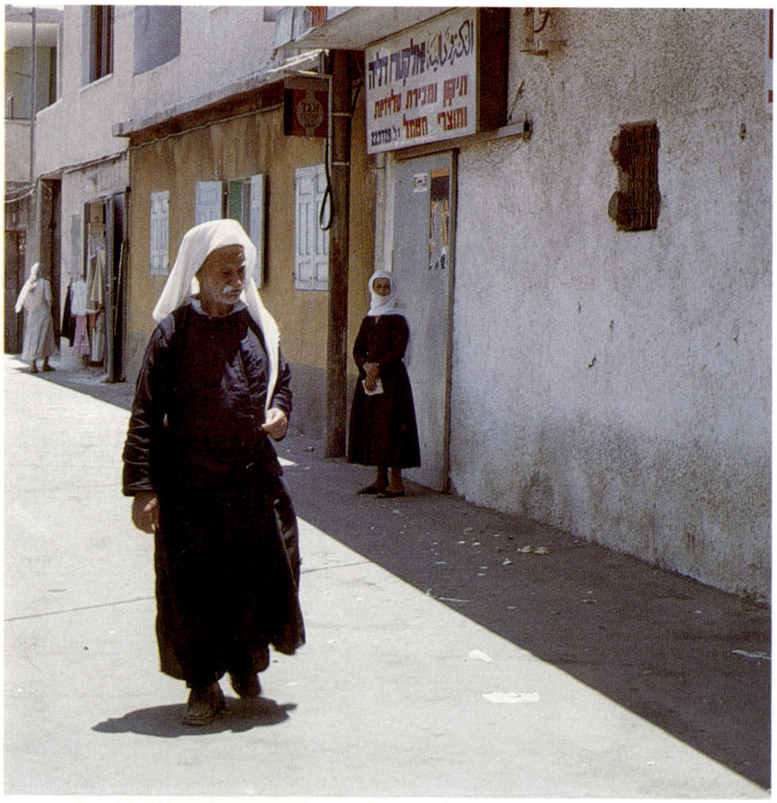

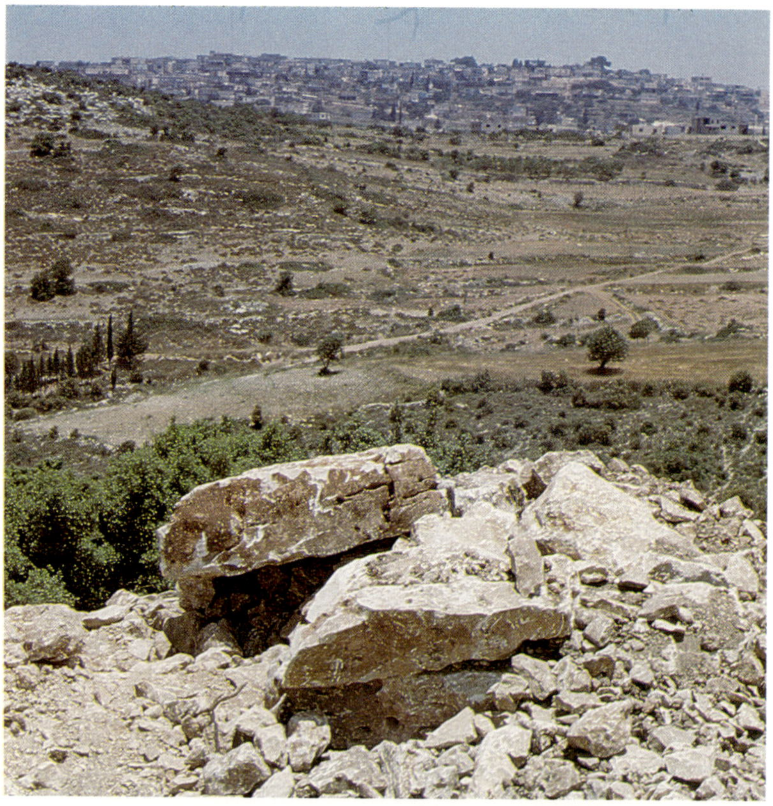

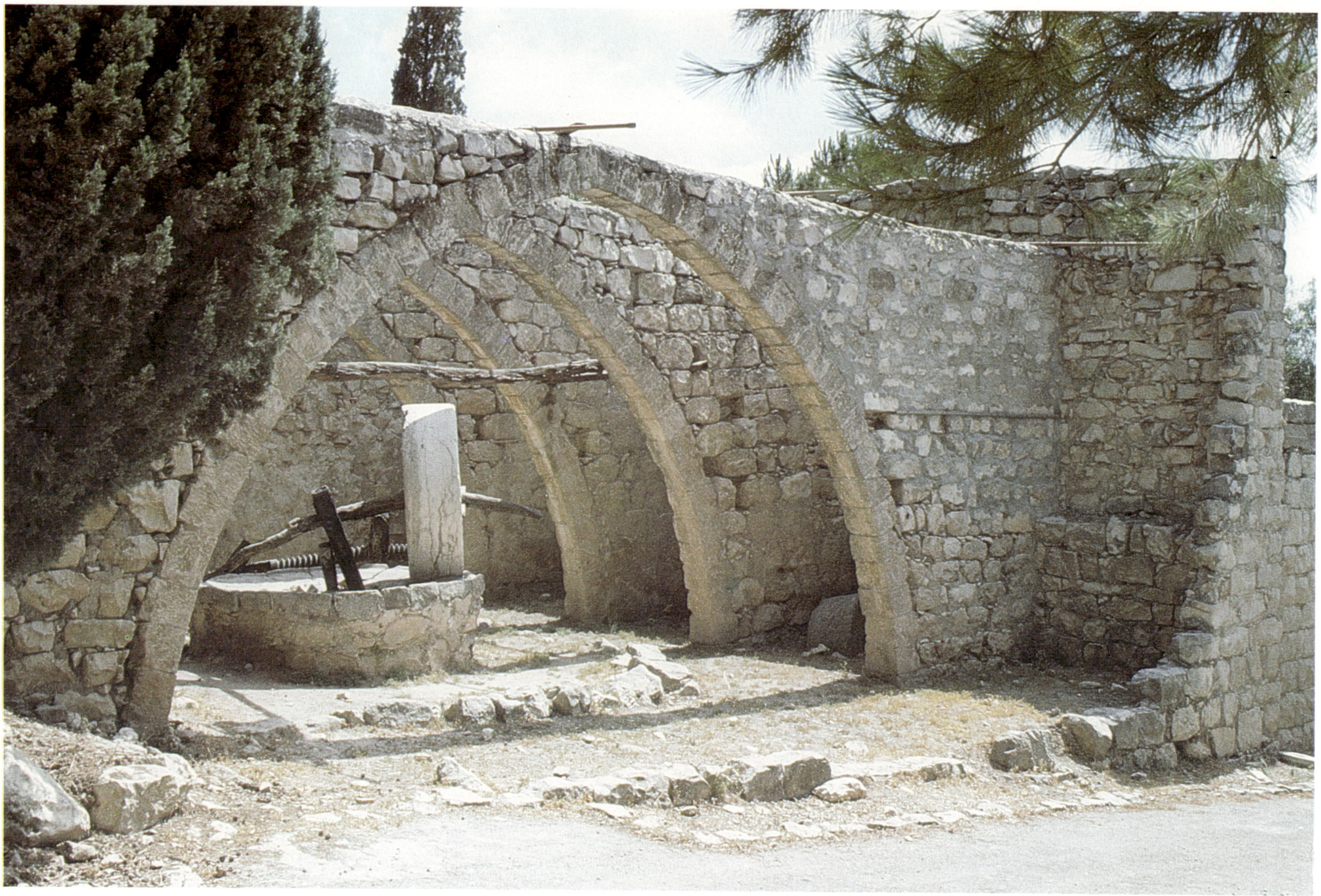

LINKS OBEN: Die rauhe Gebirgslandschaft des südöstlichen Karmel ist Heimat der Drusen, einer im 11. Jahrhundert vom Islam losgelöster Minderheit. In der rein drusischen Siedlung Daliyat el-Karmil wird Tradition bewahrt, auch was die Kleidung betrifft.

LINKS UNTEN: In En Hod entstand aus einem ehemaligen verlassenen Araberdorf eine moderne Künstlerkolonie, die sich noch immer recht romantisch zu geben versteht, aber nicht mehr recht „in" ist.

RECHTS: Vorgängerin von Caesarea war bereits eine kleine phönizische Stadt. Aber erst Herodes der Große baute die kleine Bucht 22 v. Chr. zum befestigten Seehafen aus, dem er zu Ehren seines Gönners Caesar (Kaiser) Augustus den Namen gab.

LINKS: Das römische Amphitheater in Caesarea wurde im 2. Jahrhundert erbaut und 1961 ausgegraben. Bei diesen archäologischen Arbeiten entdeckte man auch ein Inschriftenbruchstück, das Pontius Pilatus erwähnt – der erste wissenschaftliche Nachweis des berühmten Stadthalters von Judäa, unter dessen Verwaltung Christus gekreuzigt worden war.
RECHTS OBEN: Die römische Wasserleitung stammt ebenfalls aus dem 2. Jahrhundert.
RECHTS UNTEN: Die beiden Standbilder in einer byzantinischen Ruine an der Hauptstraße von Caesarea wurden 1954 zufällig entdeckt; wahrscheinlich stellen sie Kaiserbildnisse aus dem 2./3. Jahrhundert dar.
FOLGENDE SEITE: Reste der Kreuzfahrerkathedrale im Ruinenfeld von Caesarea, die 1291 von den moslemischen Eroberern zerstört worden war. Hier fiel den Ordensrittern eine Glasschale in die Hand, die der von Jesus beim letzten Abendmahl benutzte Kelch gewesen sein soll – als „Heiliger Gral" beeinflußte sie die christliche Gedankenwelt im Mittelalter.

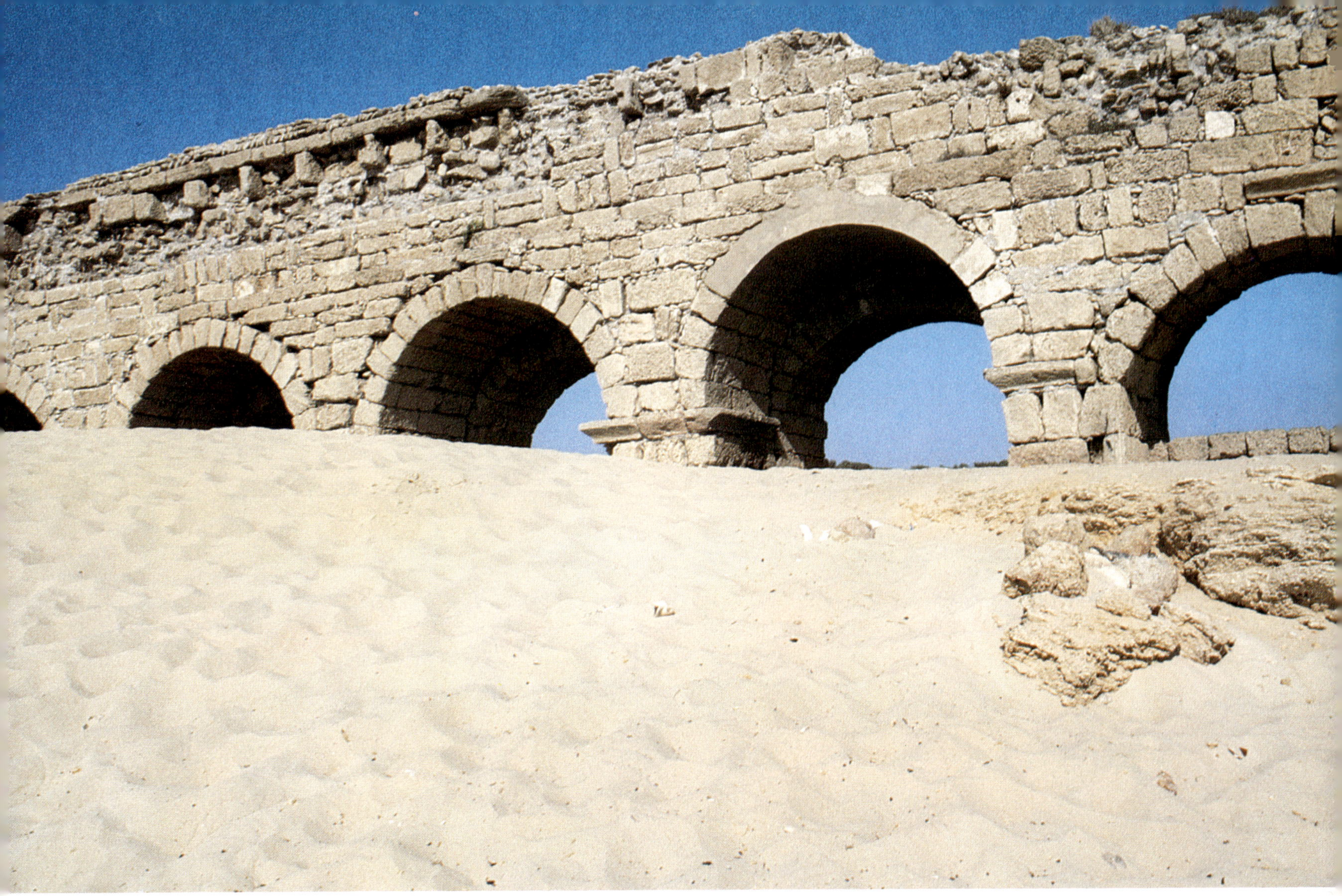

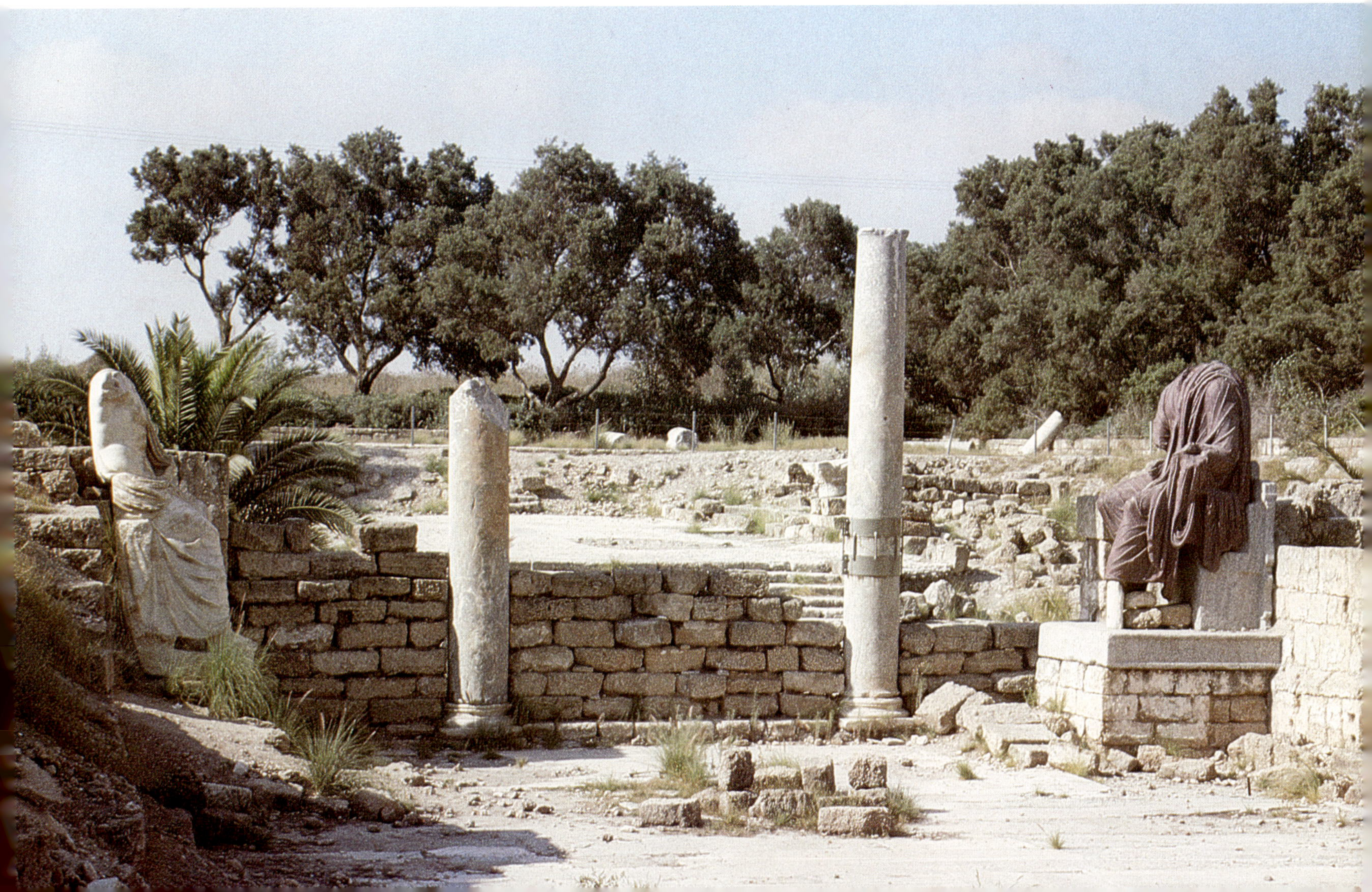

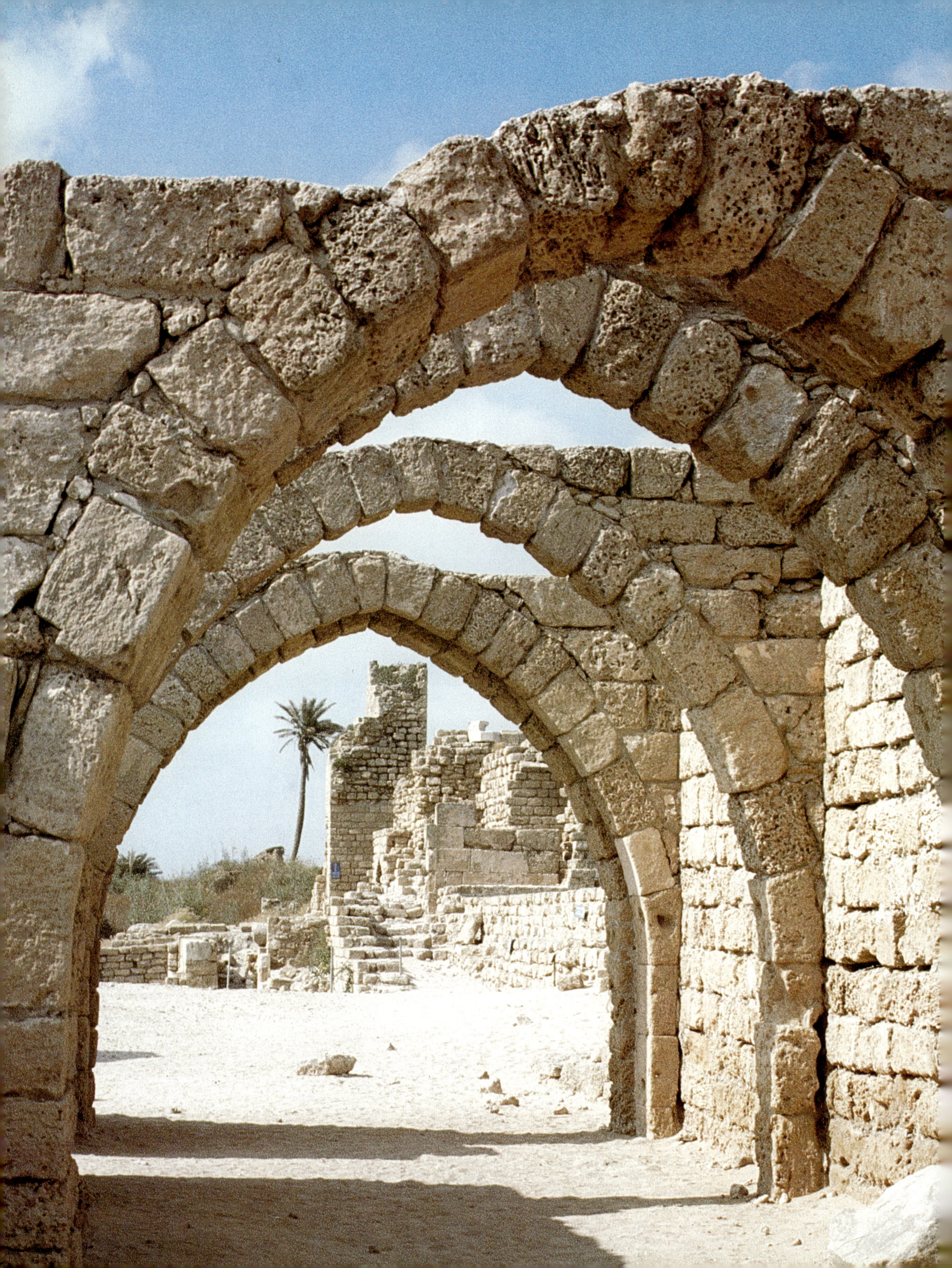

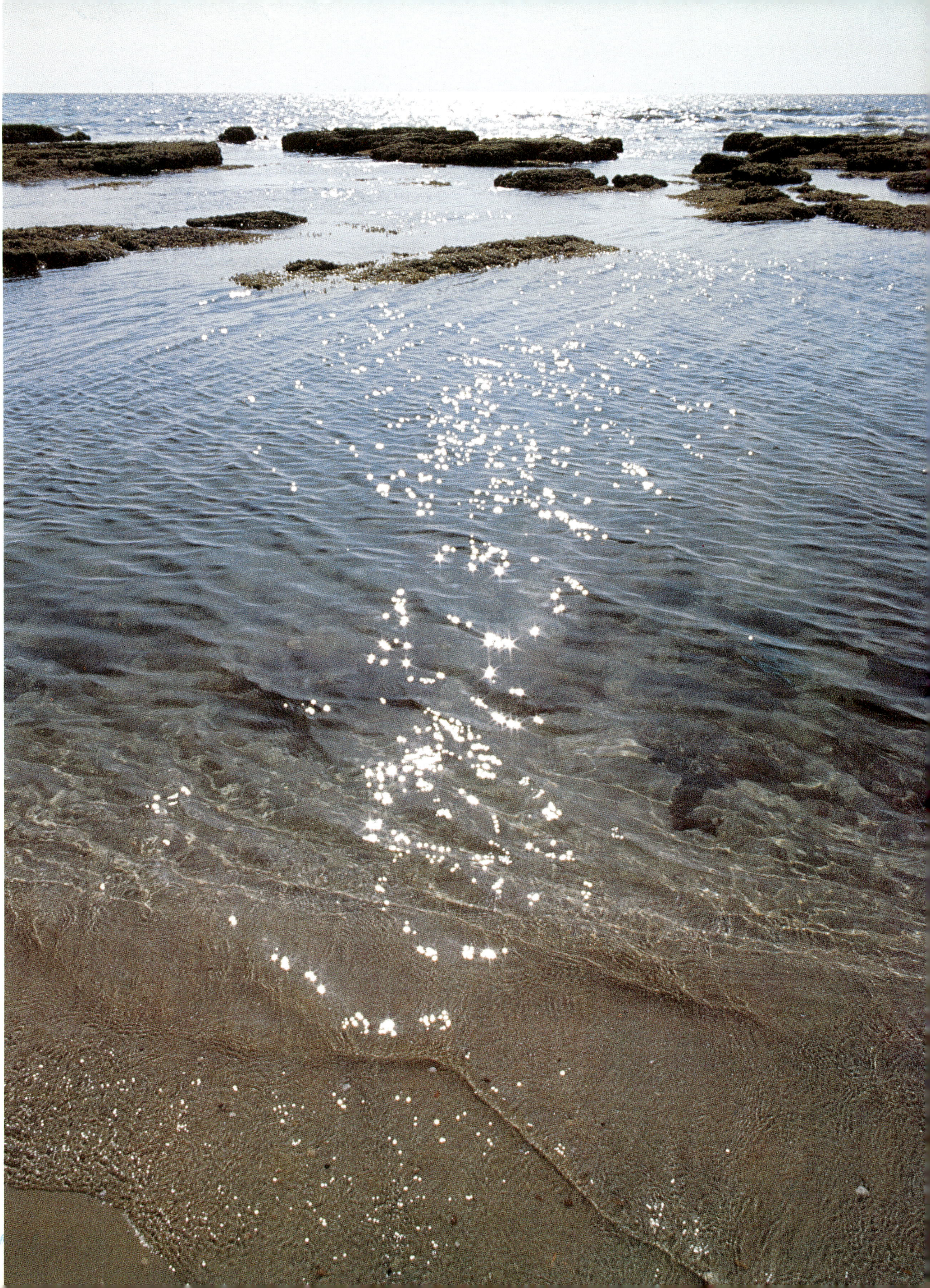

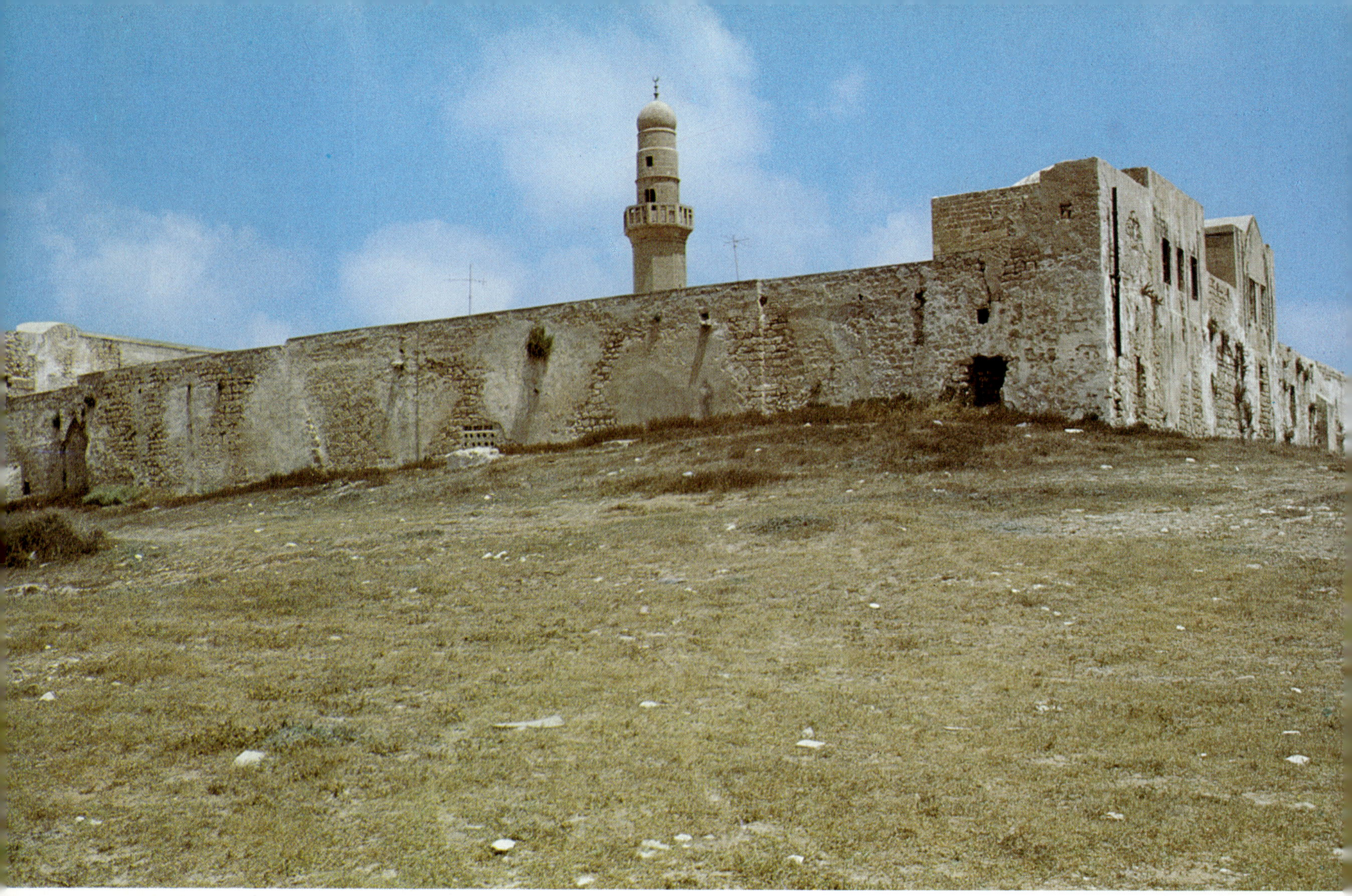

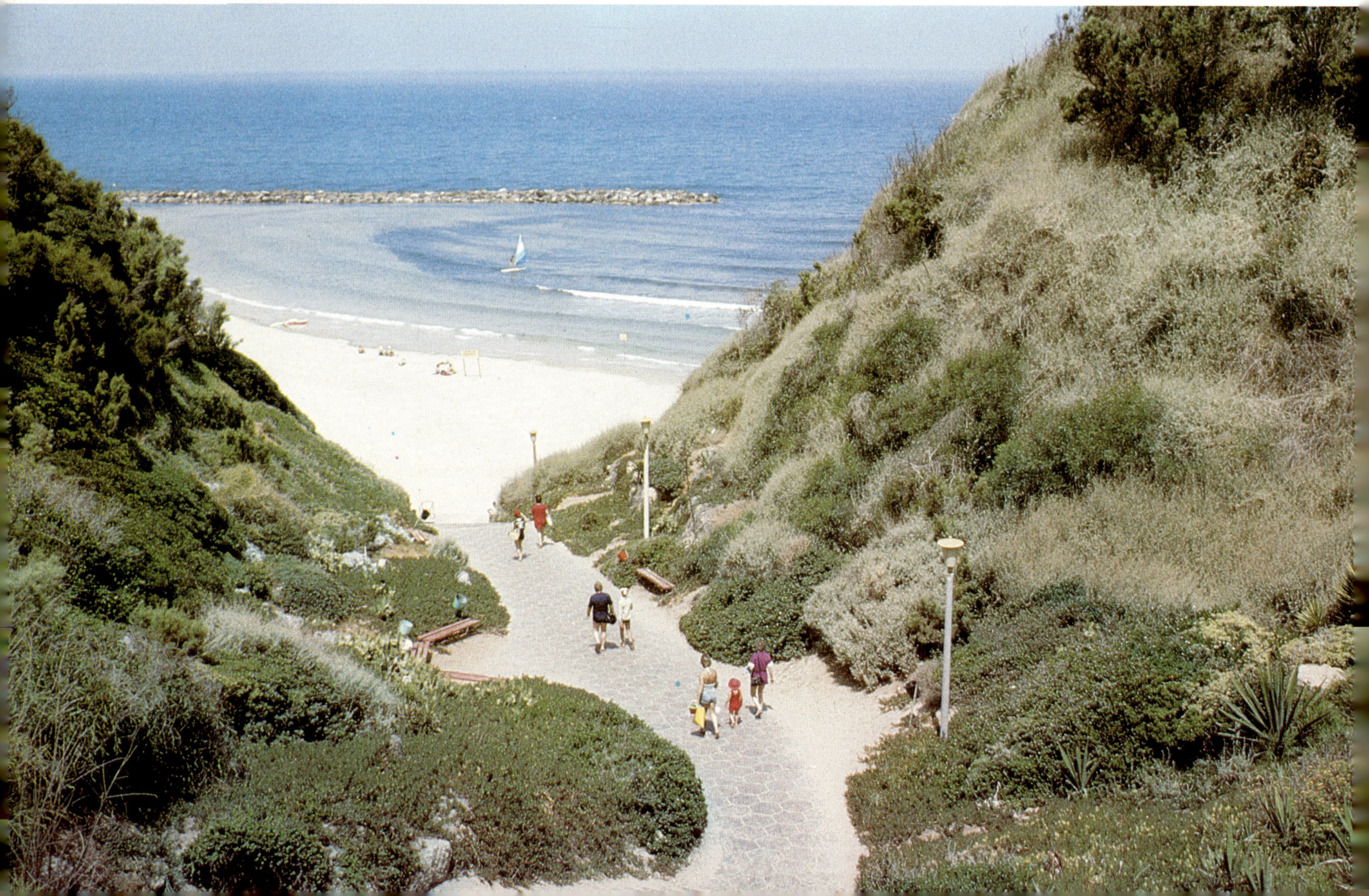

VORHERGEHENDE SEITE: Das Mittelmeer nördlich von Netanya.
LINKS OBEN: Die Stätte von Apollonia, die bereits in assyrischen Schriften erwähnt wird, ist nach dem Zusammenbruch der Kreuzfahrerherrschaft nicht wieder belebt worden. Nur Sidna 'Ali steht hier, ein Heiligtum der Moslems.
LINKS UNTEN: Netanya, 1928 gegründet und nach dem amerikanischen Menschenfreund Nathan Strauss benannt, bietet – als beliebter Badeort – schöne Ufer-Parkanlagen und Strände.
RECHTS: Noch zu Beginn unseres Jahrhunderts war das Gebiet von Tel Aviv bloß eine öde Sandlandschaft – nachdem aber eine Gruppe von Juden die weiten Dünenflächen gekauft hatte, begann 1909 rege Bautätigkeit. Heute ist Tel Aviv die größte Stadt und das Wirtschaftszentrum Israels.
FOLGENDE DOPPELSEITE: Pulsierendes Leben in der Dizengoff Street, dem Zentrum von Tel Aviv, benannt nach Meir Dizengoff, dem Bürgermeister in den Jahren ab 1921, als sich die Stadt entscheidend entwickelte. Auch sonst überall in der Stadt dominiert die Jugend.

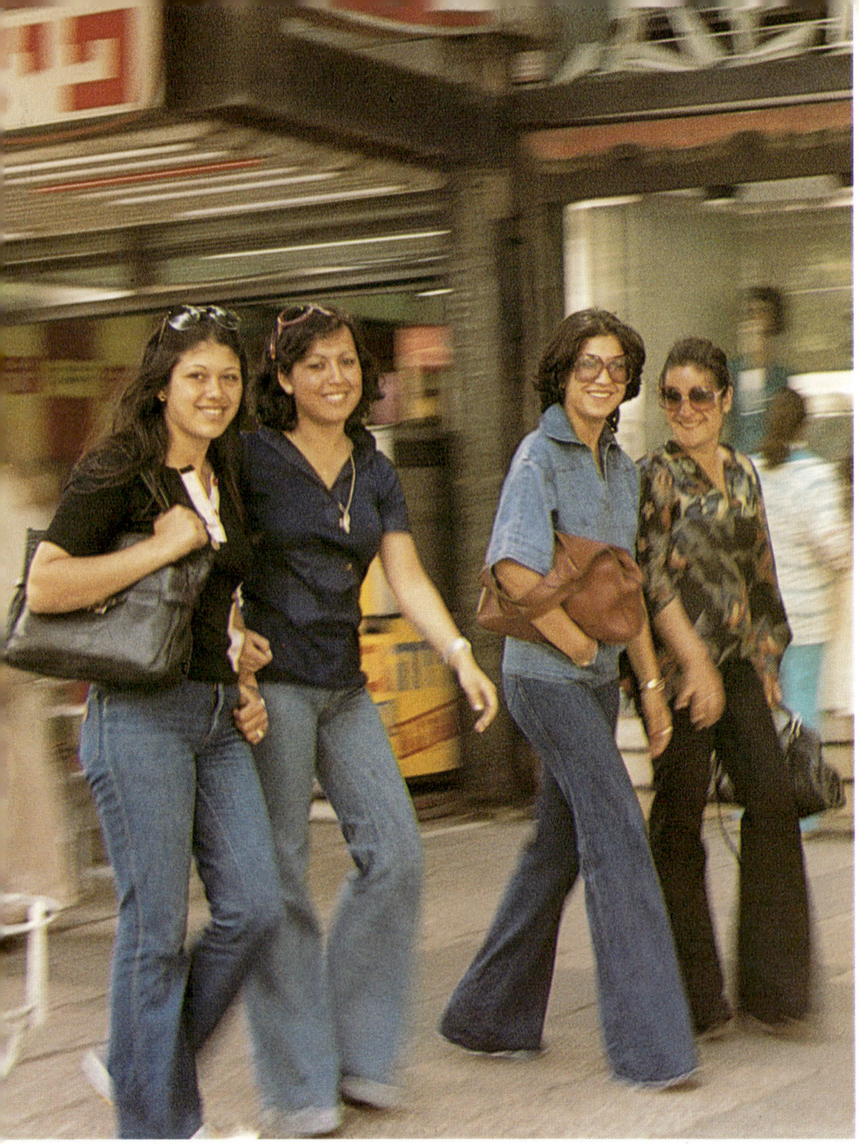

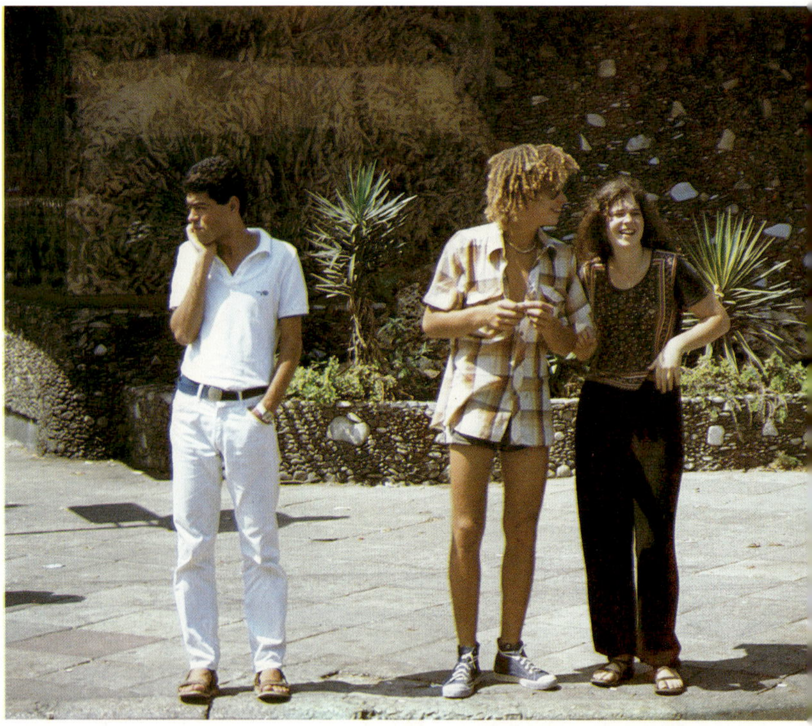

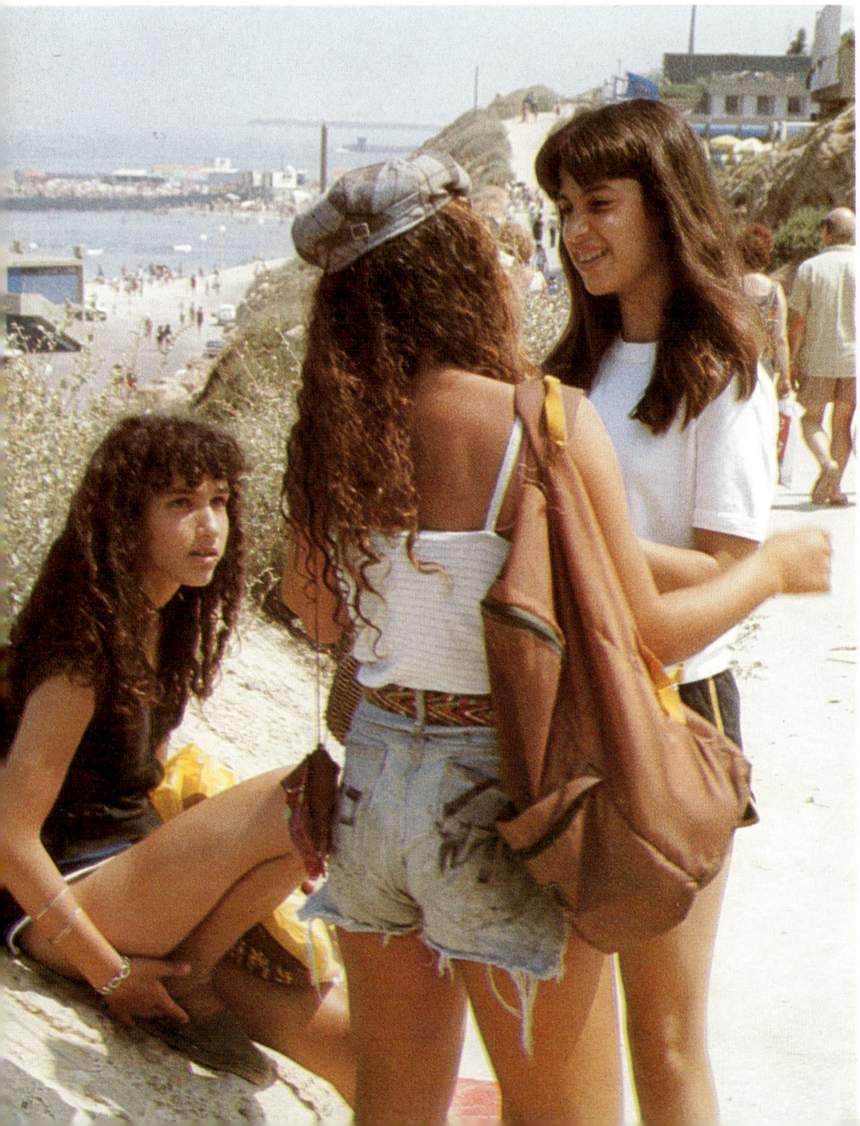

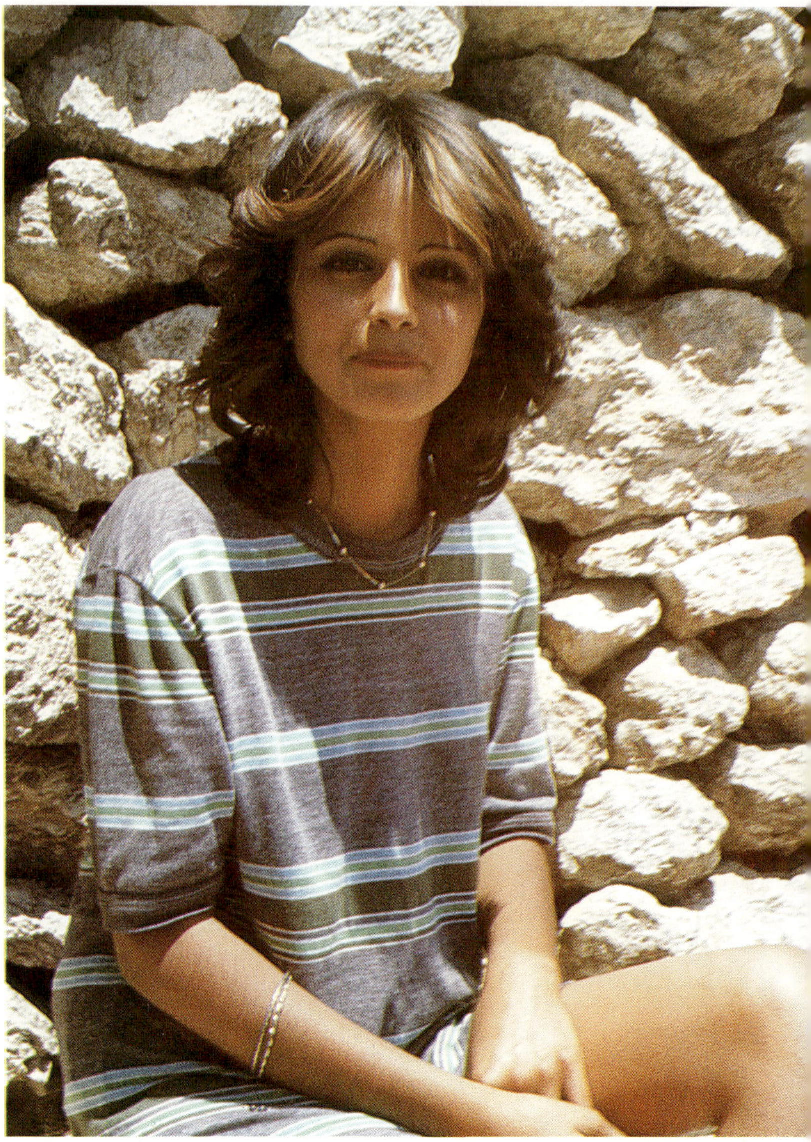

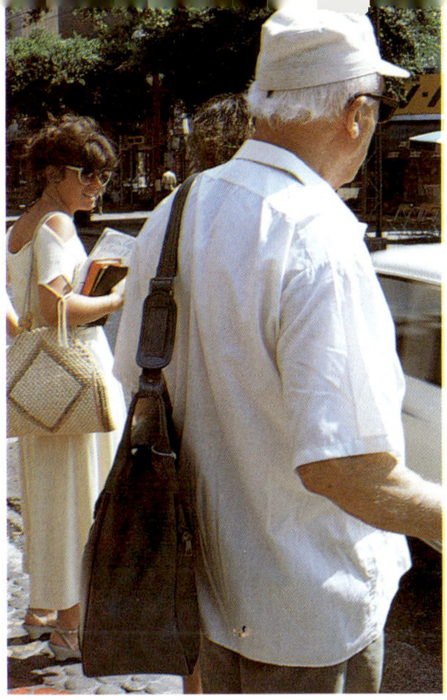

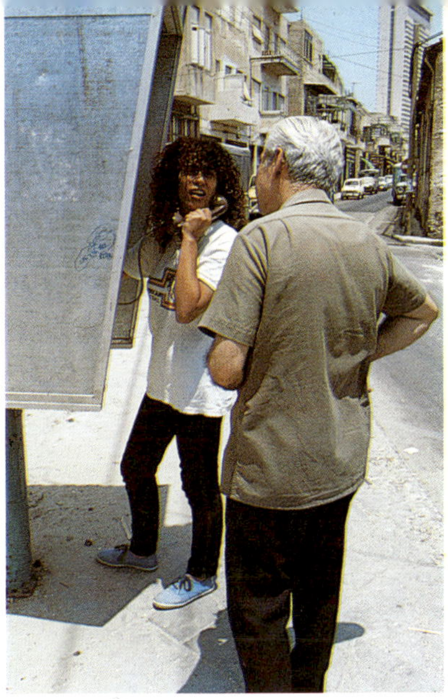

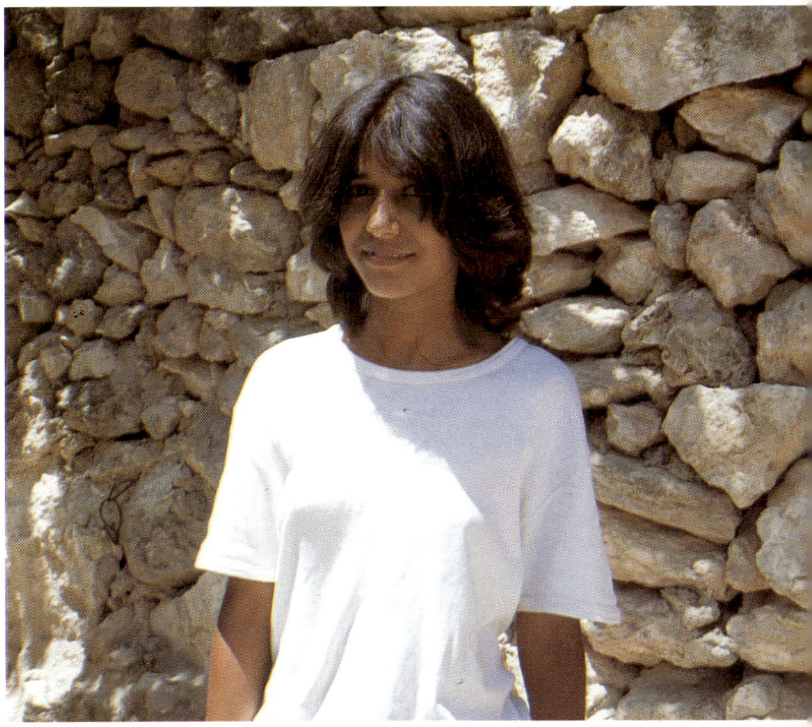

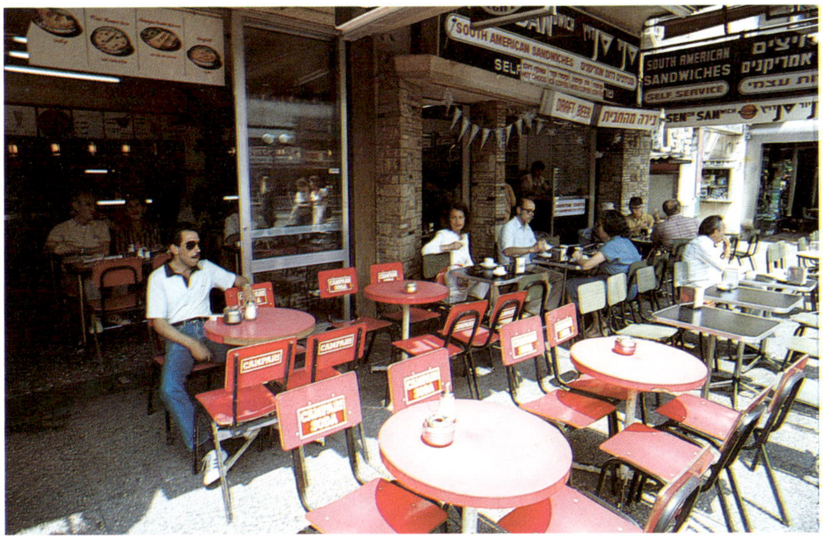
SOUTH AMERICAN
SANDWICHES
SELF SERVICE
CAMPARI

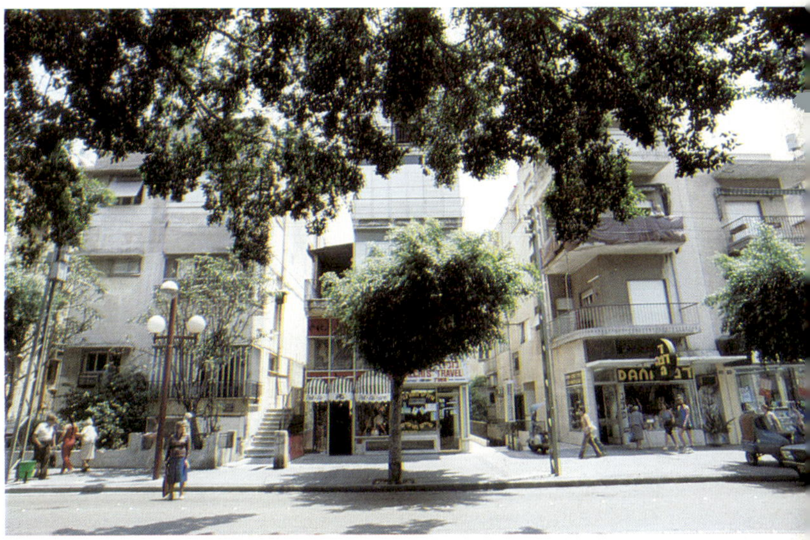

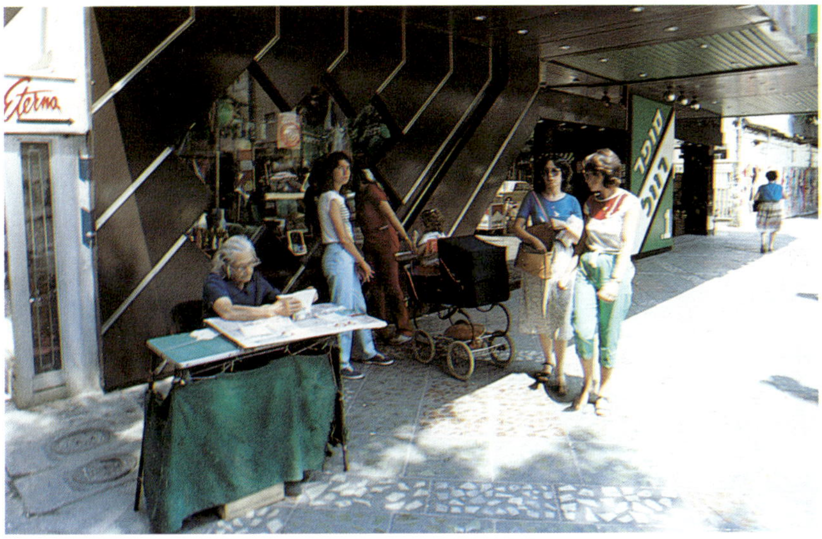
Eterna

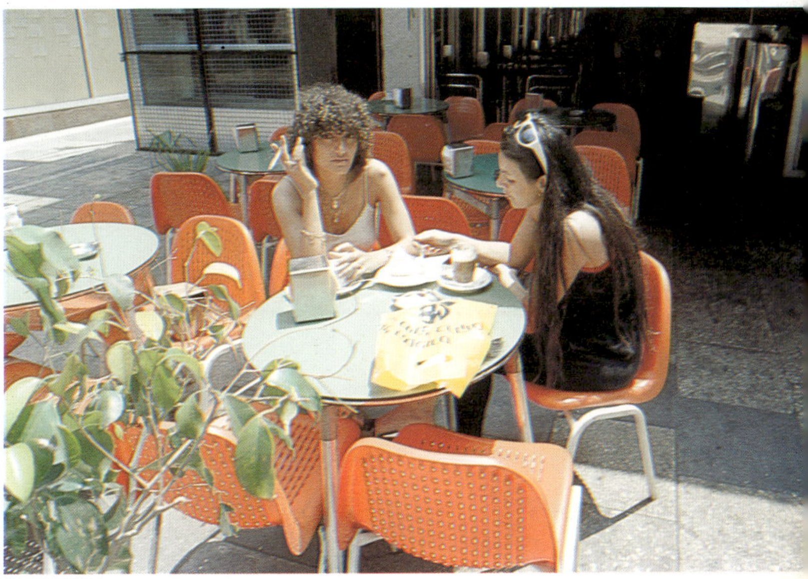

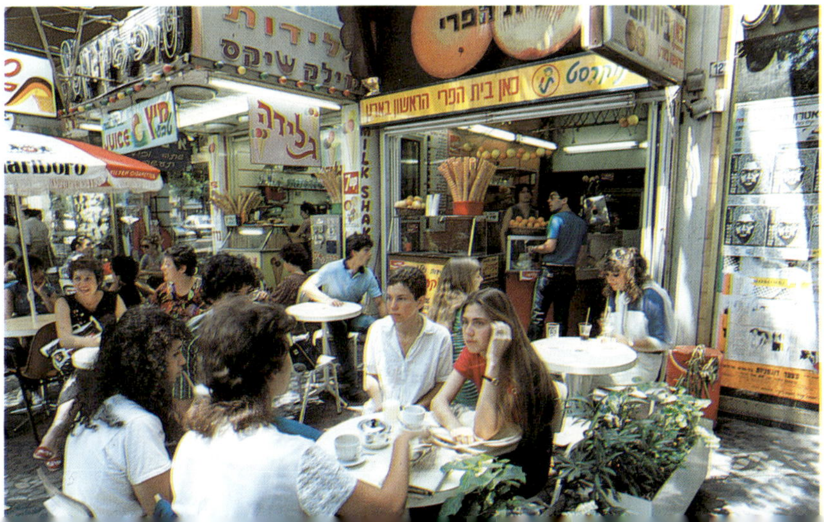

FREDRIC R. MANN AUDITORIUM מיכל פרדריק ר. מאן

LINKS OBEN: Im Fredric-Mann-Auditorium werden die Konzerte des Israelischen Philharmonischen Orchesters veranstaltet.
LINKS UNTEN: Die Habima, Israels Nationaltheater – 1935 nach Plänen des Berliner Architekten Oskar Kaufmann erbaut.
RECHTS OBEN: Die Bibliothek von Tel Aviv – für das lesefreudigste Volk der Welt.
RECHTS UNTEN: Das neue Gebäude des Tel-Aviv-Museums, das vor allem einen beeindruckenden Querschnitt modernster jüdischer Kunst bietet.

LINKS OBEN: Abseits der großen Straßen lebt noch altes Tel Aviv, so wie es vor der Staatsgründung existiert haben mag.
RECHTS: Der Shalom Tower ist mit 132 Metern das höchste Gebäude in Tel Aviv – von seiner Aussichtsplattform herab breitet sich die ganze Stadt aus.
LINKS UNTEN: Im Shalom Tower befindet sich neben Geschäften, einem Vergnügungspark und Ausstellungen auch ein Wachsfiguren-Kabinett, das besonders Szenen aus der jungen Geschichte des Staates Israel vorführt.

מגדל שלום מאיר

LINKS: Jaffa, in ägyptischen Schriften um 1600 v. Chr. erwähnt, soll jüdischer Tradition nach bereits von Japhet, dem Sohn Noahs, um 4000 v. Chr. gegründet worden sein. Nach den Kreuzzügen verödete die Stadt; durch die arabischen Unruhen von 1921 wurden letzte mittelalterliche Reste zerstört. Heute bemüht man sich, den alten Zauber idyllischer Gäßchen wieder herzustellen.

RECHTS OBEN: Die Franziskanerkirche von Jaffa entstand 1654 auf den Ruinen einer mittelalterlichen Wehranlage und ist dem heiligen Petrus geweiht.

RECHTS UNTEN: Das Jaffa-Museum ist in einem türkischen Haus aus dem 18. Jahrhundert untergebracht und bietet eine recht umfangreiche Sammlung archäologischer Fundstücke aus dem Gebiet von Tel Aviv und Jaffa.

מוזיאון יפו
JAFFA MUSEUM

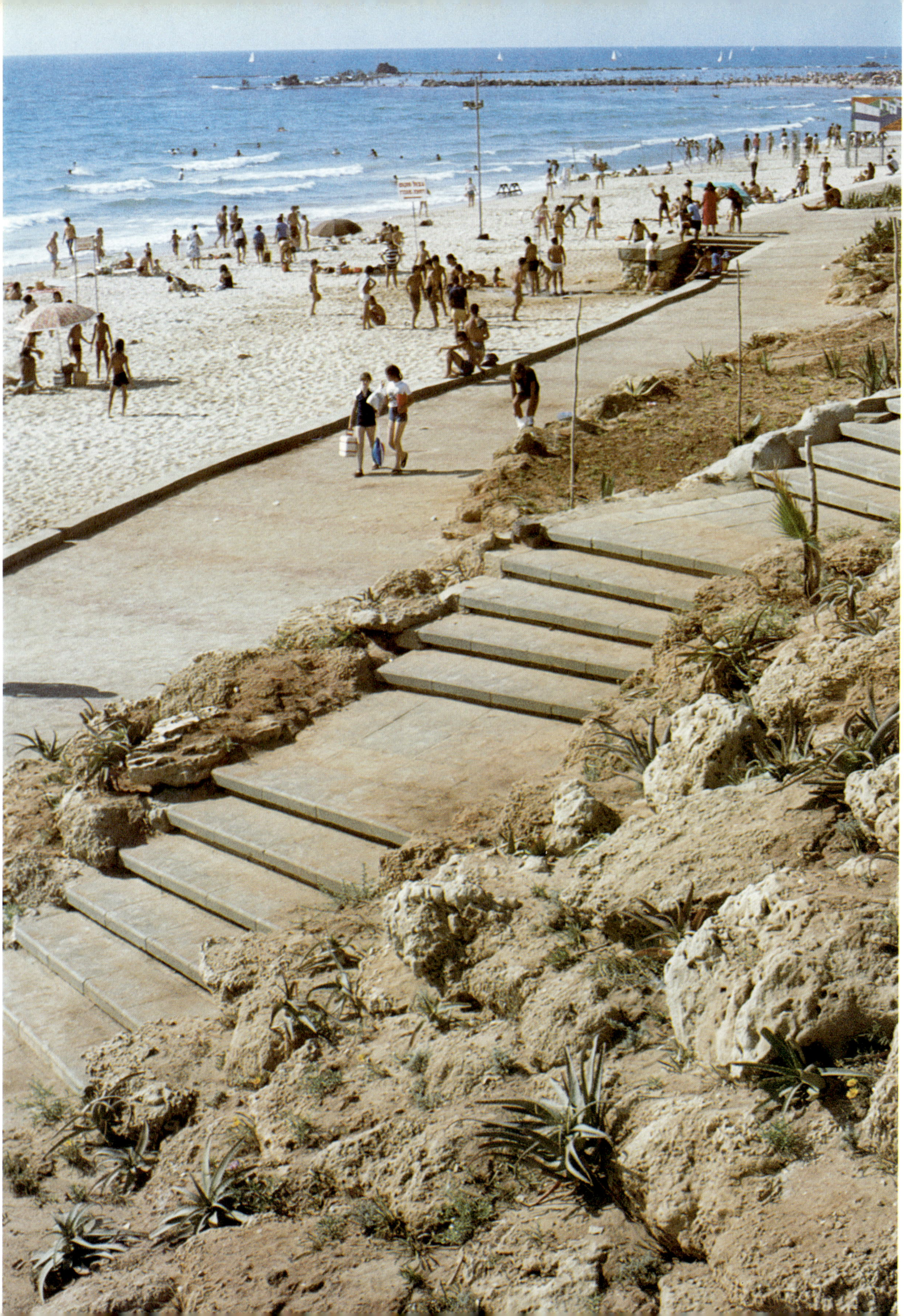

LINKS: Bat-Yam, die „Tochter des Meeres", ist 1925 gegründet worden und ist für viele Urlauber und Wochenendgäste aus Tel Aviv idealer Erholungsort.
RECHTS OBEN: Das Weizmann-Institut in Rehovot, 1944 zum 70. Geburtstag des späteren ersten Präsidenten Israels, Dr. Chaim Weizmann, gegründet, betreibt theoretische und praktische Forschung in verschiedensten Disziplinen der Naturwissenschaft. Weizmann starb hier 1952 und wurde inmitten des Institutgeländes bestattet.
RECHTS UNTEN: Südlich der sich stark entwickelnden Hafenstadt Ashdod wachsen neue Siedlungen aus der öden Dünenlandschaft – ein unmittelbares Beispiel dafür, wie es Israel versteht, Leben in unwirtliche Gebiete voranzutreiben.

LINKS OBEN: Ashkelon war eine der bedeutendsten Städte der Philister; Samson soll hier Dalilah kennengelernt haben. Unter römischer Herrschaft wurde die Stadt mit prächtigen Bauten verschönt – besonders auch unter König Herodes dem Großen, der hier geboren sein soll. Heute ziert ein kleiner Uhrturm das Zentrum der seit der Staatsgründung wachsenden Stadt.
LINKS UNTEN: Einst war die Stadt Ashkelon von einer mächtigen Mauer umschlossen – heute beginnt bei ihr das Antiquitätengebiet des neu geschaffenen Nationalparks.
RECHTS: Zeugnisse großer römischer Vergangenheit in Ashkelon – nachdem die englische Adelige Hester Lucy Stanhope hier bereits zu Beginn des 19. Jahrhunderts gehofft hatte, Gold- und Silberschätze heben zu können, begann der British Palestine Exploration Fund 1920 mit ernsthafter archäologischer Tätigkeit.
FOLGENDE SEITE: Yad Mordechai, 1943 gegründet, verteidigte sich im Unabhängigkeitskrieg sechs Tage lang gegen eine bei weitem überlegene Angriffsmacht des ägyptischen Panzerheeres – was man heute stolz demonstriert.

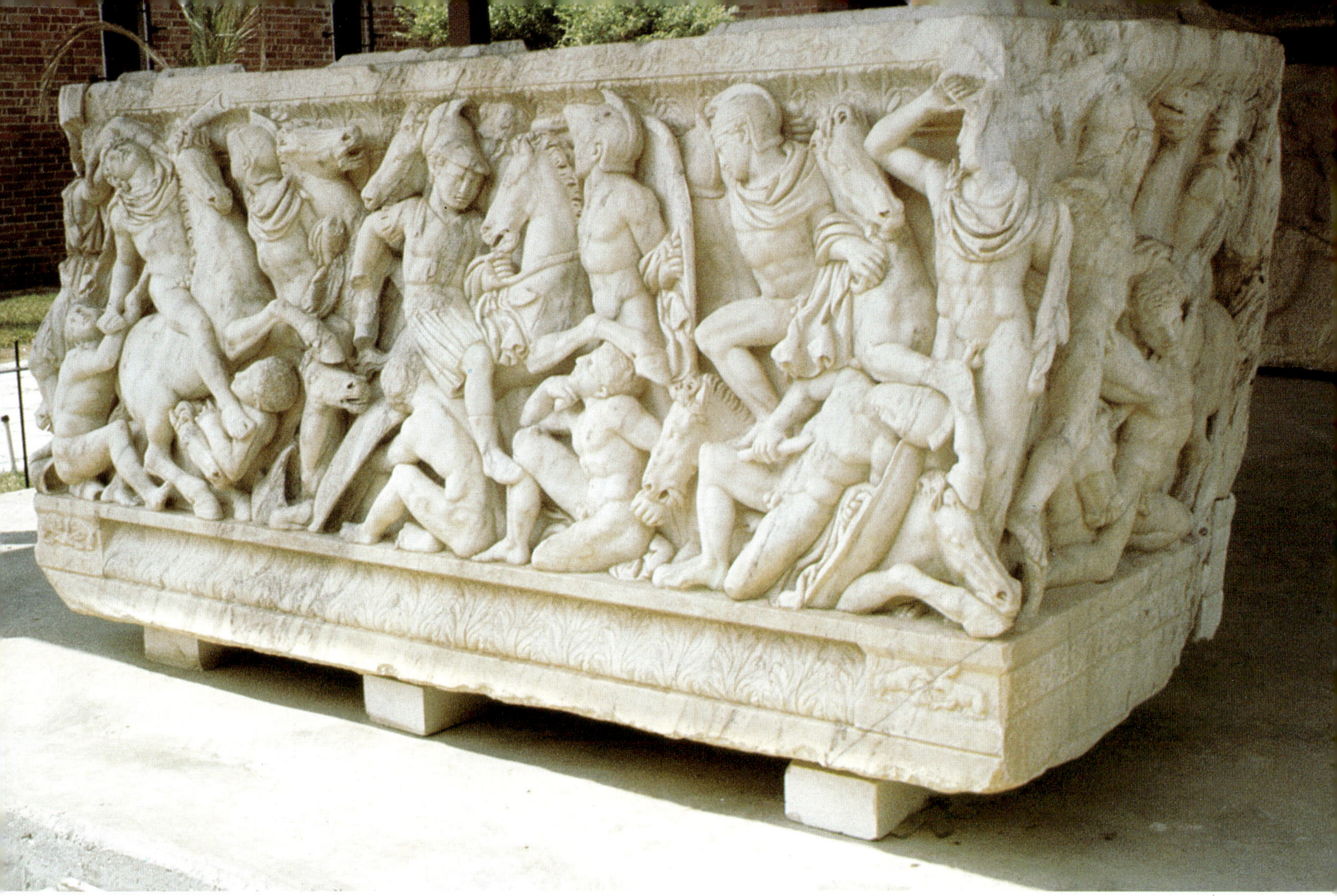

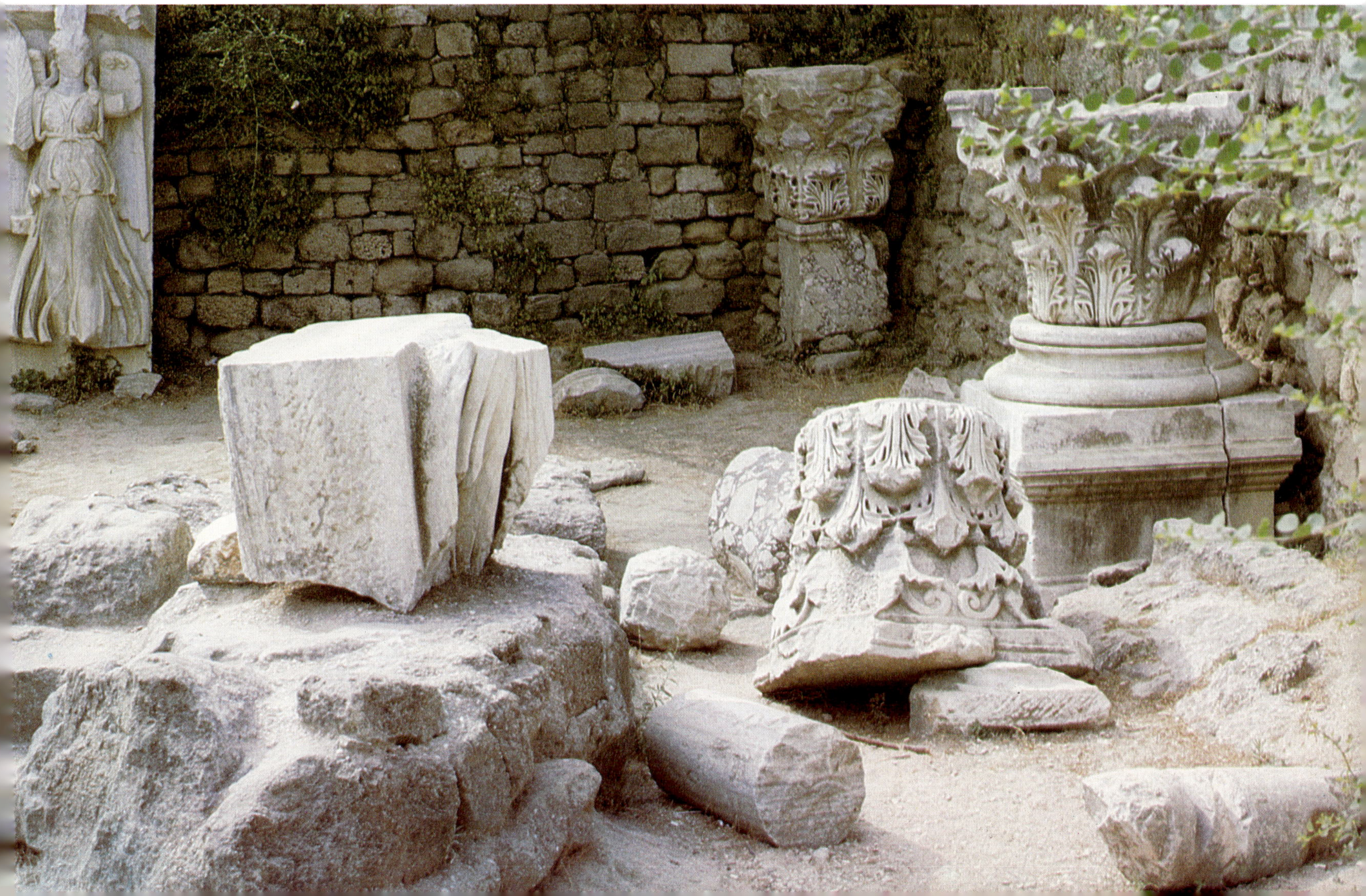

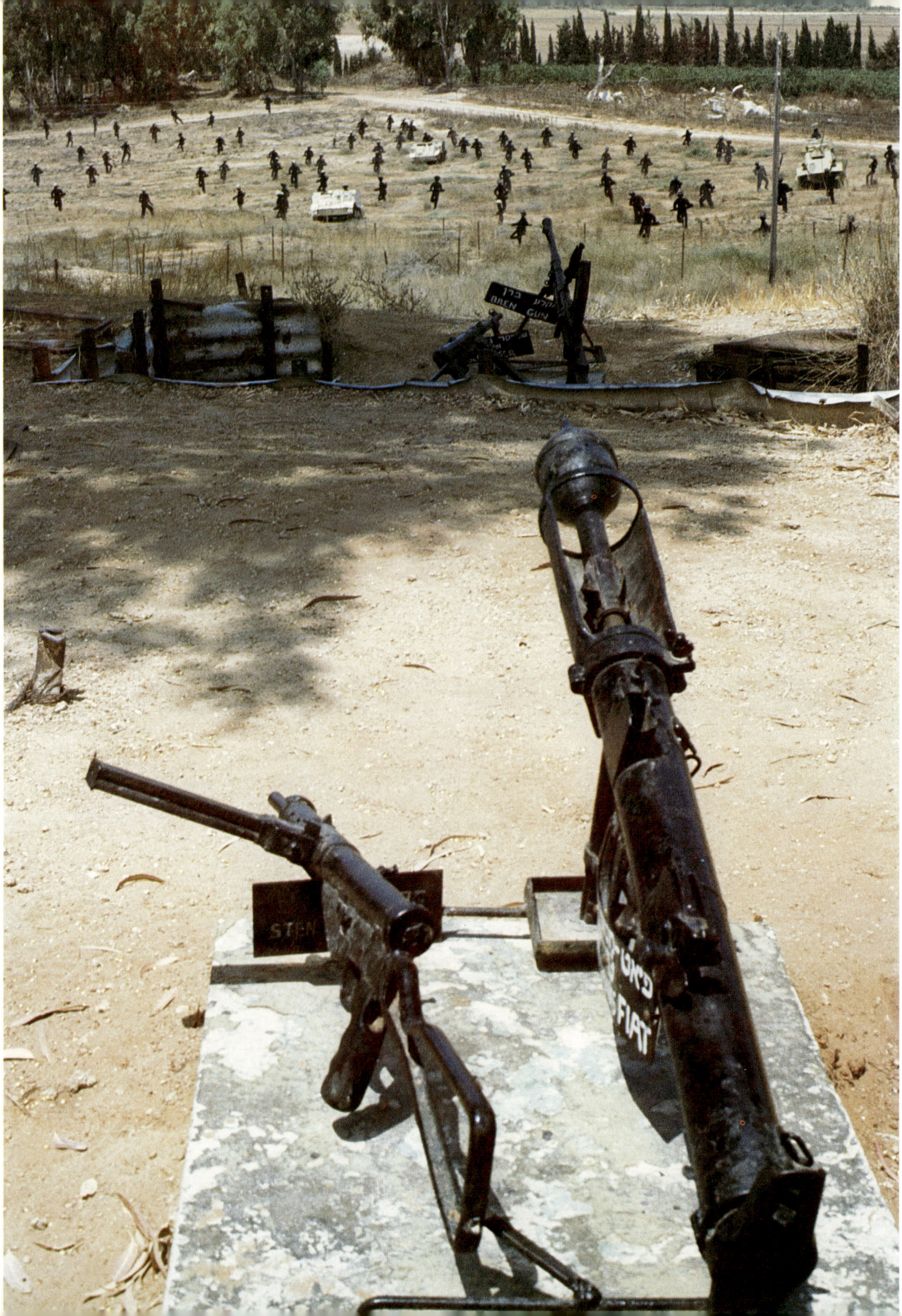
ברן
BREN GUN
STEN
FIAT

Bethlehem wird für jeden nur halbwegs Gebildeten zum Ort der Erinnerung: auf dem jenseitigen Hang das Feld, wo die Hirten des Nachts von der Geburt des Messias erfuhren, unter der Kirche die weitverzweigten Grotten, Geburtsgrotte und Kapelle, wo das Kind in der Krippe lag, der Brunnen der Heiligen Familie und die „Milchgrotte", in der nach der frommen Legende Maria ihr Kind stillte und ein paar Tropfen Milch zu Boden fielen – Grund genug für die Einheimischen, aus zermahlenen Kalksteinen kleine Kuchen zu backen und sie an Mütter zu verkaufen, damit ihnen mehr Milch einschieße. Die Josefsgrotte, wo der Engel des Herrn Josef im Traum erschien, und ihm auftrug, er solle mit Frau und Kind nach Ägypten fliehen, um dem Kindesmord zu entgehen.

Von der Kindheit Jesu in Nazareth – Josef und Maria kehrten erst wieder zurück, als die Gefahr vorüber war – wird wenig berichtet. Nur, daß er im Alter von 12 Jahren anläßlich einer Pilgerfahrt nach Jerusalem die Lehrer und Schriftgelehrten im Tempel durch seine Klugheit in Erstaunen setzte. Diese Erzählung des Evangelisten Lukas steht ganz im Rahmen der jüdischen Tradition. Jesus war ungefähr in dem Alter, in dem auch heute noch ein jüdischer Knabe seine Bar Mizwa feiert, also zum volljährigen männlichen Gemeindemitglied wird und mit der lebenslänglichen Auseinandersetzung mit der Thora, den fünf Büchern Moses, beginnt.

Inzwischen wuchs auch sein Verwandter und „Vorläufer" Johannes heran, ein Asket, der in die Wüste ging, Umkehr predigte und am Jordan taufte. Für die Christen der letzte Prophet des Alten Testaments, der den Messias verkündete, und von Herodes Antipas – dem Sohn des „großen Herodes" – enthauptet wurde. Heute wird dieser Johannes vielfach mit der Sekte der Essener in Verbindung gebracht, jener Ordensgemeinschaft, die erst durch die sensationelle Entdeckung der „Schriftrollen vom Toten Meer" bekannt wurde. Sie entzogen sich dem Kultleben im prunkvollen Herodestempel, um sich in klösterlichen Gemeinschaften durch Askese und Reinheitsriten auf ein messianisches Reich vorzubereiten.

Ein solches Kloster wurde in den fünfziger Jahren in Qumran gefunden und ausgegraben, wobei man bis jetzt mehr als 1100 männliche Skelette fand, und man nimmt an, daß die Schriftrollen ein Teil einer Bibliothek sind, die vor den herannahenden Römern in den umliegenden Höhlen versteckt wurde. Diese Schriftrollen – vielleicht der wertvollste archäologische Fund in Israel überhaupt – sind deshalb von solcher Bedeutung, weil sie große Teile des Alten Testaments enthalten, die um 1000 Jahre älter sind als die älteste bis dahin bekannte vollständige Kopie aus dem 10. Jahrhundert n. Chr. Die Sensation dabei: die Handschriften wurden durch tausend Jahre hindurch so zuverlässig kopiert, daß die Abweichungen nur ganz geringfügig sind! Tausende von Fragmenten aus etwa sechshundert verschiedenen Rollen sind bisher gefunden – den ersten sieben hat man im „Schrein des Buches" zu Jerusalem eine würdige Aufbewahrungsstätte errichtet.

Auch Jesus von Nazareth ließ sich von diesem Johannes taufen, und auf dem Weg von Jericho zum Toten Meer wird die Stelle gezeigt, wo ihn der Überlieferung nach Gott ausdrücklich als seinen Sohn bezeichnete. Die meisten anderen Stationen seines Lebens finden sich weiter nördlich in Galiläa auf kleinstem Raum: der See Genezareth, wo er seine Mission begann, seine Jünger berief, ihnen den wunderbaren Fischfang bescherte und sie vor dem Sturm errettete. Da ist vor allem die Gegend um den alten jüdischen Ort Capernaum, wo Jesus den Knecht des römischen Hauptmannes heilte und die Tochter des Jairus von den Toten auferweckte. Nur durch ein paar Eukalyptusbäume vom See getrennt liegen die Reste der 1926 freigelegten ältesten Synagoge des Judentums im griechisch-römischen Stil, jener Synagoge, in der Jesus gelehrt hat. Reiche Ornamente zeigen orientalische Symbole wie Blumen, Granatäpfel, Trauben und die Palme, von der es im Psalm 92 heißt: „Wie eine Palme soll blühen der Gerechte"; dazu der Davidstern und der Siebenarmige Leuchter. In einem seltsamen, in Stein gemeißelten Wagen wollen manche die Bundeslade mit den Thorarollen sehen, die in früherer Zeit von Ort zu Ort gezogen wurde. Mühlen und eine Ölpresse zeugen vom alltäglichen Leben, und die Mauerreste im Süden der Synagoge sollen von einem „Haus des Petrus" stammen.

Ganz in der Nähe, bei Tabgha, soll die wunderbare Brotvermehrung stattgefunden haben, und in der zum Andenken daran gebauten Vermehrungskirche sind byzantinische Mosaiken aus dem 5. Jahrhundert zu sehen, die zu den schönsten Israels gehören.

Es ist ein eigenartiger Zauber für jeden sensibleren Besucher, der durch diese Orte pilgert: die Wiederbegegnung mit den mehr oder minder vagen Empfindungen und Vorstellungen, die man schon als Kind gehabt haben mag, die man

LINKS: Fromme Pilger beschlossen schon vor Jahrhunderten ihre Reise gerne mit einem kühlen Bad an der Stelle des Jordan, an der laut Überlieferung Jesus von Johannes getauft worden war.
MITTE: Wild bewachsen an den Ufern und ungezähmt floß der Jordan nur so lange, bis die Israelis das Land zu bewirtschaften begannen.

RECHTS: Das Westufer des Sees Genezareth war und ist außerordentlich fruchtbar.

aber auch späterhin zumeist nur mit dem Allerweltswort „Biblische Landschaft" zu formulieren vermochte. Hier werden sie real, und Namen von weiteren Orten tun das ihre dazu: Naim etwa, wo der Jüngling wieder zum Leben erweckt wurde, Kefar Kana, wo die berühmte Hochzeit stattfand, oder der Berg Tabor, auf dem der Messias sich vor dreien seiner Jünger verklärte und von dessen Gipfel aus man einen herrlichen Blick über das Jezreel-Tal genießt, zu den Bergen von Samaria im Süden, zum Karmel gegen das Meer zu, im Norden zu den Bergen von Galiläa und dem See Genezareth bis zu dem oft mit Schnee bedeckten Hermon, dessen Majestät an den Psalm zum Lob Gottes erinnert: „Den Norden und Süden hast du erschaffen, Tabor und Hermon sollen in deinem Namen jauchzen."

Auch die Römer haben hier ihre Spuren hinterlassen, nicht anders als weiter im Osten in Caesarea, oder weiter südlich in Ashkelon. In Tiberias am See Genezareth, das von Herodes Antipas im 1. Jahrhundert n. Chr. erbaut wurde, ist es unmöglich, einen Neubau zu errichten, ohne auf römische Ruinen zu stoßen. Die Vergangenheit läßt sich in diesem Land einfach nicht ignorieren, und wenn der Tourist es kunsthistorisch interessiert, der christliche Pilger weihevollergriffen durchwandert, dann sind dem Juden diese Zeugnisse von Glanz und Unterdrückung bedeutungsvolle Bruchstücke der eigenen Identität, ein schmerzvolles Nachempfinden dessen, was die Vorfahren unter dem Druck der römischen Herrschaft empfunden haben mögen. Darum auch erwarteten sie von dem wortgewaltigen jüdischen Bürger Jesus, daß er das tat, was doch seine heiligste Pflicht gewesen wäre: einen Aufstand entfesseln und anführen oder auf andere, auf wunderbare Weise, das Land befreien und das Reich Israel wiederherstellen. Er aber predigte Frieden und schien ohnmächtig zu sein. So

LINKS: Im vorigen Jahrhundert waren Reste altjüdischer Synagogen zwar bekannt – doch die bedeutendste, jene in Capernaum, wurde erst 1926 völlig freigelegt.
RECHTS: Beide Seiten einer alten Schekel-Münze.
UNTEN: Am Berg der Seligpreisungen hielt Jesus nach christlicher Überlieferung die Bergpredigt – Kloster und Kirche der Franziskanerinnen wurden hier erst 1937 erbaut.

kam es, wie es kommen mußte: der hilflose Häretiker mußte seinen Weg durch die Via Dolorosa gehen.

Wer in Jerusalem vor allem die Passion Christi, die Szenerie des letzten Aktes seines Erlösungswerkes sucht, der sollte, der Chronologie der Ereignisse folgend, auf dem Zionshügel gegenüber der Südwestecke der Altstadt beginnen: im Abendmahlsaal über dem Davidsgrab. In der Praxis freilich wird er als erstes zumeist die nahegelegene Dormitio-Abtei besuchen, die über der Stelle errichtet wurde, an der Maria in den Todesschlaf gefallen sein soll. Alteingesessene Jerusalemer Christen wehren sich erbittert gegen eine andere Theorie, derzufolge die Madonna in der Nähe von Ephesos in Kleinasien gestorben sei. Jedenfalls verwandte man 1906 viel Mühe und Kunstfertigkeit an die Ausgestaltung der Kirche mit Malereien und Mosaiken. Der Sultan hatte dem deutschen Kaiser das Grundstück geschenkt, und Wilhelm II. legte den Grundstein zur Kirche Dormitio Sanctae Mariae („Todesschlaf der heiligen Maria"). Die Bilder in der Kirche sind eine ausgezeichnete Überleitung vom Davidsgrab zu Jesus aus dem Hause David. Hier wird Jesus als Nachkomme der Könige von Juda dargestellt, eng verbunden mit den alttestamentarischen Propheten, deren einer, Jesajas sagte: „Siehe, eine Jungfrau wird empfangen und einen Sohn gebären, und sein Name wird sein Emmanuel." Maria selbst wird in die Reihe der großen biblischen Frauen gestellt: Eva, Jaël, Judith, Ruth, Esther. Der Abendmahlsaal ist nicht mehr als eine schlichte Spitzbogenhalle, und wenn man auch nicht weiß, ob die Einsetzung des Altarsakraments hier tatsächlich stattfand und auch keine Vorstellung vom Aussehen des Originalschauplatzes hat, so läßt sich das Geschehen in diesen Raum dennoch leicht hineindenken und hineinempfinden. Ebenso das Pfingstereignis sieben Wochen später, das die Überlieferung gleichermaßen hierher verlegt.

Zwischen der Stadt und dem Ölberg nahe dem Tempelbezirk liegt das Kidrontal. Hier wird Gott – laut dem Propheten Joel – am Ende der Zeiten alle Völker versammeln und richten. Auf dem Moriahberg wird der Richterstuhl stehen, heißt es in einer alten Legende, und die Auferstandenen werden auf dem Ölberg versammelt. Über das Tal werden sich zwei Brücken spannen, eine aus Eisen und eine aus Papier. Die Heiden werden über die feste Eisenbrücke gehen, und sie wird unter ihnen zusammenbrechen. Die Juden aber werden über die Brücke aus Papier sicher in den ewigen Frieden eingehen.

Auf diesem Ölberg hat Jesus in Angst und Gebet seine Gefangennahme erwartet. Auf den ersten Blick gibt es hier mehr Mauern als Ölbäume, und nur wenige sind so alt, daß man in ihnen noch Zeugen jener Nacht sehen dürfte. Auch hier wieder ein Marienheiligtum: zwölf Meter unter dem Eingang die Höhle, in der Maria vor ihrer biblischen Himmelfahrt bestattet wurde, ein dunkler geheimnisvoller Bau, vom mystischen Sinn der Griechen geprägt. Auch hier wieder die Spaltung der christlichen Kirchen, auch hier getrennte Altäre. Daneben die „Todeskampfhöhle", und im Umkreis von ein paar Steinwürfen die reich ausgestattete „Kirche aller Völker", die Maria-Magdalenenkirche der Russen und die Franziskanerkirche „Dominus Flevit" („Der Herr weinte"). Hier soll Jesus gestanden sein, als er auf Jerusalem blickte und über dessen Schicksal weinte.

LINKS: Aus Magdala am See Genezareth stammt wahrscheinlich auch Maria Magdalena, die Jesus und seinen Jüngern gefolgt war.

Nach der Gefangennahme im Garten Gethsemane führte der Weg Jesu durch das Löwentor am Teich Bethesda vorbei, wo er zu einem Kranken die berühmten Worte gesprochen hatte: „Steh auf, nimm dein Bett und geh!", zur Burg Antonia, die Herodes zu Ehren des Marc Anton so benennen ließ.
Die Via Dolorosa von der Burg bis zum Golgothahügel ist ein enges, von buntem orientalischen Treiben erfülltes Gäßchen, und man ist gerne bereit, zu glauben, es habe damals nicht anders ausgesehen als heute, dieselben Mauern, dieselbe holprige Straße. Aber nur an einer Stelle, unter dem Kloster der Zionsschwestern, liegen noch originale Reste des Lithóstrotos, und man kann über das Pflaster gehen, über das die römischen Legionäre marschierten, als sie den Mann aus Nazareth zur Kreuzigung schleppten. Die Via Dolorosa hat viele Gesichter. Das vom Leben der Einheimischen geprägte Alltagsgesicht, in das sich immer wieder Gruppen von Touristen mischen, die, die schußbereite Kamera in der Hand, ihrem polyglotten Führer nachtrotten, beflissen zuhörend, Interesse mimend, den dürftigsten Souvenirladen zum Anlaß nehmend, sich ablenken zu lassen. Da ist das Freitagsgesicht: Um drei Uhr nachmittags kann man leicht in die fromme Prozession auf den Spuren Jesu geraten, und zu den christlichen Festtagen drohen die Menschenmassen die engen Altstadtgassen zu sprengen: Pilger, die in der Nachfolge des Meisters sich Kreuze auf die Schultern geladen haben, Betende, Singende in den verschiedensten Sprachen, von ekstatischer Hysterie erfüllt, aber auch von tiefer Inbrunst.
Via Dolorosa – das sind die Leidensstationen Jesu Christi, aufgefädelt wie die Perlen eines Rosenkranzes: die Stellen, an denen er stürzte, die Stelle, an der er seiner Mutter und den weinenden Frauen begegnete, an der die mitleidige Veronika ihm ein Tuch reichte und darin seine Gesichtszüge fand. Die Altstadt von Jerusalem ist ein Konglomerat verschiedener Quartiere, in die sich die Religionsgemeinschaften teilen, Juden, Moslems und Christen, deren Priester allein in ihren verschiedenen Kutten viel zur Buntheit des Stadtbildes beitragen: Armenier und Griechen, Kopten und Russisch-Orthodoxe, Abessinier und Franziskaner, Karmeliter, Salesianer, Benediktiner und Lazaristen.

UNTEN: Kefar Kana in Galiläa gilt als Schauplatz der „Hochzeit zu Kana" – hier soll Christus sein erstes Wunder vollbracht haben.

Im Christenviertel der Altstadt und an ihrem höchsten Punkt die Grabeskirche. Sie ist eine Welt für sich, ein getreues Abbild all der Zwistigkeiten innerhalb der großen christlichen Welt auf engstem Raum. Im Lauf der Jahrhunderte kam es zu immer mehr An- und Umbauten in der einst von Kaiser Konstantin geschaffenen und von den Kreuzfahrern völlig neu gestalteten Kirche, und jede Religionsgemeinschaft kämpfte verbissen um Einfluß und Quadratmeter Bodens in den auf verschiedenen Ebenen errichteten Andachtsstätten. Selbst der erhöhte Ort der Kreuzigung ist zwischen Griechen und Lateinern geteilt.

An manchen Tagen bleibt dem Besucher wirklich kaum Zeit zu sehen und zu begreifen, woran er vorübergedrängt wird: die winzige Grabeskapelle, der

LINKS: Das Dorf Kefar Kana ist von fruchtbarer Landschaft umgeben.
UNTEN: Morgenländische Weinkrüge erinnern an das Wunder, da Christus Wasser in Wein verwandelte.

Raum, in dem die heilige Helena, die Mutter Konstantins des Großen, das Kreuz Christi gefunden haben soll. Vielleicht hört er auch noch die Legende, daß Adam, der erste Mensch, unter Golgotha begraben sei; im Mittelalter erzählte man, daß etwas von dem Blut des Erlösers auf Adams Schädel herabgetropft sei, worauf dieser für einen Augenblick lang lebendig wurde.

Wer sich aber mit dem Wirbel des Tages nicht abfinden kann, wer überall nur noch Geschäft wittert, und das zum Teil mit Recht, dem sei geraten, die Grabeskirche gegen Abend zu besuchen. Jetzt kann er in aller Ruhe Golgotha und das Grab erleben, betrachtend, meditierend, ganz wie er will. Es kann ihm sogar passieren, in einer Ecke zwei Priester, einen lateinischen und einen griechischen, einträchtig miteinander beten zu sehen. Es ist eine alte Streitfrage, ob dieses Grab überhaupt ein Grab sein konnte, da es doch innerhalb der Stadtmauer liegt, und nach jüdischem Brauch und Gesetz war es unmöglich, innerhalb der Mauer einen Toten zu bestatten. Besonders englische Gelehrte vertraten diese Meinung, und sie erklärten daher einen anderen Hügel zur „Schä-

RECHTS: Früher diente der Jakobsbrunnen noch allgemeinem, täglichen Gebrauch – heute, in das Stadtgebiet von Nablus gewachsen, ist er Touristenattraktion.

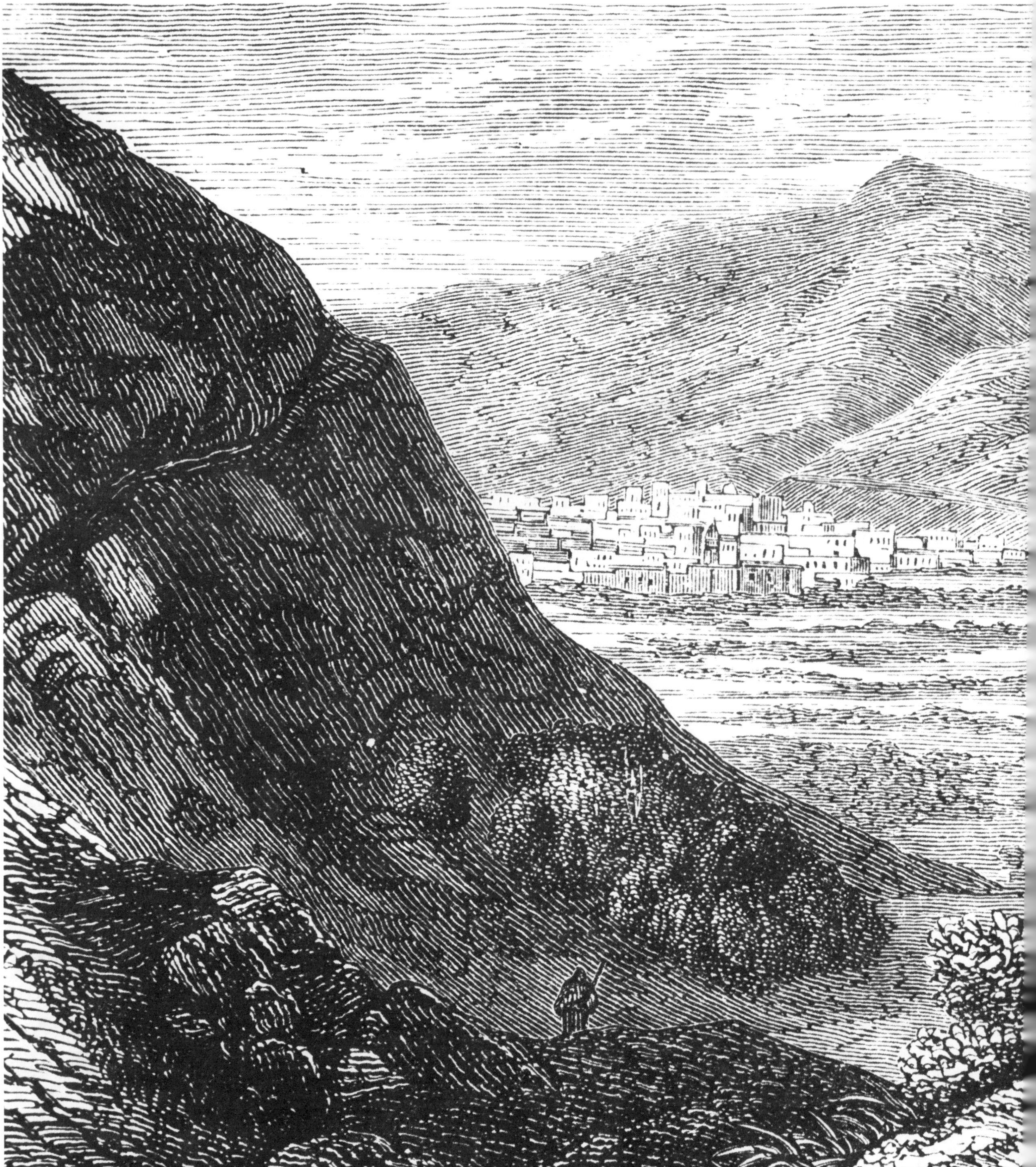

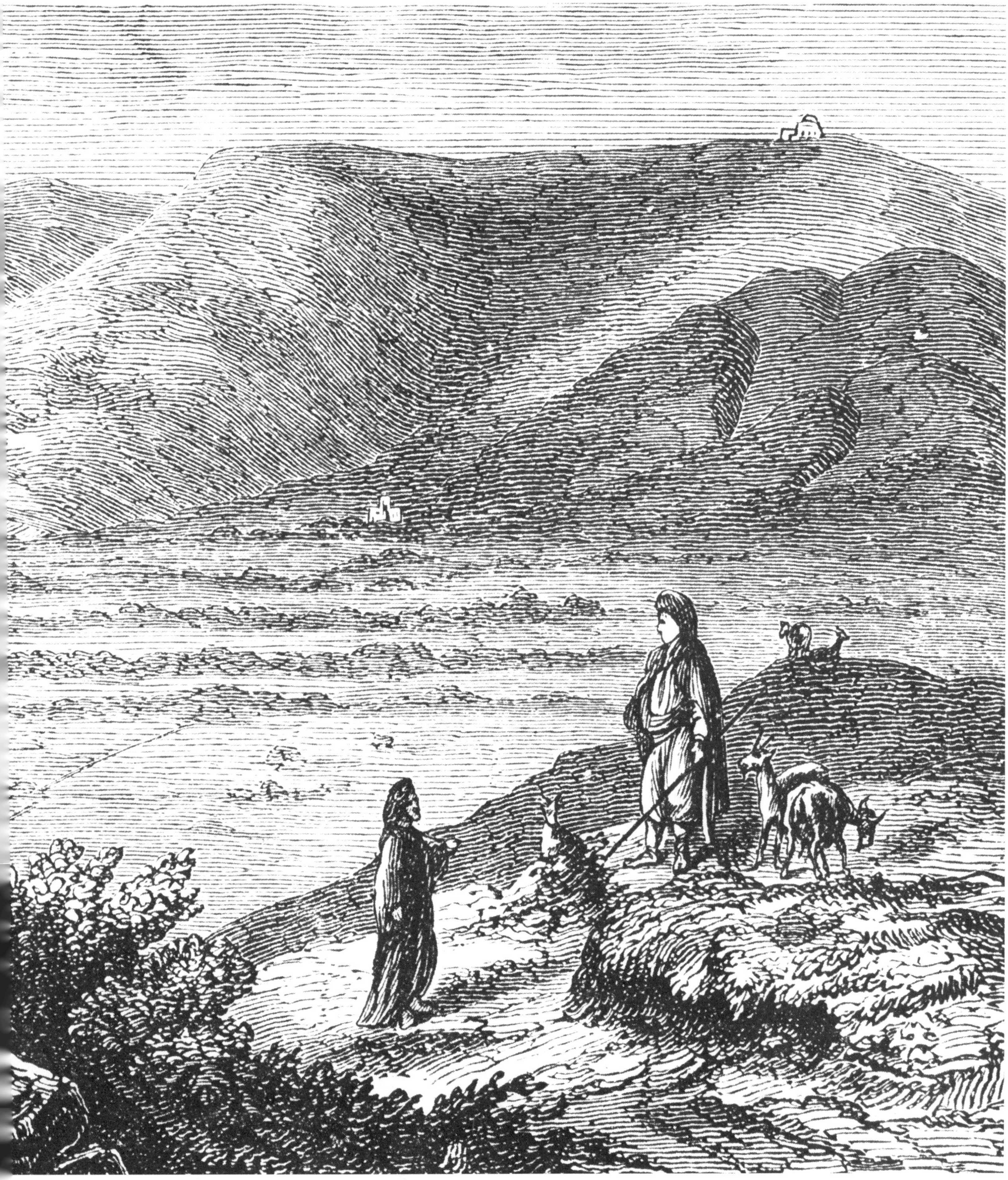

delstätte" – und das sogenannte „Gartengrab" beim Damaskustor im Norden der Altstadt zum Ort von Beisetzung und Auferstehung. Inzwischen aber haben die Archäologen entdeckt, daß die herodianischen Stadtmauern doch so verliefen, daß die Stelle der Grabeskirche außerhalb lag.

Dem Weg Jesu folgend kommt man wieder zurück auf den Ölberg, und es sind die Moslems, die in einem kleinen Gebäude den angeblichen Fußabdruck des Mannes zeigen, der sich hier von der Erde löste und in den Himmel fuhr. Des Mannes, der für sie neben Mohammed der größte Prophet, der für die Juden ein Ketzer und den Christen der Messias ist, der die Welt erlöste.

Etwa vierzig Jahre nach dem Tod Jesu wurde Jerusalem nach verzweifelten Aufständen gegen die römische Besatzungsmacht endgültig zerstört. Der zweite Tempel, der des Herodes, ging in Flammen auf, auf seiner Plattform standen in der Folge ein römischer Tempel, eine christliche Basilika, dann zwei Moscheen, die wieder zu Kirchen und wieder zu Moscheen wurden, was sie heute noch sind. Die Tragödie der großen Diaspora begann.

Nur noch ein paar Mauern, verkohlte Häuserreste und vier Speerspitzen der römischen Belagerer zeugen bisher von diesem verhängnisvollen Jahr 70 n. Chr. Das eigentliche Monument dieses vergeblichen Überlebenskampfes ist ein mächtiger Dolomitfelsen am Toten Meer – die Festung Masada. Die Fluchtburg des Königs Herodes 60 Kilometer südlich von Jerusalem, von meterdicken Kasemattenmauern umgeben und mit allem Luxus ausgestattet, dessen ein König auf der Flucht bedarf: Paläste, Bäder, Zisternen und Vorratshäuser, deren Inhalt für Jahre reichte. Schon vor dem Fall von Jerusalem hatte sich eine Gruppe fanatischer Rebellen unter der Führung von Eleazar ben Ya'ir hier festgesetzt, und 72 n. Chr. ließ der römische Feldherr Flavius Silva ein Heer von 15.000 Mann samt Troß und jüdischen Sklaven marschieren, um den Widerstand endlich zu brechen. Über ein Jahr lang mußte er die Festung belagern, und erst eine riesige aus Erde und Steinen aufgeschüttete Rampe, über die die Belagerungsmaschinen herangeführt werden konnten, machte dem ungleichen Kampf ein Ende.

Der jüdisch-römische Historiker Flavius Josephus hatte das in seinem „Jüdischen Krieg" genau beschrieben, und 1900 Jahre später, im Jahre 1963, zog Yigael Yadin mit seiner archäologischen Streitmacht den gleichen Weg von Jerusalem nach Masada, um nachzuprüfen, ob und wie weit der Historiker die Wahrheit gesagt hatte. Sie schlugen ihr Lager direkt neben dem Hauptlager der Römer auf, dessen Reste heute noch zu sehen sind, und legten alles, was Herodes gebaut und was die Belagerten noch dazugetan hatten, frei: die königlichen, mit Fresken und Mosaiken reich geschmückten Terrassenpaläste und das armselige Besitztum der Rebellen, einen Kamm, einen Löffel aus Holz, eine Riemensandale. Luxusbäder wurden gefunden – und die Notunterkünfte der

VORHERGEHENDE DOPPELSEITE: Nablus, das biblische Sichem, ist heute Hauptort der Landschaft Samaria im Westjordanland.
LINKS: Der Berg Tabor, ein Kegel aus Kalkstein, von Westen gesehen.
RECHTS: Da Christus auf dem Berg Tabor verklärt worden war, errichteten die Franziskaner, die „Wächter des Heiligen Landes", hier eine Basilika – aber erst in den Jahren 1921–1923.

Besatzung, großangelegte Zisternen und Vorratshäuser für Wasser und Lebensmittel – und die Bons für deren Rationierung. Jede Zeile des Historikers konnten die Ausgräber rekonstruieren, fast jede Lebensäußerung dieser verlorenen Menschen auf ihrer Felseninsel, von der es kein Entrinnen gab, konnten sie mitempfinden. Sie selber saßen ja auf einer solchen Insel, von allen Seiten bedroht, und nur ein paar Jahre später – 1967 und dann wieder 1973 – sollten auch ihre Feinde zum Angriff antreten.

Und die Ausgräber fanden noch etwas, und das macht Masada zu einem Symbol heroischen Widerstands schlechthin. Sie fanden mit Namen beschriebene Tonscherben – Beweise für die erschütterndste Begebenheit in diesem Verzweiflungskampf: Als die Belagerten sahen, daß ihre Lage aussichtslos war, entschlossen sie sich, um dem Elend der Sklaverei zu entkommen, „einander den Liebesdienst des Todes" zu tun. Sie wählten durch das Los – eben diese Tonscherben – zehn Männer aus, die alle anderen töten sollten: „Da legte sich jeder an die Seite seiner Frau und seiner Kinder nieder, umfing sie mit den Armen und erwartete bereitwillig den Todesstreich." Als das vollbracht war, ließen die zehn noch einmal das Los entscheiden. Der, auf den es fiel, tötete die anderen neun, steckte den Palast in Brand und starb dann durch das eigene Schwert. Masada ist für die Israelis ein nationales Heiligtum, junge Offiziersanwärter legen hier ihren Eid ab mit den Worten: „Masada wird nie wieder fallen".

Das letzte Aufbäumen jüdischen Freiheitswillens, der Aufstand unter Bar Kochba, 132–135 n. Chr., der verhindern wollte, daß über den Ruinen von Jerusalem eine römische Stadt und auf dem Tempelplatz ein Tempel des Jupiter gebaut werde, wurde von Kaiser Hadrian blutig niedergeschlagen. Die Stadt der Könige wurde zur römischen Militärkolonie Aelia Capitolina – den Juden war der Zugang verwehrt.

Die sich allmählich bildenden judenchristlichen und heidenchristlichen Gemeinden, die unter den Verfolgungen der Römer, aber auch der Juden noch lange zu leiden hatten, erhielten 313 n. Chr. durch das Mailänder Toleranzedikt die volle Gleichberechtigung unter den Glaubensgemeinschaften, und zu Ende des 4. Jahrhunderts wurde das Christentum Staatsreligion. Schon 335 hatte Kaiser Konstantin als erster christlicher Herrscher über das Heilige Land die Grabeskirche persönlich eingeweiht, und selbst als die Großmacht Rom in West- und Ostrom zerfiel, schien es, als sollte das zu Byzanz gehörende Palästina für immer ein christliches Land bleiben.

Das geistige Leben des Judentums kam dennoch nicht zum Stillstand. Noch war Jerusalem nicht in Schutt und Asche gesunken, da wurde in dem kleinen Ort Yavne schon die Grundlage für ein neues geistiges Zentrum des Judentums gelegt. Hier stellten die Gelehrten um 90 n. Chr. den Bibelkanon zusammen, hier entstand die Mischna, der Teil des Talmud, in dem die Religionsgesetze auf-

LINKS: Nazareth, den Evangelien nach der Heimatort Jesu, hatte vor allem auch immer wieder politische Bedeutung: 1799 war es Napoleons Heer eine Bastion gegen die Türken, in der Mandatszeit diente die Stadt als Verwaltungszentrum Galiläas, 1948 war Nazareth Hauptquartier der arabischen Streitkräfte.
RECHTS: Die alte Verkündigungskirche der Franziskaner in Nazareth, bevor sie 1969 durch eine neue Kirche im Stil italienischer Renaissance ersetzt wurde.

gezeichnet sind; sie wurde im 2. Jahrhundert in Tiberias am See Genezareth, dem Sitz großer Rabbinerschulen, vollendet und bis etwa 400 n. Chr. mit der Gemara – der Niederschrift der Diskussionen über die Mischna – zum Palästinensischen Talmud vereinigt. Hier in Tiberias befinden sich auch die Gräber des Gründers der Hochschule von Yavne, Rabbi Johanan Ben Zakkai und seiner Schüler sowie des großen Philosophen und Arztes Maimonides aus dem 12. Jahrhundert.

Weniger positiv gestaltete sich die politische Entwicklung des Landes. Der größte Teil seiner Bewohner lebte, nur durch das einigende Band des Kults und einer immer reicheren Liturgie zusammengehalten, in der ganzen Welt verstreut. Versuchte sich mit den jeweiligen Herrn und Unterdrückern halbwegs zu arrangieren und betete in den Synagogen, den Gemeinde-, Versammlungs- und Lehrhäusern, um die Heimkehr. Der kleinere Teil im Lande selbst fristete, den wechselnden Kräften von außen hilflos ausgeliefert, ein dürftiges Leben: unter der allmählich ermüdenden Herrschaft von Byzanz, unter Persern, die wieder einmal, wenn auch nur für wenige Jahre, Jerusalem in Besitz nahmen, und seit 638 n. Chr. unter den Arabern. Von der byzantinischen Herrlichkeit blieb wenig zurück, so die großen Kirchenbauten aus Shivta im Negev, Kloster und Burg von Avdat südlich von Beer Sheba, oder die Mosaiken von Tabgha, Beth Shean und Caesarea.

Und wieder einmal, wie so oft im Heiligen Land, waren Politik und Religion eng miteinander verknüpft. Die Araber unter dem Kalifen Omar kamen nicht nur als machthungrige Eroberer. Seit ihr Prophet vom Felsen des Berges Moriah in den Himmel aufgestiegen war, galt Jerusalem auch für sie als heilige Stätte – und der Felsendom wurde 691 n. Chr. direkt auf der Tempelplattform errichtet. Zu den Juden selbst hatten die wechselnden und einander befehdenden Dynastien der Omajjaden und Abbasiden, der Fatimiden und türkischen Seldschuken ein recht zwiespältiges Verhältnis. Zwar waren sie beide „Völker des Buches" mit gemeinsamen Patriarchen – andererseits erkannten die Moslems den Ketzer Jesus als großen Propheten an, indes Mohammed seinerzeit von den Bewohnern Jerusalems eindeutig abgelehnt worden war. Auch die Endzeitvorstellungen der beiden Religionen divergieren erheblich: Nach jüdischer Tradition wird der Messias den Tempel wieder aufbauen, die Moslems hingegen glauben, am Ende der Tage werde der Schwarze Stein von Mekka, die Kaaba, auf dem Felsen von Moriah stehen. Glaubenssätze, die unvereinbar sind – und man denkt dabei unwillkürlich an den Ausspruch Anwar as-Sadats, der Nahostkonflikt bestehe zu 30 Prozent aus echten Differenzen und zu 70 Prozent aus Psychologie. Für die Moslems waren Juden immer Menschen zweiter Klasse, „geschützte Untertanen", und – abgesehen von der kurzen „goldenen Periode" im 11. Jahrhundert in Spanien – ging es ihnen auch in den anderen islamischen Ländern nicht besser.

Aber auch die heute so oft gerühmte Toleranz der Moslems gegenüber den Christen hielt nach guten Anfängen nicht lange an, und als es zu regelrechten Christenverfolgungen kam, in deren Verlauf unter anderem auch die Grabeskirche schwerstens beschädigt wurde, rief Papst Urban II. auf dem Konzil von Clermont 1096 zur Befreiung des Heiligen Grabes auf. Drei Jahre später war Jerusalem in der Hand der Kreuzfahrer, die das Land als christlich-feudalen Lehensstaat einrichteten, es mit einem Netz von Burgen und festen Städten überzogen – aber doch nicht verhindern konnten, daß der arabische Druck anhielt. Immer weitere Kreuzritter und Abenteurer mußten aus Europa kommen, um die heiligen Stätten immer wieder den „Ungläubigen" zu entreißen, die die Angreifer ihrerseits für Ungläubige hielten. Die Folgen für Palästinas Bewohner: Not, Zerstörung und unendliches Leid.

Heute stürzen sich die Touristenscharen auf die Ruinen aus der Kreuzfahrerzeit, die noch überall im Land zu sehen sind: die große Moschee von Ramla beim Flughafen Lod, eine Kreuzfahrerkirche aus dem 12. Jahrhundert, oder die Burgruine Belvoir südwestlich des Sees Genezareth, die weithin sichtbaren Ruinen der Kreuzfahrerfestung Asur (Apollonia), oder das „Pilgerschloß" in der von den Kreuzfahrern erbauten Stadt Atlit (Castrum Peregrinorum), die von den Deutschordensrittern zum Schutz von Akko 1271 erbaute Burg von Montfort und schließlich Akko selbst, das nichtsdestoweniger zwanzig Jahre später als letztes Bollwerk der Kreuzritter in die Hände der Mameluken geriet.

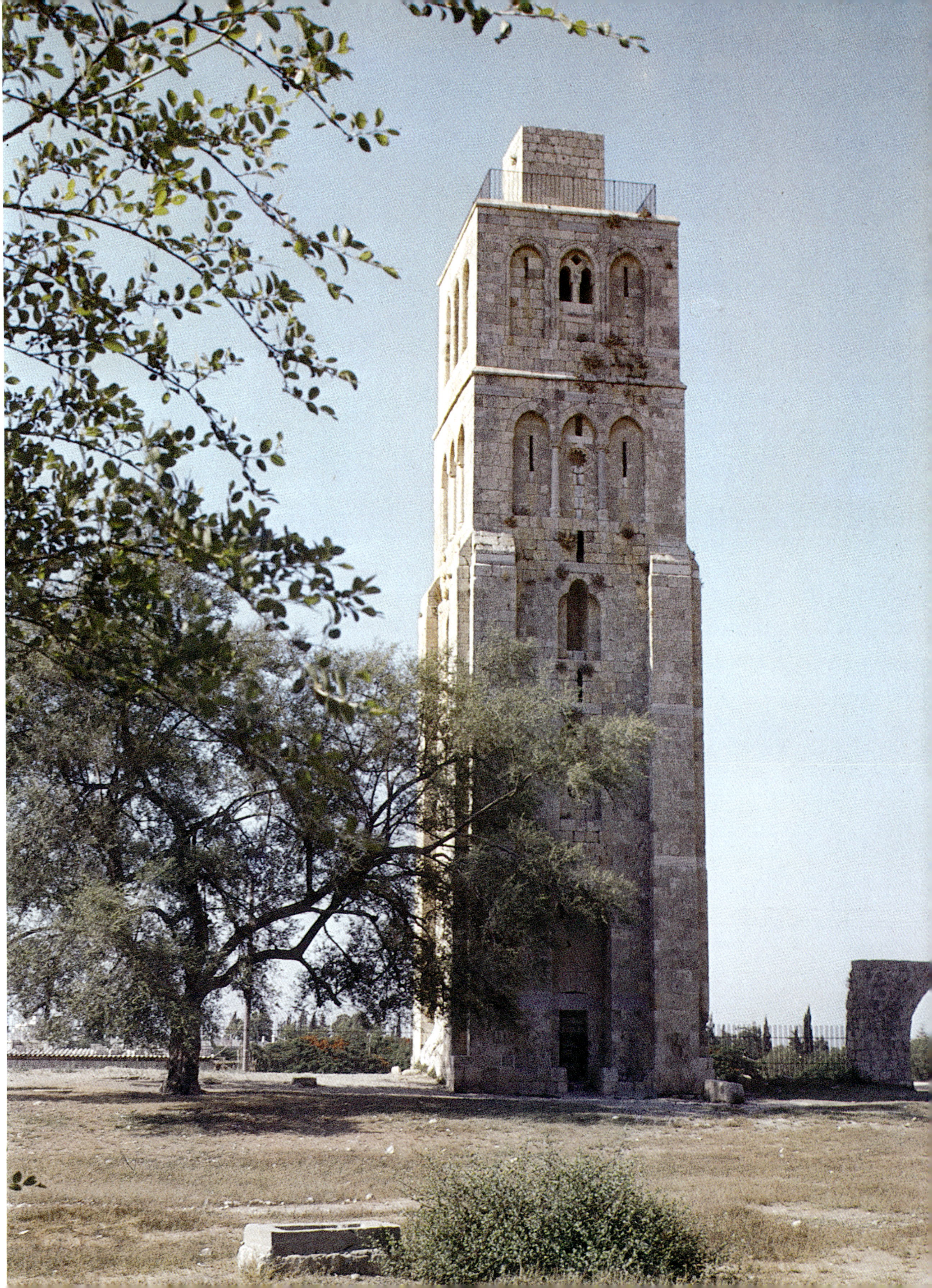

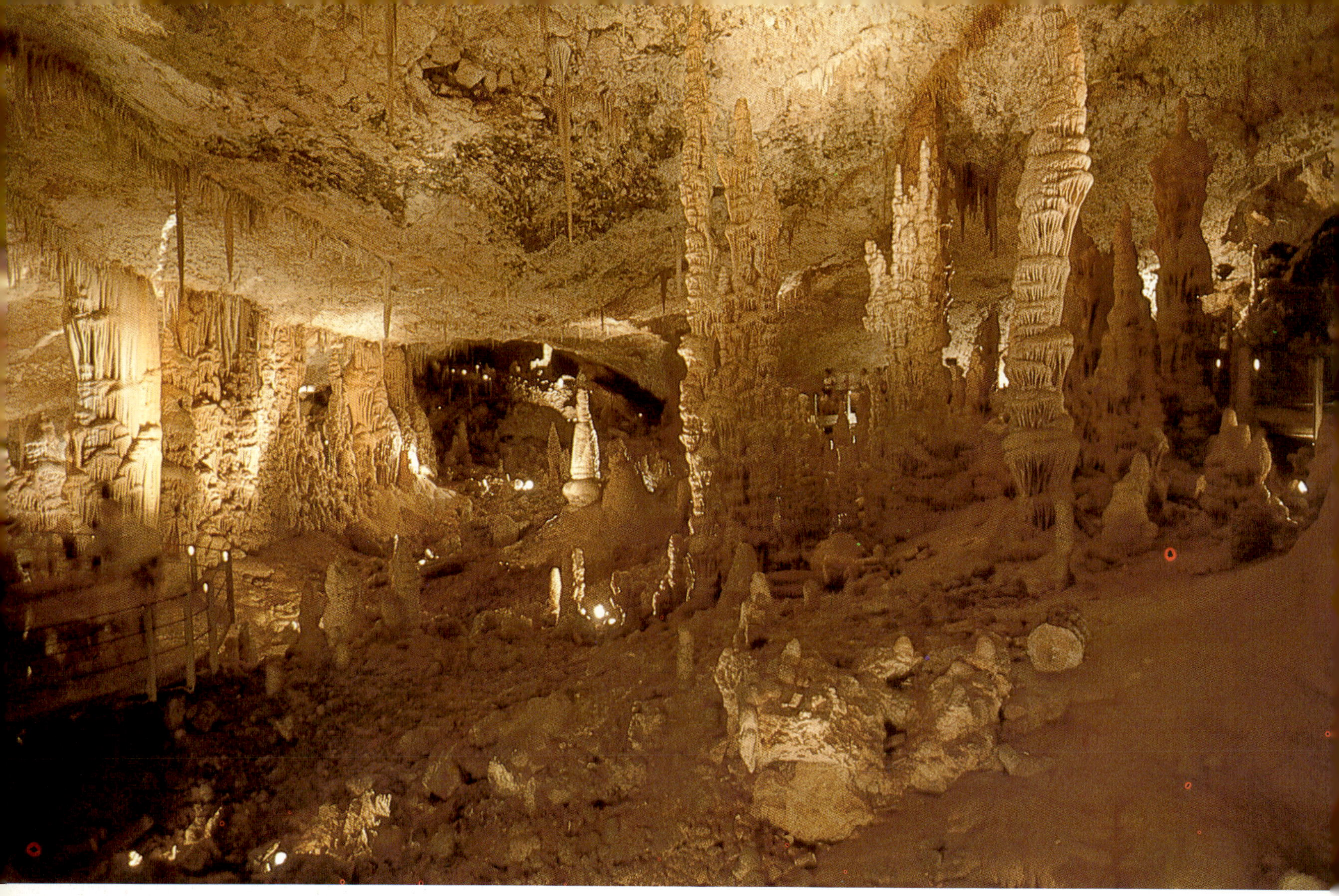

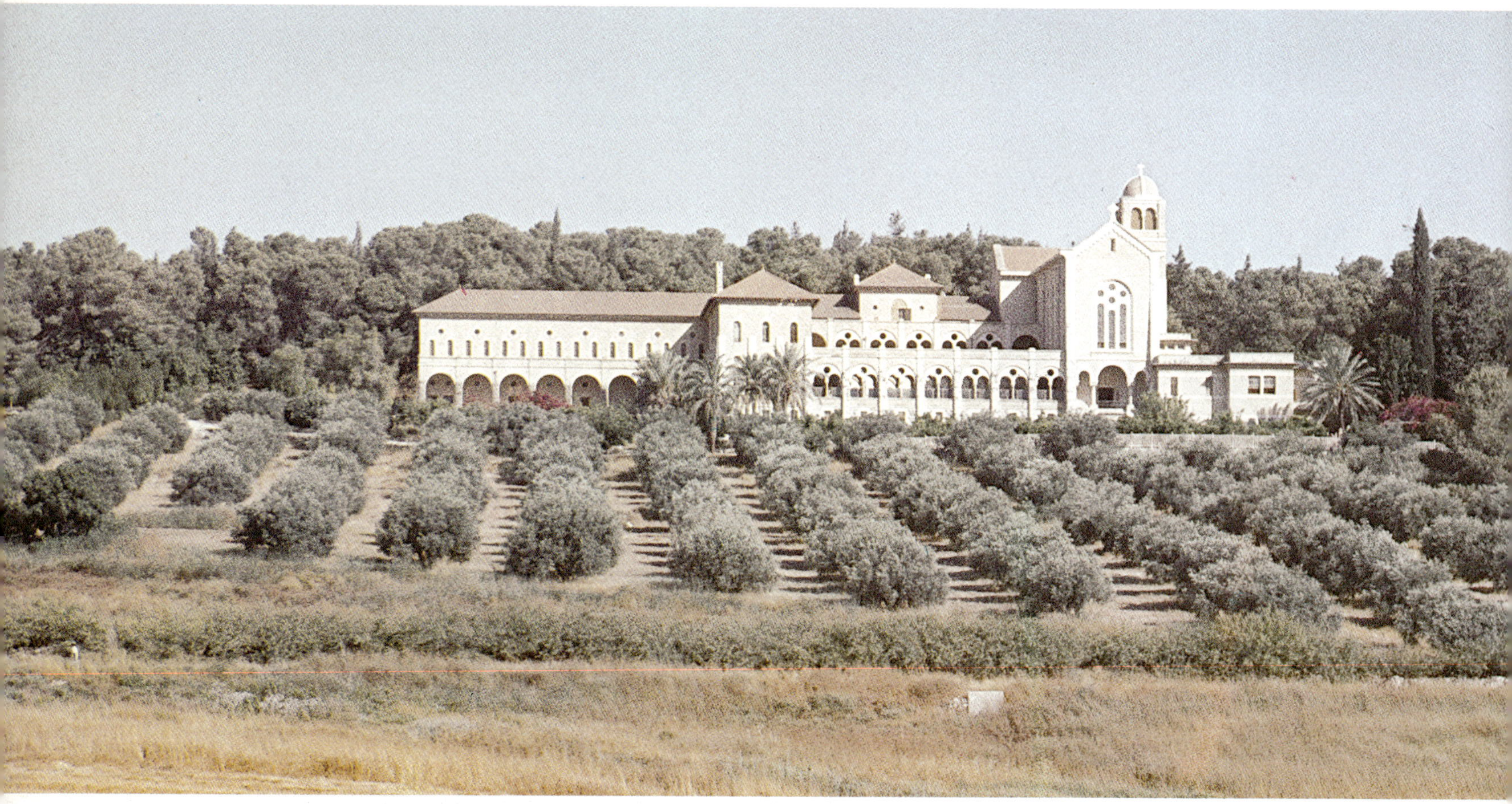

VORHERGEHENDE SEITE: Ramla, 716 n. Chr. errichtet und einzige von den Arabern im Heiligen Land gegründete Stadt, war bis zur Zeit der Kreuzfahrer Hauptstadt. Der Weiße Turm wurde im 14. Jahrhundert als Minarett einer aus dem 8. Jahrhundert stammenden Moschee erbaut.
LINKS: Die Sorek-Höhlen wurden erst vor kurzem gefunden und dem Tourismus zugänglich gemacht.
UNTEN: Das Latrunkloster der Trappisten ist wegen seines Weins berühmt – nach christlicher Tradition liegt es an jener Stelle, wo das Haus des Wegelagerers, der neben Christus gekreuzigt wurde, gestanden haben soll.
RECHTS: Reste der Karawanserei in Abu Gosh.

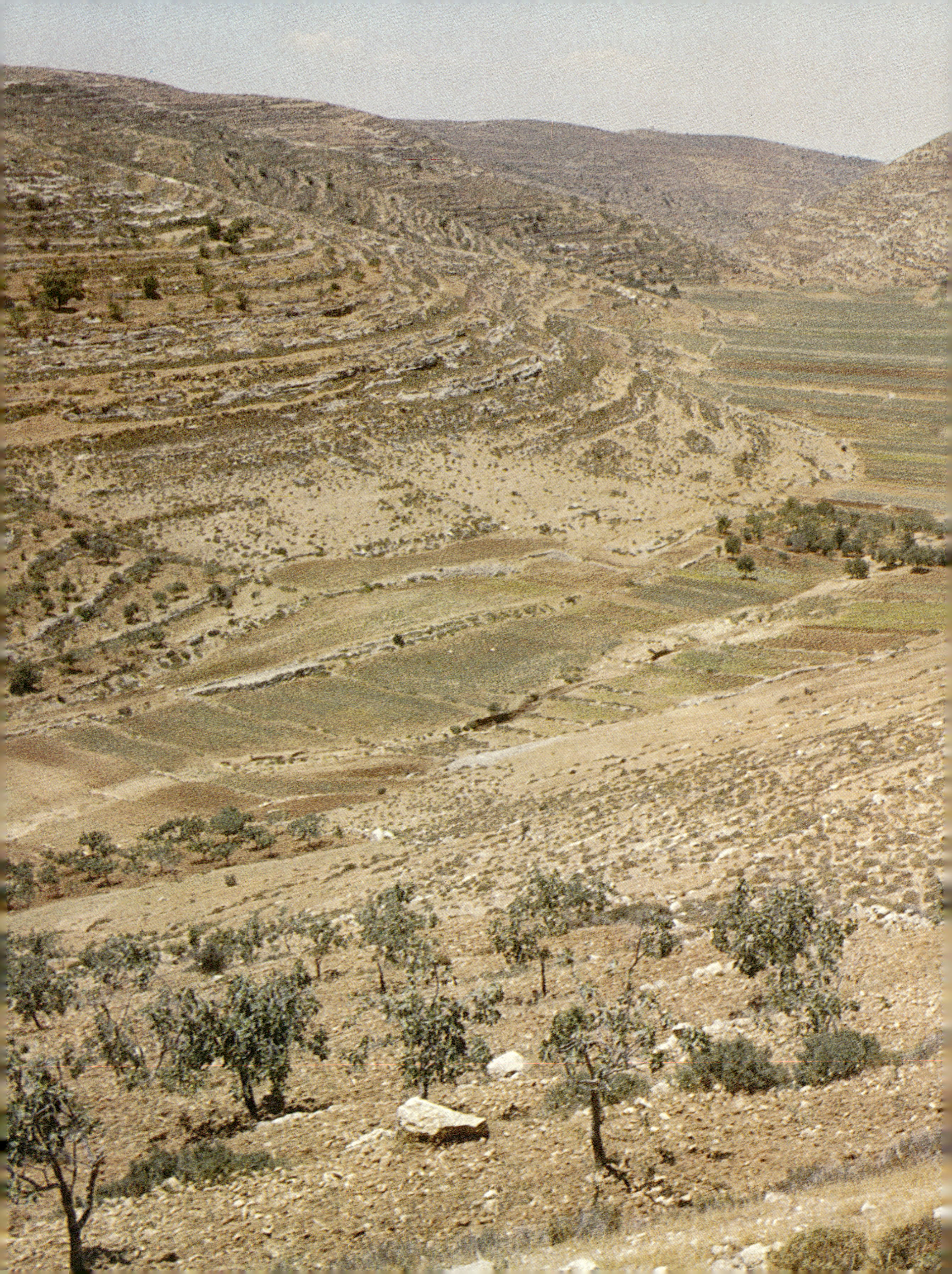

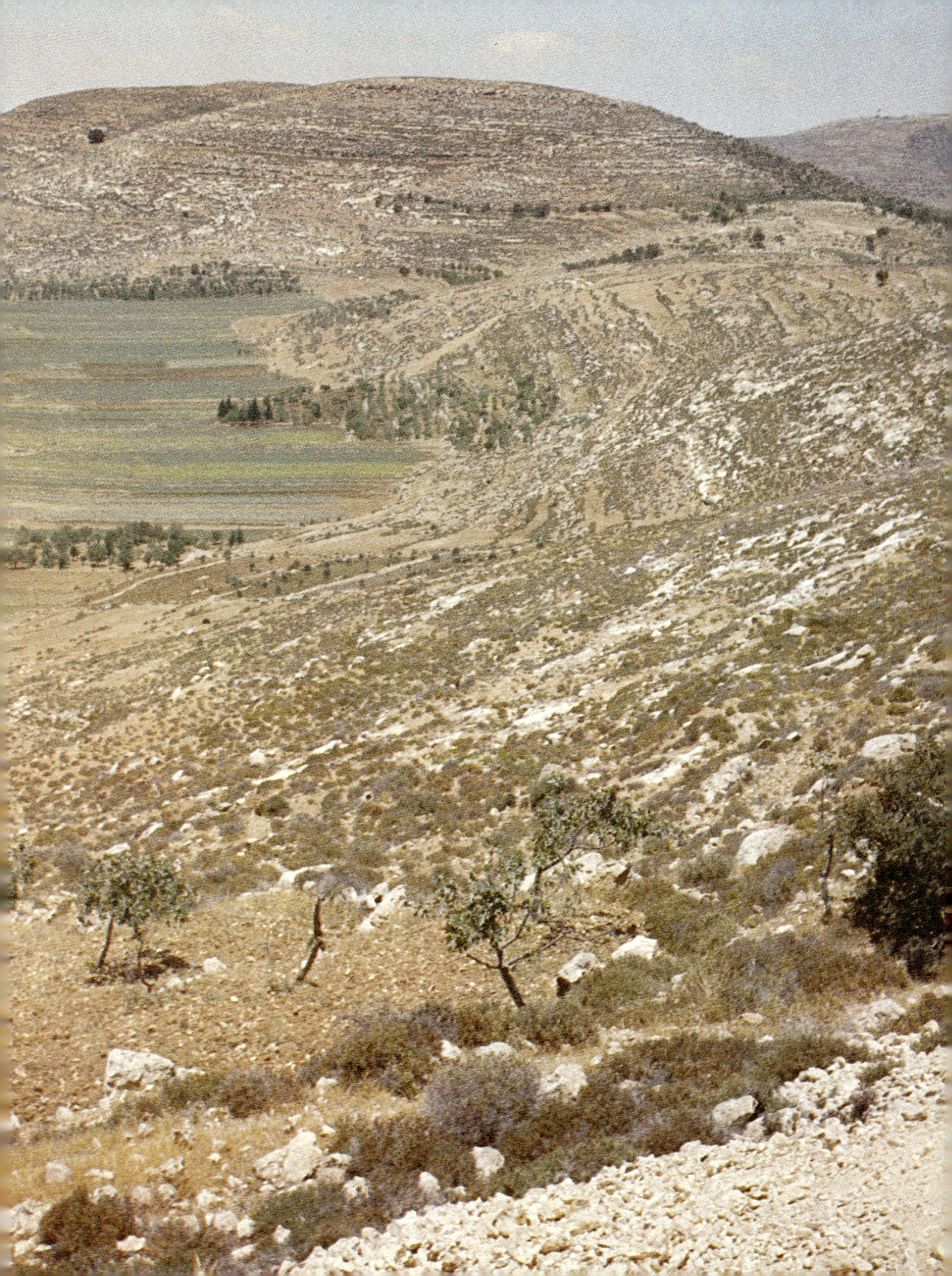

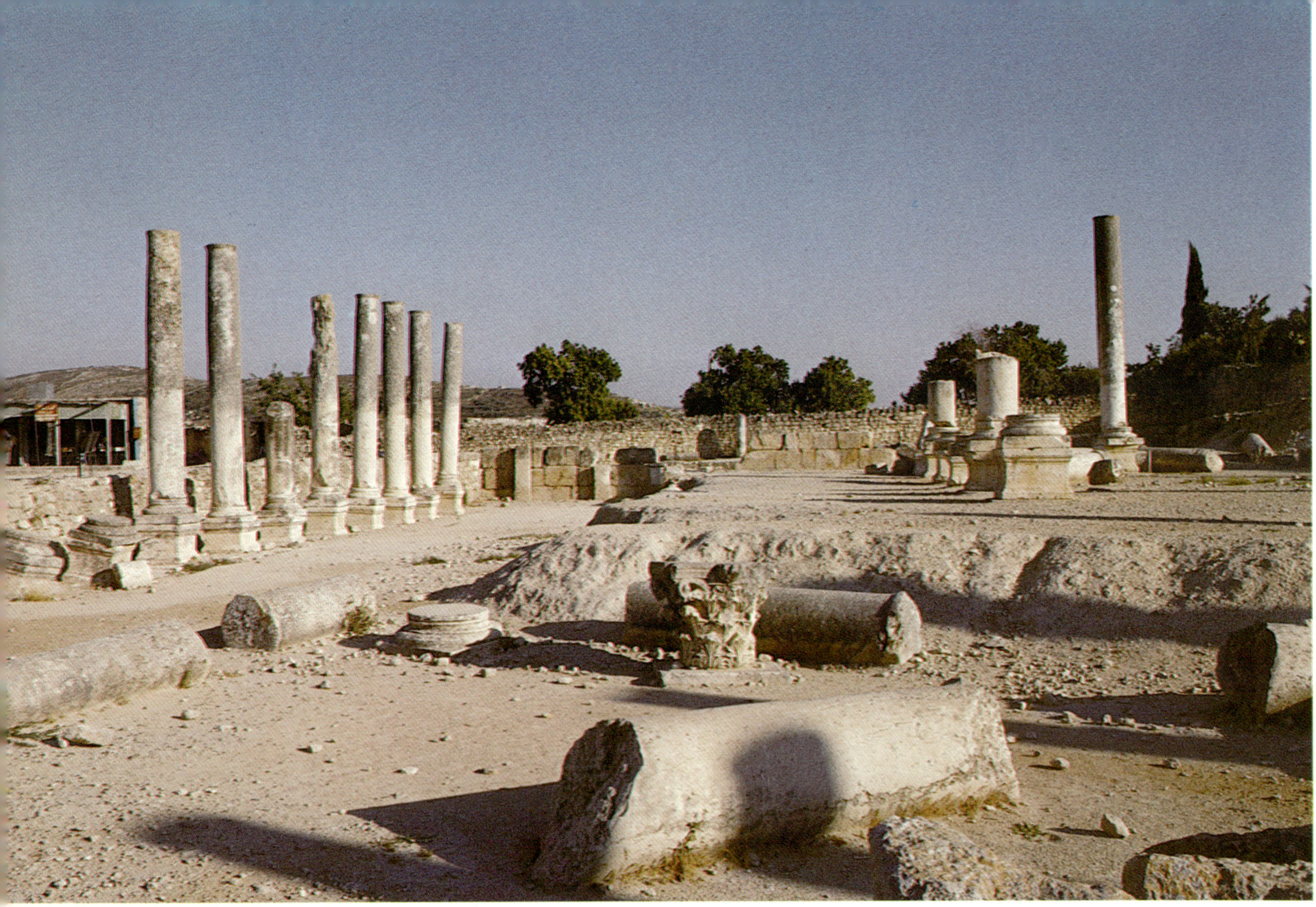

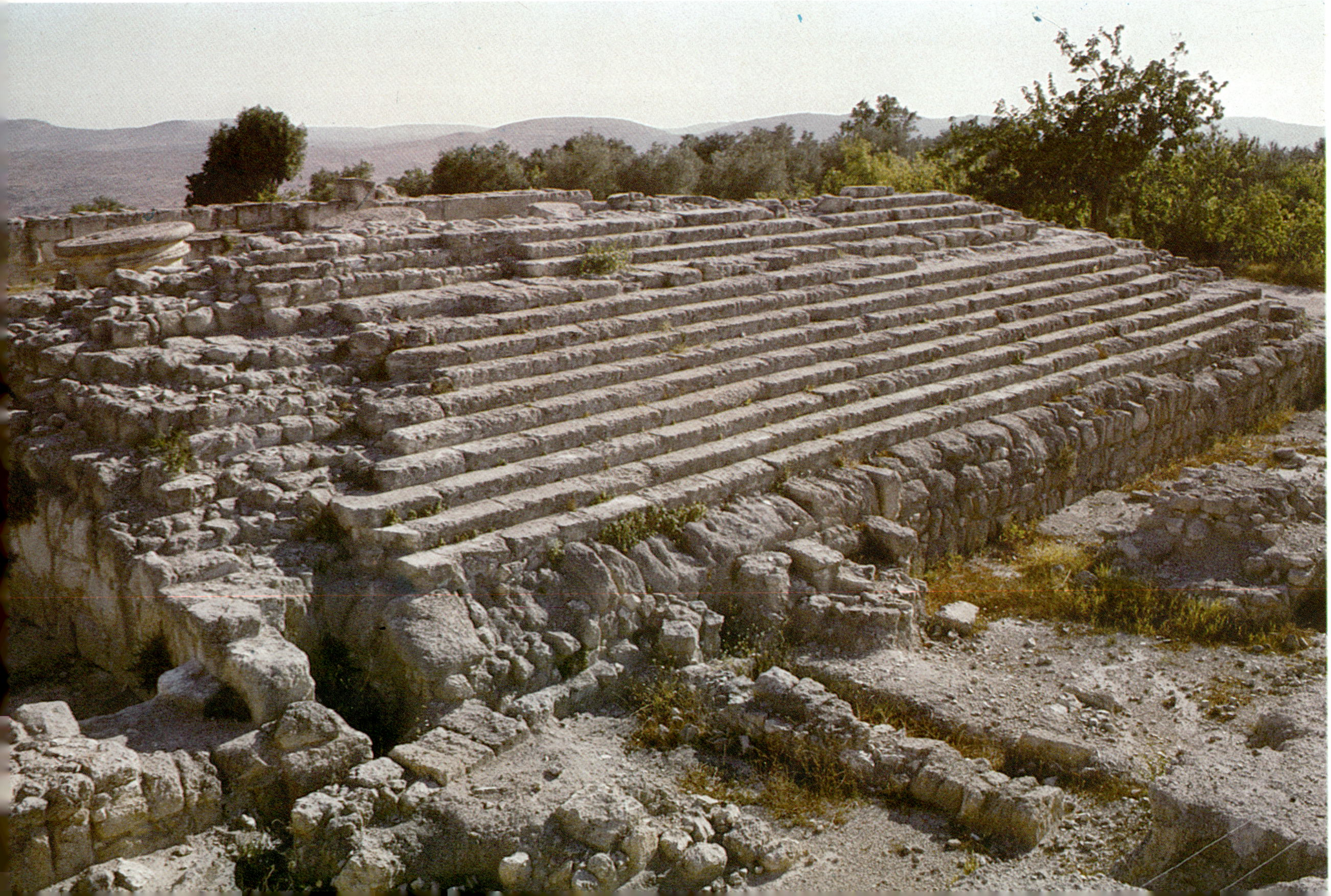

VORHERGEHENDE DOPPELSEITE: Samaria – fruchtbare Täler inmitten steiniger Bergkuppen, bisher ausschließlich von Arabern besiedelt.
LINKS UND RECHTS: Einst war die 887 v. Chr. von König Omri gegründete Stadt Samaria Hauptstadt des frühen Reiches Israel; unter römischer Herrschaft baute König Herodes um 35 v. Chr. seine neue Stadt Sebastia auf den alten Trümmern. Die Harvard Universität begann 1908 mit Ausgrabungen, sodaß heute vor allem Ruinen einer Basilika aus dem 3. Jahrhundert und Reste des alten Königspalastes besucht werden können.

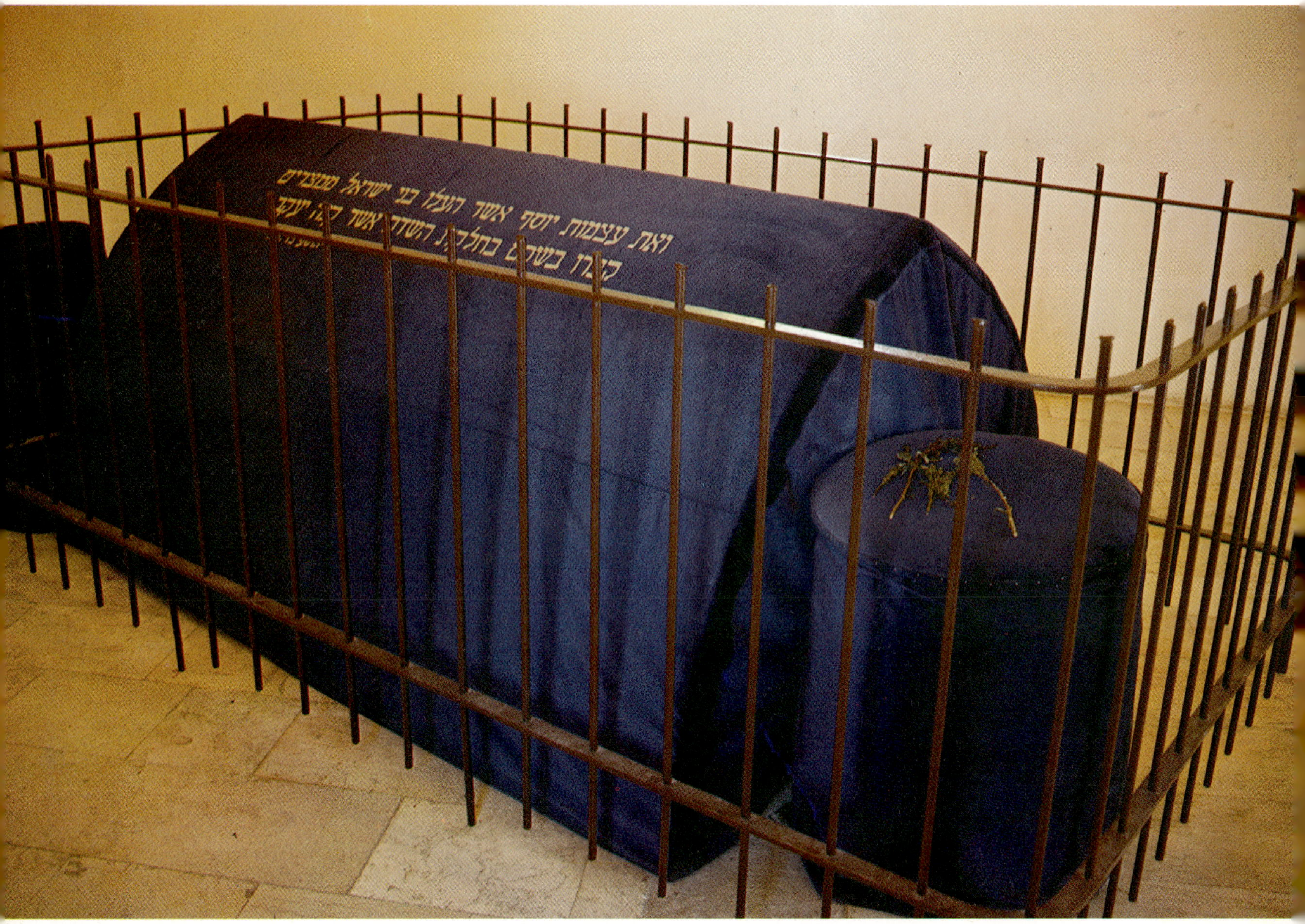
ואת עצמות יוסף אשר העלו בני ישראל ממצרים

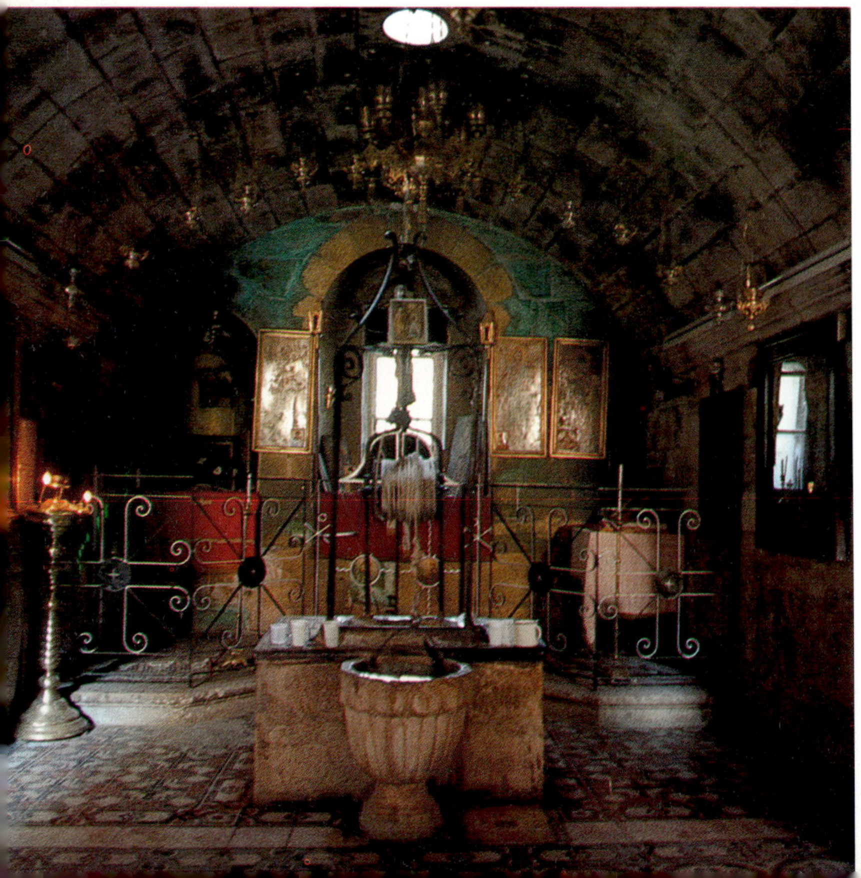

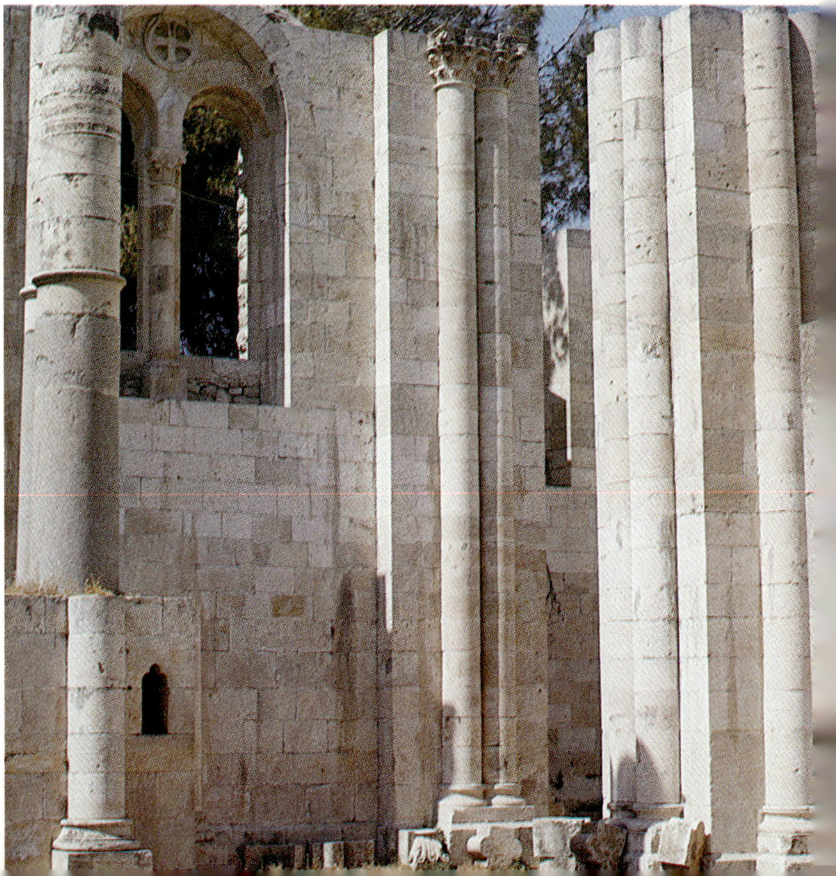

LINKS OBEN: Josephs Grab in Nablus.
LINKS UNTEN: Alter Tradition zufolge soll Jakob den 32 Meter tiefen „Jakobsbrunnen" nach seiner Rückkehr aus Mesopotamien gegraben haben; Christus begegnete hier der Samaritanerin. Bereits im 4. Jahrhundert bauten die Byzantiner über den Brunnen eine Kirche, über deren Ruinen die Kreuzritter später eine dreischiffige Basilika errichteten. Der Raum um den Brunnen blieb außerordentlich gut erhalten, sodaß griechisch-orthodoxe Mönche 1914 eine neue Kirche darüber zu bauen begannen – die allerdings bis heute nicht vollendet wurde.
RECHTS: Der Gipfel des Berges Garizim ist religiöses Zentrum und Heiligtum der jüdischen Sekte der Samaritaner, die heute noch ihre höchsten Feste hier feiern. Nachdem sich die Samaritaner am Ende der Babylonischen Gefangenschaft vom übrigen Judentum gelöst hatten, errichteten sie auf dem Berg Garizim einen eigenen Tempel, der jedoch 132 v. Chr. zerstört wurde.

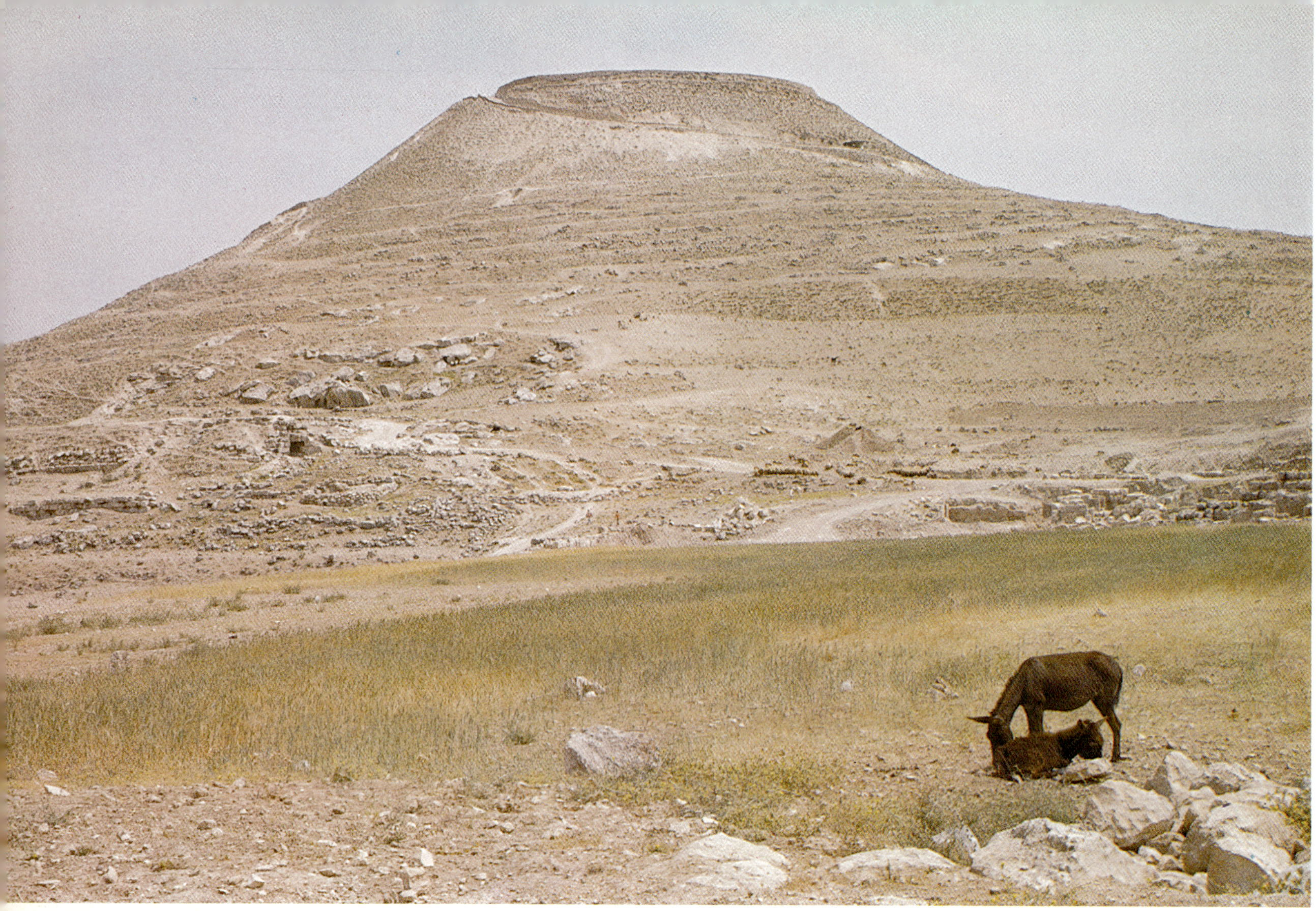

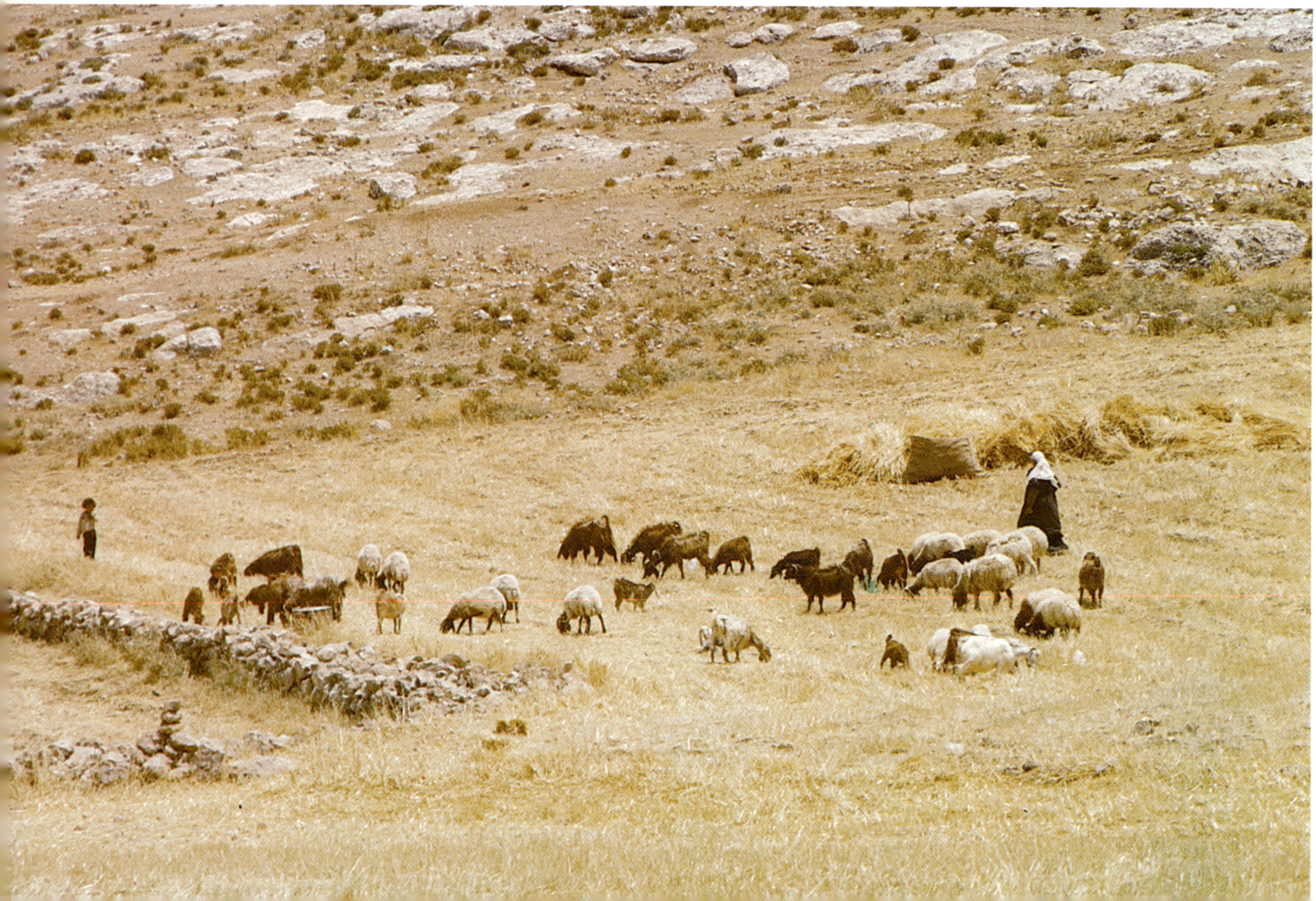

In karger Landschaft nahe Bethlehem ließ Herodes der Große einen etwa 100 Meter hohen Hügel derart abflachen, daß darauf eine Fluchtburg mit verschwenderisch ausgestattetem Palast, Thermen und einem beachtlichen Wasserreservoir gebaut werden konnte – Herodium wurde auch zur Begräbnisstätte des prunksüchtigen Königs. Später diente die Festung jüdischen Aufständischen unter Bar Kochba als Zufluchtsort, bevor ihr Widerstand 70 n. Chr. von den Römern gebrochen wurde.

כה אמר ה' קול ברמה נשמע
נהי בכי תמרורים
רחל מבכה על בניה
מאנה להנחם על בניה כי איננו

LINKS: Bethlehem, das „Haus des Brotes", ist Geburtsort des jüdischen Königs David – weshalb die christliche Tradition hier auch die Geburt Christi sehen mag.
RECHTS: In der Geburtsgrotte unter der Geburtskirche in Bethlehem steht am angenommenen Geburtsplatz Jesu ein kleiner Altar, zu dessen Fuß ein silberner Stern eingelassen ist – das Original dieses Sterns aus dem Jahr 1717 verschwand 1847 unter hochpolitischen Umständen.
UNTEN MITTE: Rachels Grab am Eingang nach Bethlehem gilt als eines der bedeutendsten Heiligtümer Israels – Rachel war Jakobs Ehefrau und die Mutter Benjamins.

Hebron wird als eine der ältesten Städte der Welt angesehen. Abraham kaufte hier die Höhle Machpelah, um darin seine Frau Sarah zu begraben – über dieser Höhle entstand der mächtige Bau des Haram el-Khalil, dessen Umfassungsmauern unter Herodes dem Großen errichtet wurden; in einer Vorhalle des Haram befinden sich Kenotaphe für Isaak und seine Frau Rebekka. Heute bewahrt Hebron orientalischen Charakter und ist für seine Glasbläserkunst berühmt.

FOLGENDE SEITE: Das Monasterium von Mar Saba in der Judäischen Wüste wurde im 6. Jahrhundert von griechisch-orthodoxen Mönchen als Klosterfestung gegründet, um die Gebeine von Heiligen wie Johannes Damascenus und anderen zu bergen.

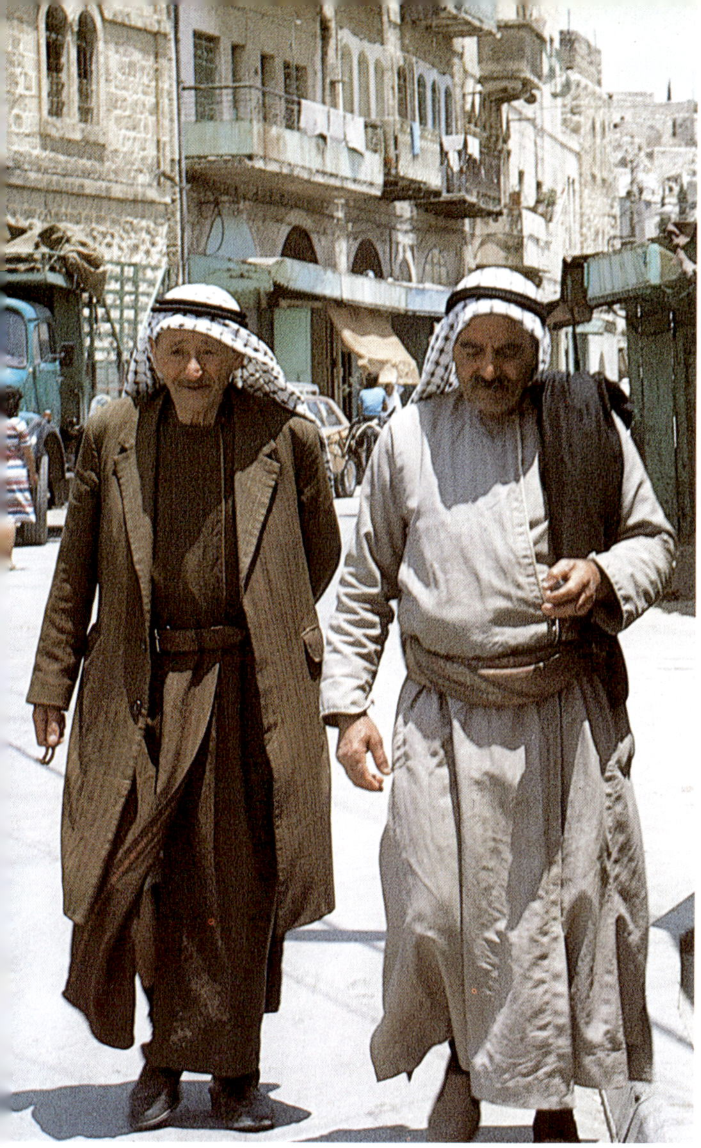

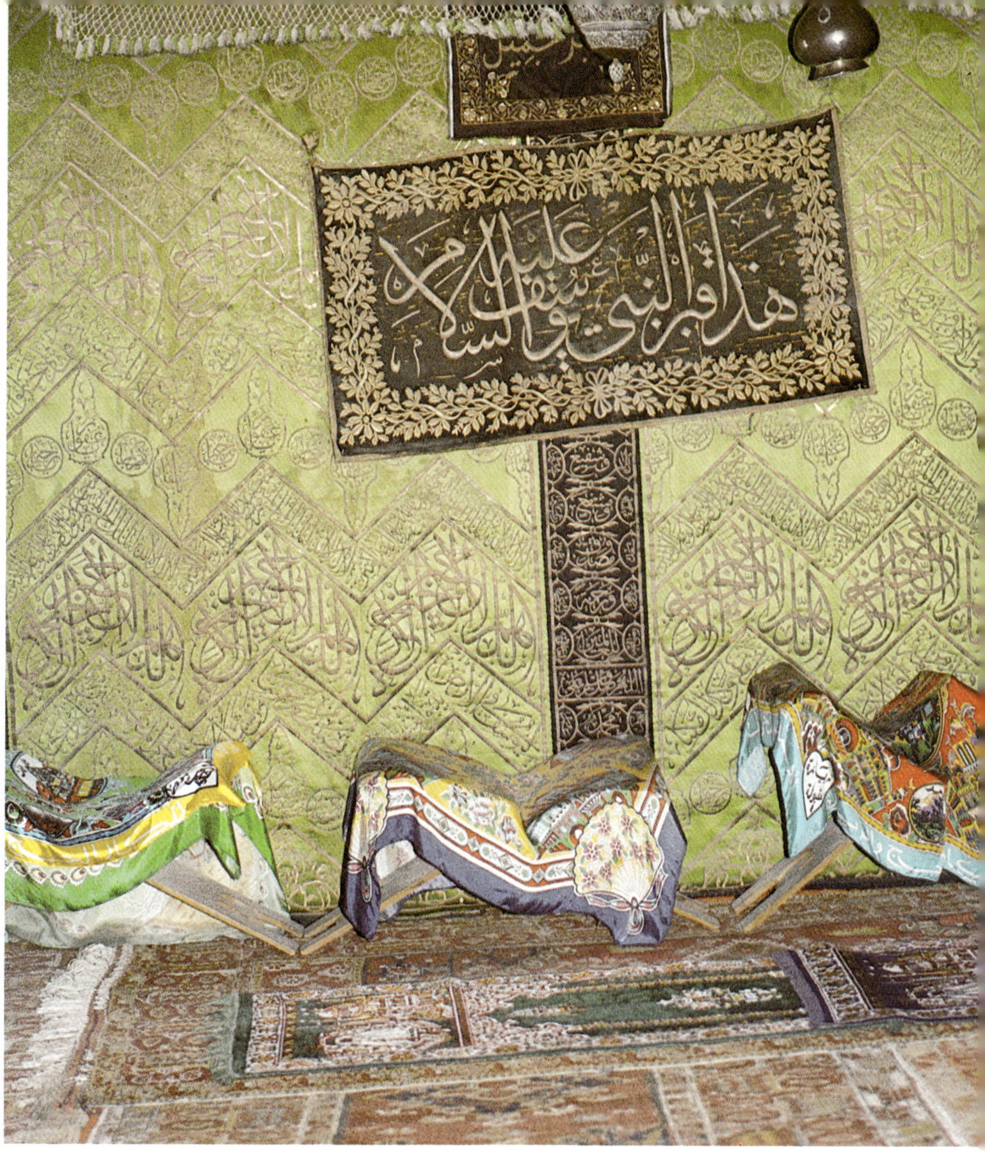
هذا قبر النبي يوسف عليه السلام

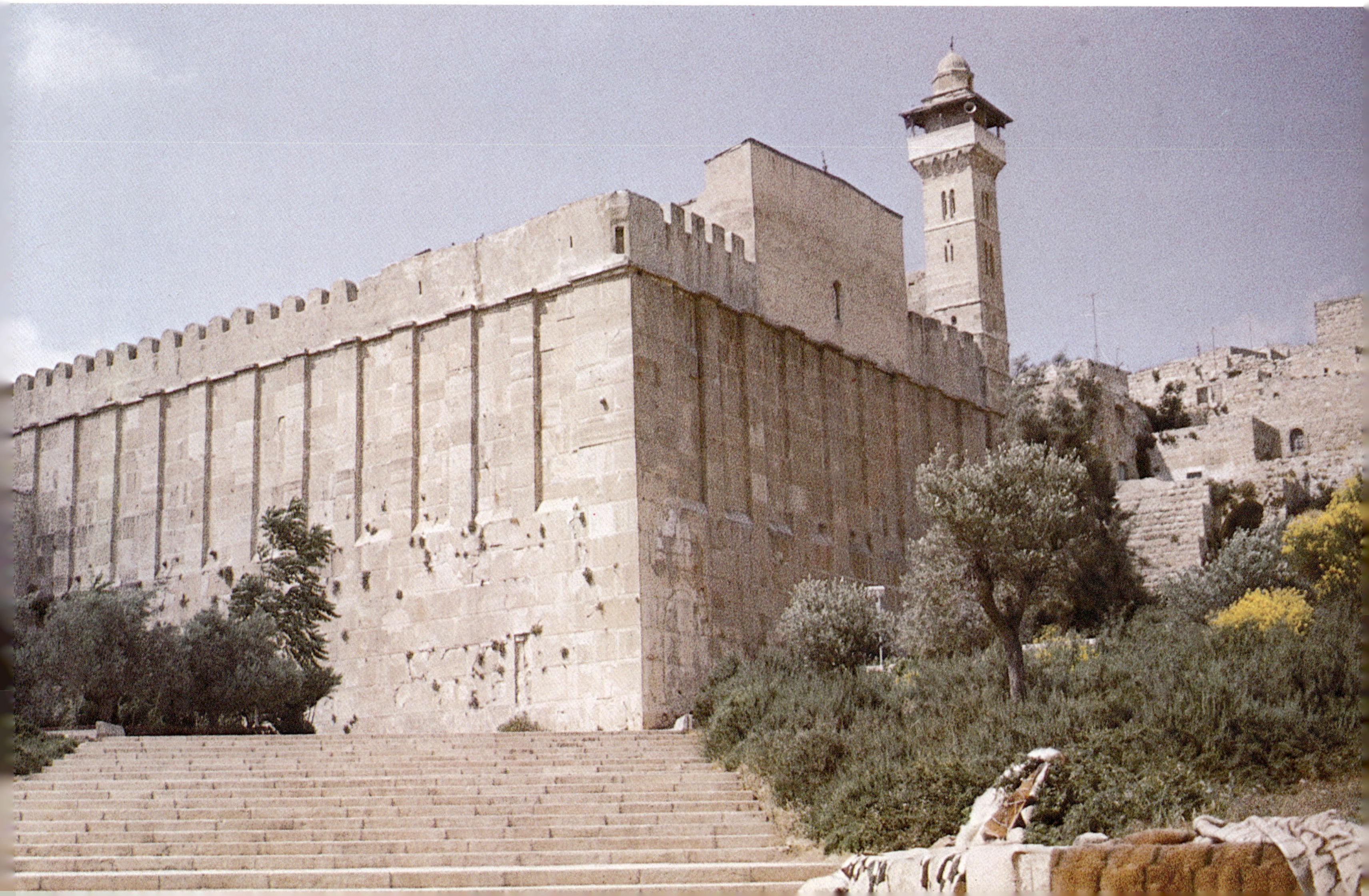

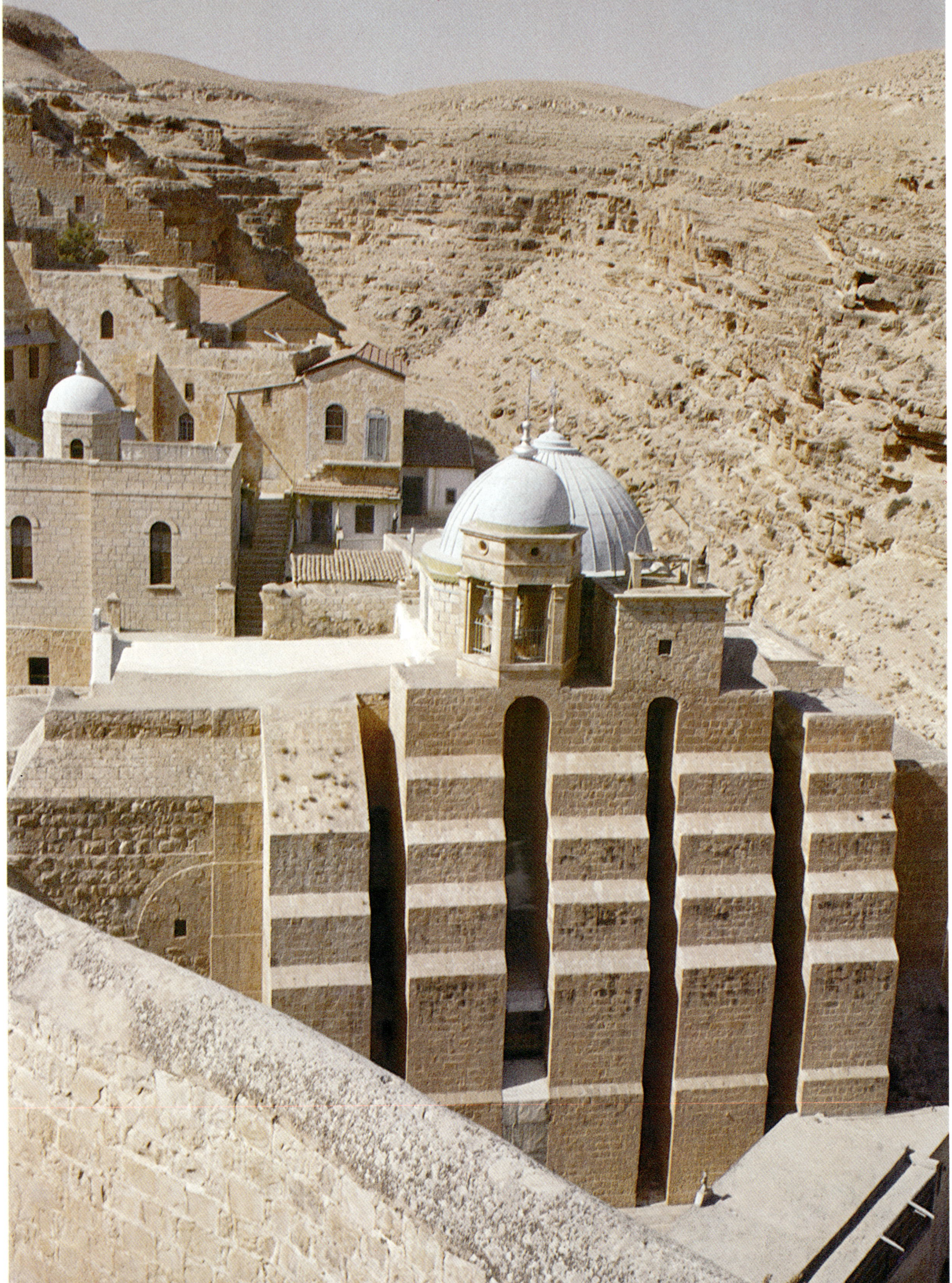

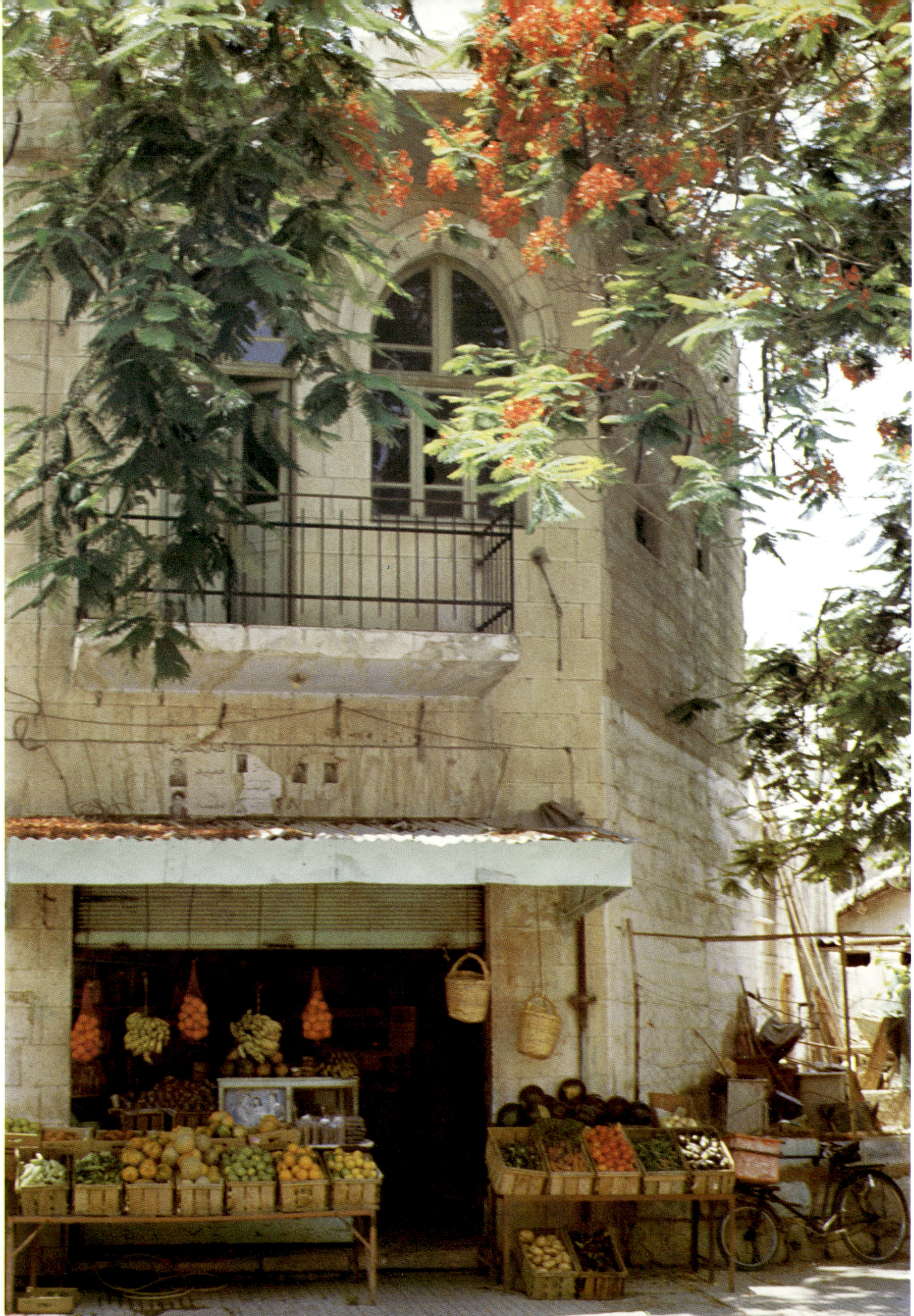

VORHERGEHENDE SEITE: Jericho, 250 m unter dem Meeresspiegel gelegen, ist mit seinem milden und warmen Klima eine blühende Stadt.
LINKS: Archäologen konnten beweisen, daß sich in Jericho bereits vor 9.000 Jahren größere menschliche Siedlungen befanden. Das kanaanitische Jericho war späterhin der bedeutendste Ort, den die israelitischen Stämme unter der Führung von Josua eroberten. Heute werden die Ausgrabungen rasch vorangetrieben.
RECHTS: Von den Hügeln Alt-Jerichos herab blickt man auf eine verlassene Siedlung – die Araber flohen, die Israelis reißen die leere, tote Stadt nicht ab.

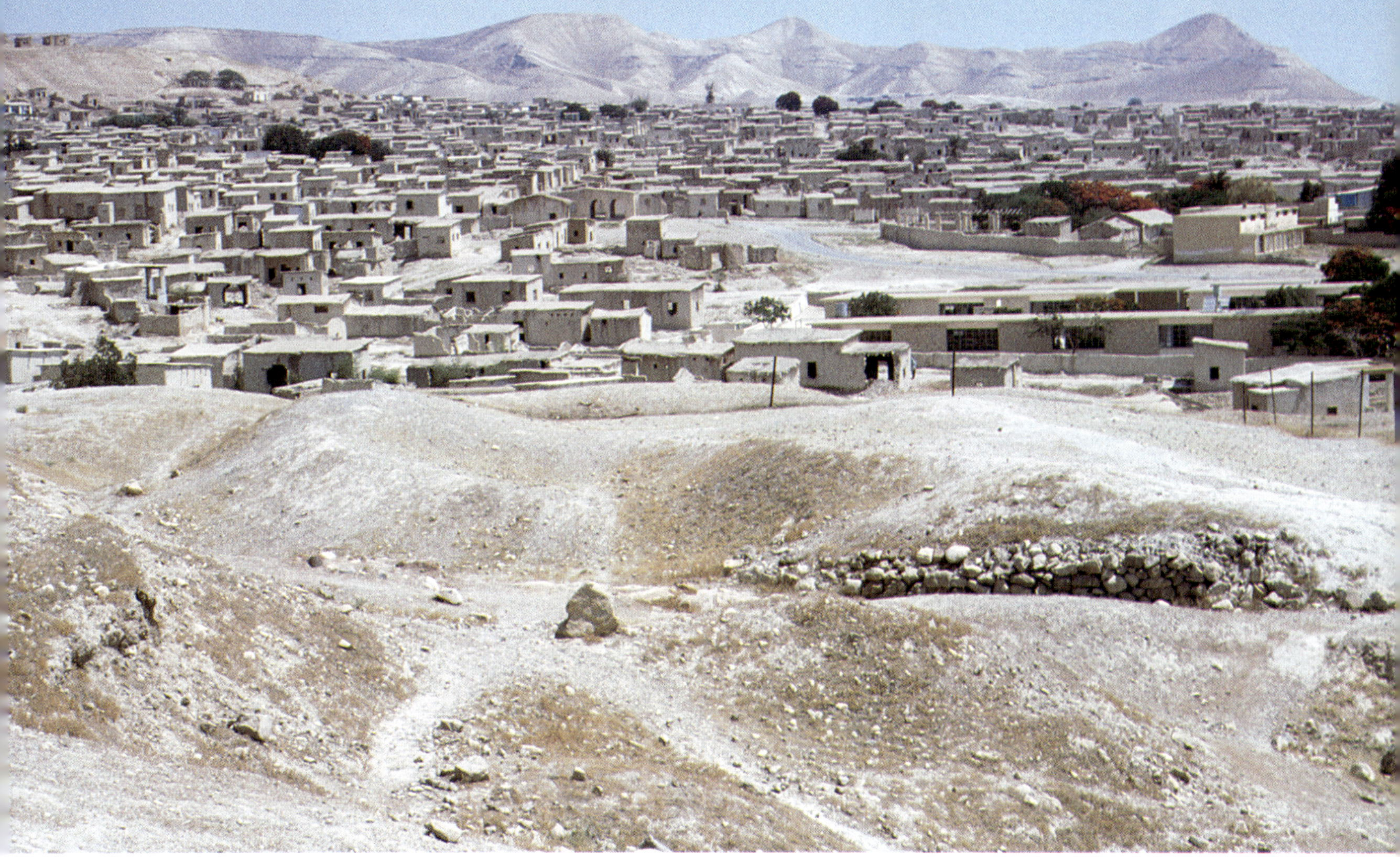

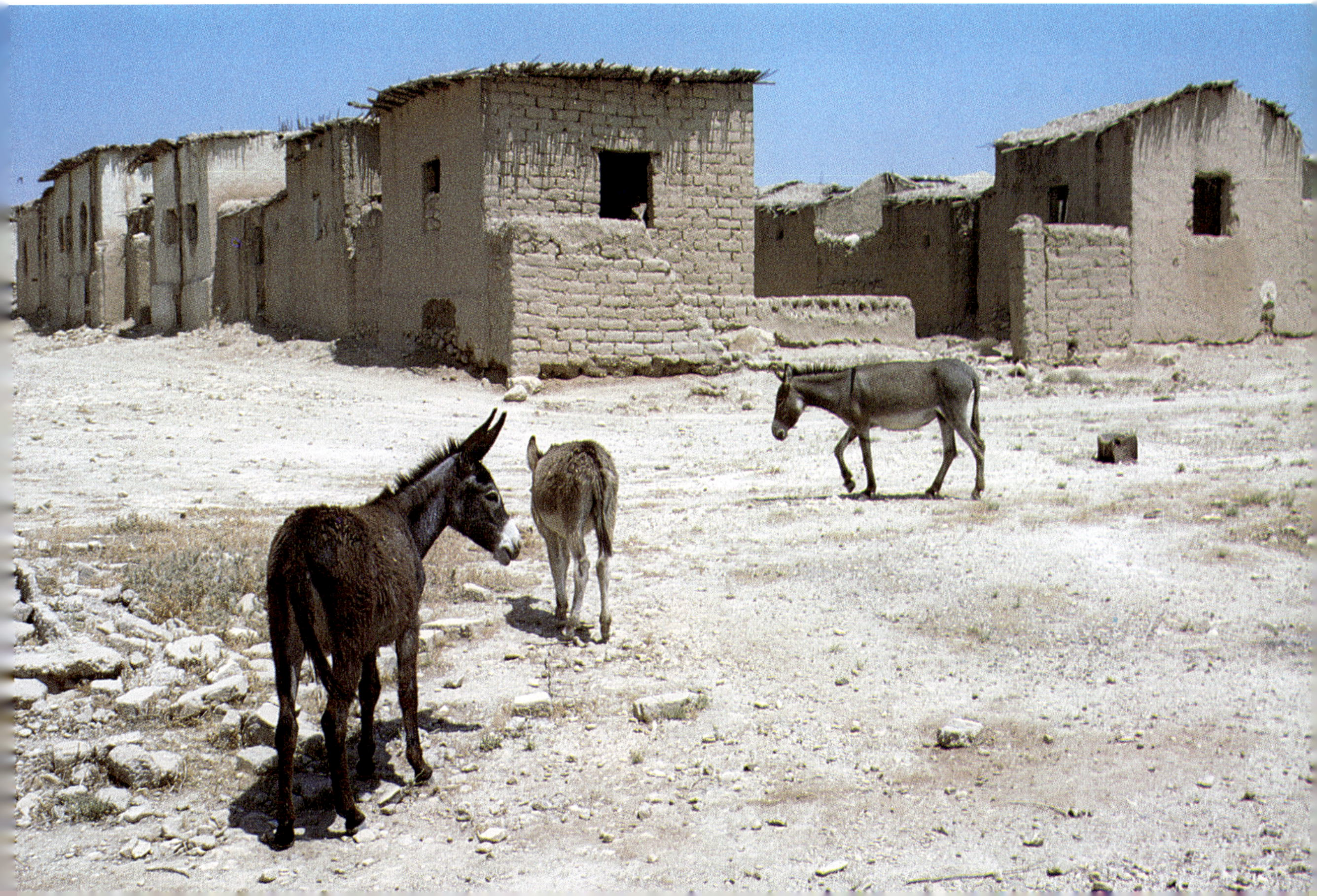

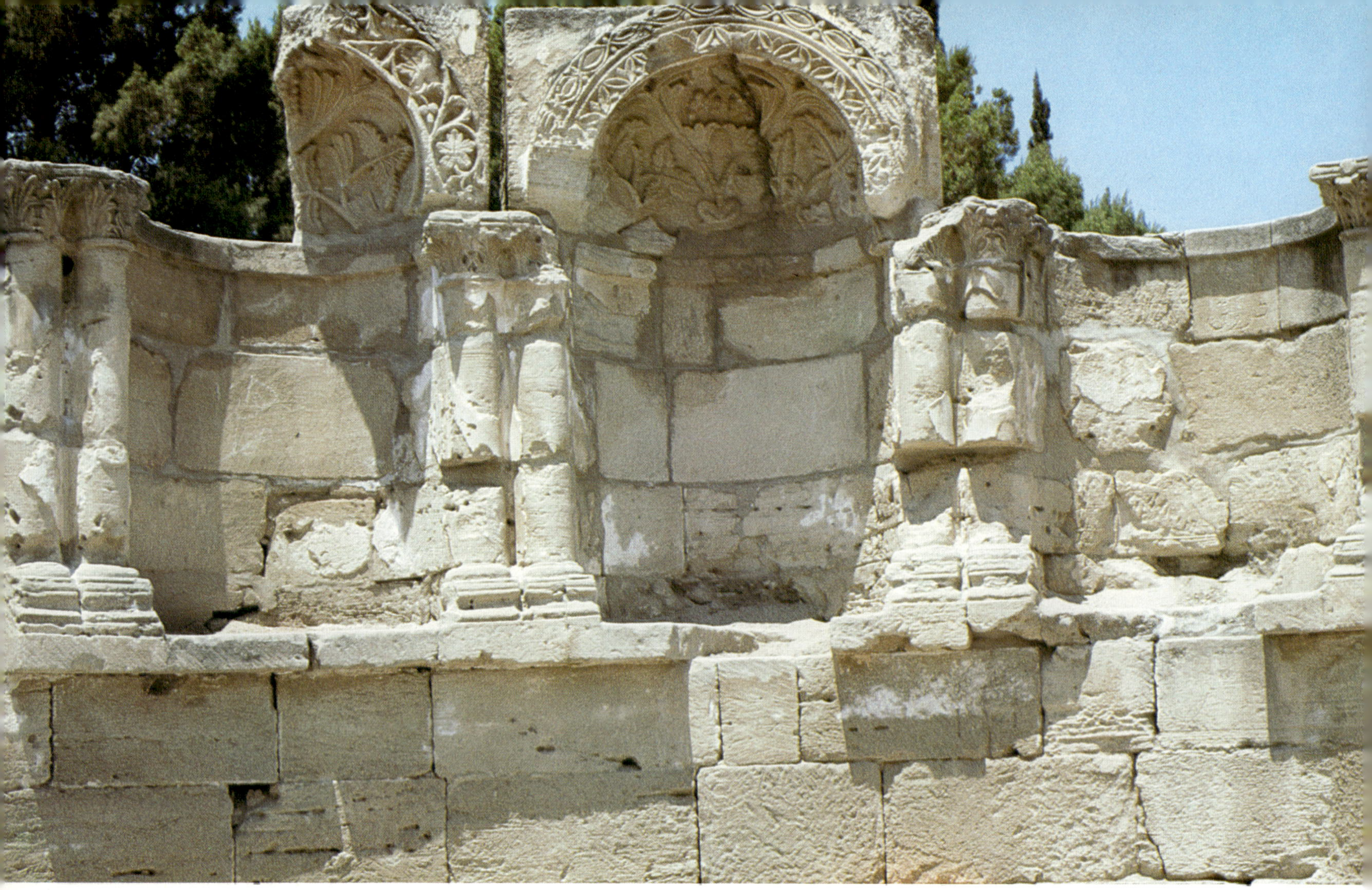

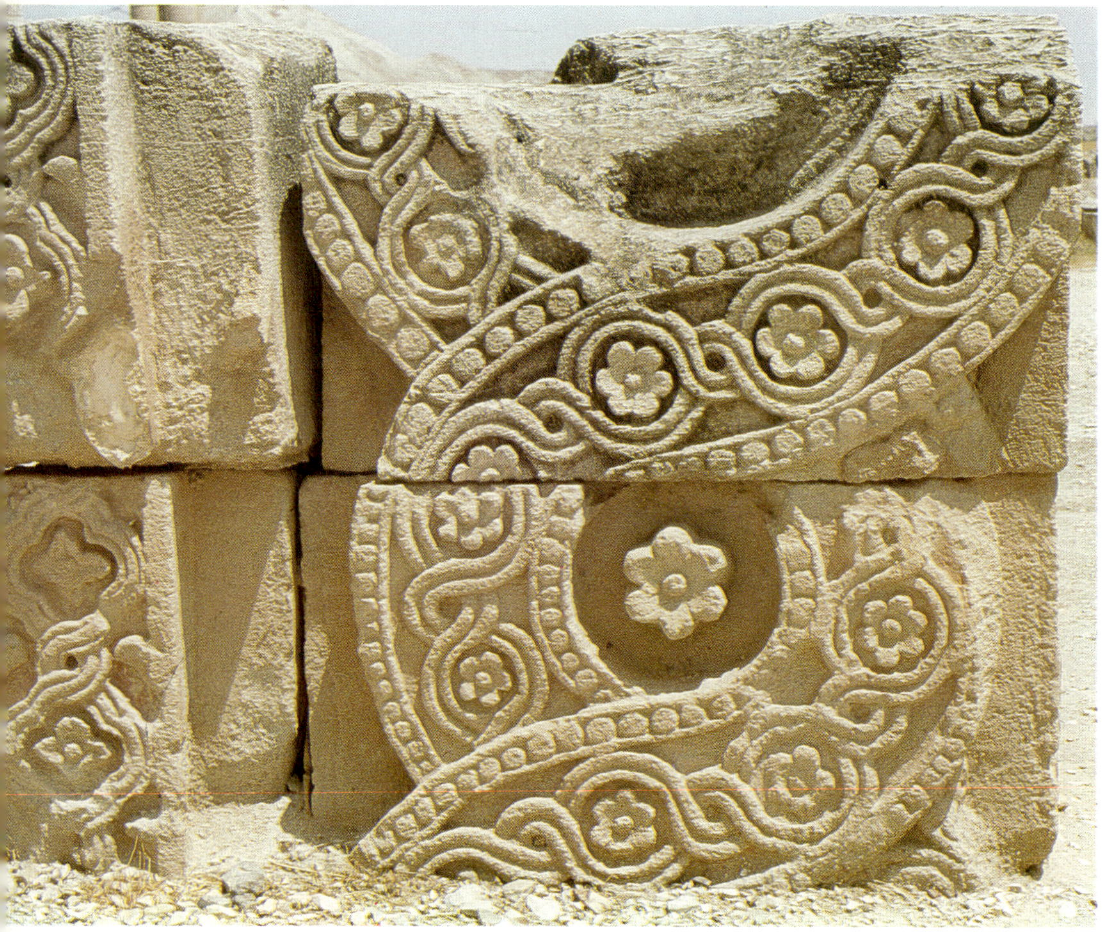

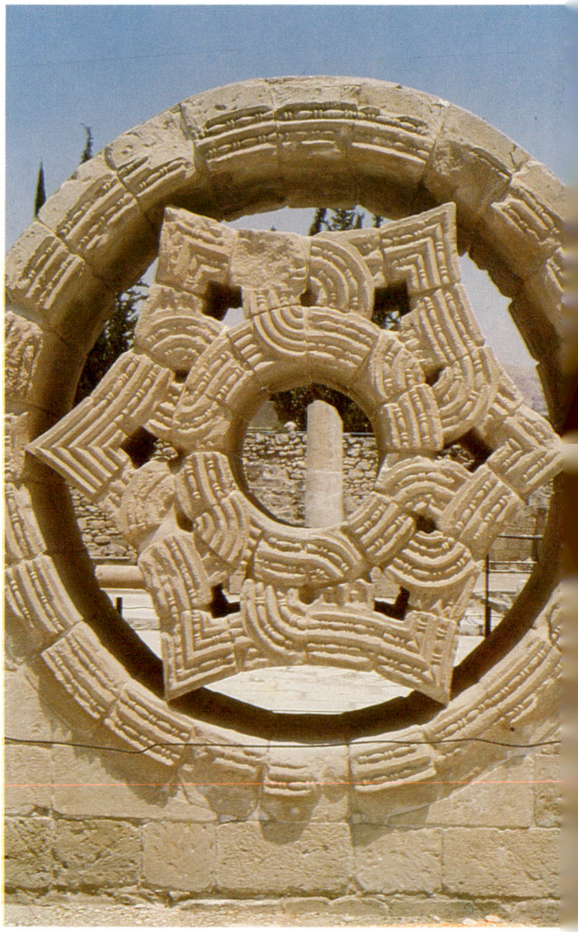

Der einst wohl sehr prächtige Palast Khirbat al-Mafjar nahe Jericho, der 724 n. Chr. entstand, wird dem Kalifen Hisham aus der Omajjadendynastie zugeschrieben. Der Palast sollte als Winterresidenz der Kalifen dienen, die ihre Hauptstadt Damaskus in Syrien mit dem milden Klima Jerichos wechseln wollten – er wurde aber nie vollendet, ein Erdbeben im Jahr 747 zerstörte ihn weitgehend. Mit der Restaurierung der gesamten Anlage wurde vor einigen Jahren begonnen.

LINKS OBEN: Auf einer der Anhöhen der Judäischen Wüste liegt Nebi Mussa, moslemischer Tradition nach der Grabplatz des Moses. Der stattliche Bau wurde im 13. Jahrhundert errichtet.

LINKS UNTEN: Beduinen wandern in der kargen Einöde der Berge oftmals bis nahe an die Ebene von Jericho heran.

RECHTS OBEN: Die weißen Kalkketten der Judäischen Wüste dienten Johannes dem Täufer als Ort der Predigt, bevor er den Jordan erreichte. Der Evangelist Matthäus schreibt: „Und er trug Kleidung aus Kamelhaar und einen Ledergürtel um die Hüfte, und seine Nahrung waren Heuschrecken und wilder Honig."

RECHTS UNTEN: Das „Gasthaus zum guten Samariter" soll Bezug zu einem Gleichnis Jesu haben, das von dem beraubten und von einem Samariter gepflegten Mann berichtet.

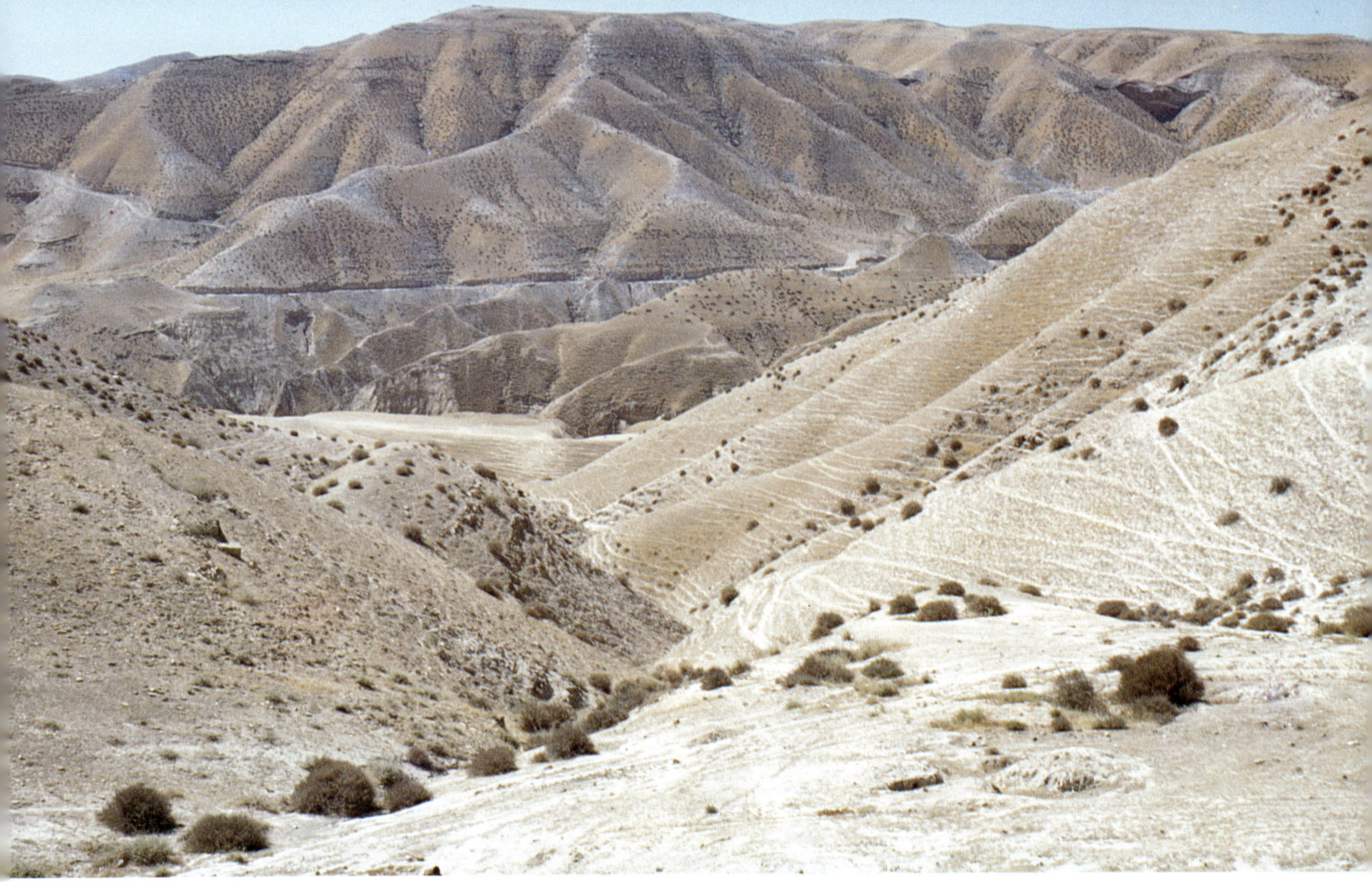

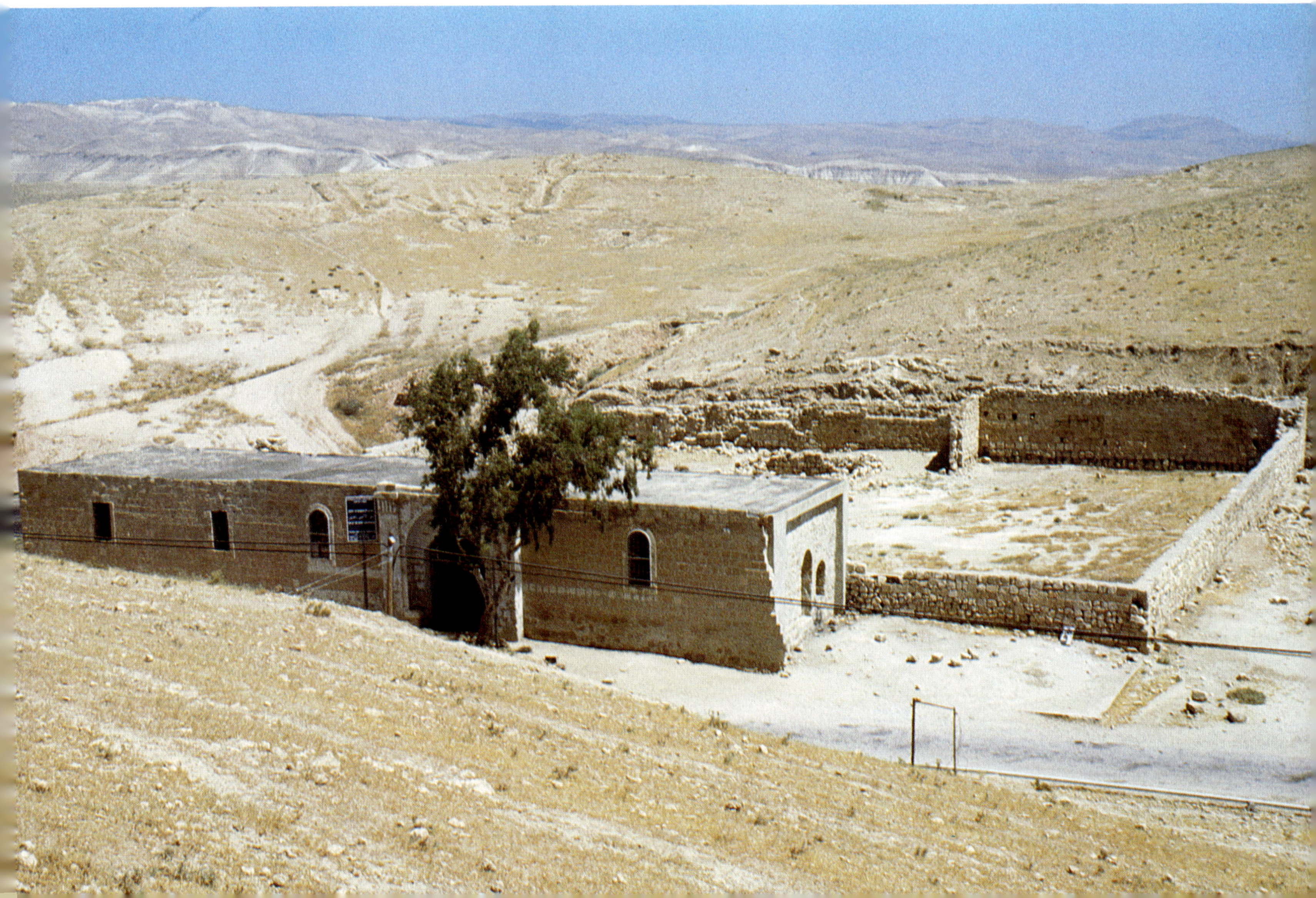

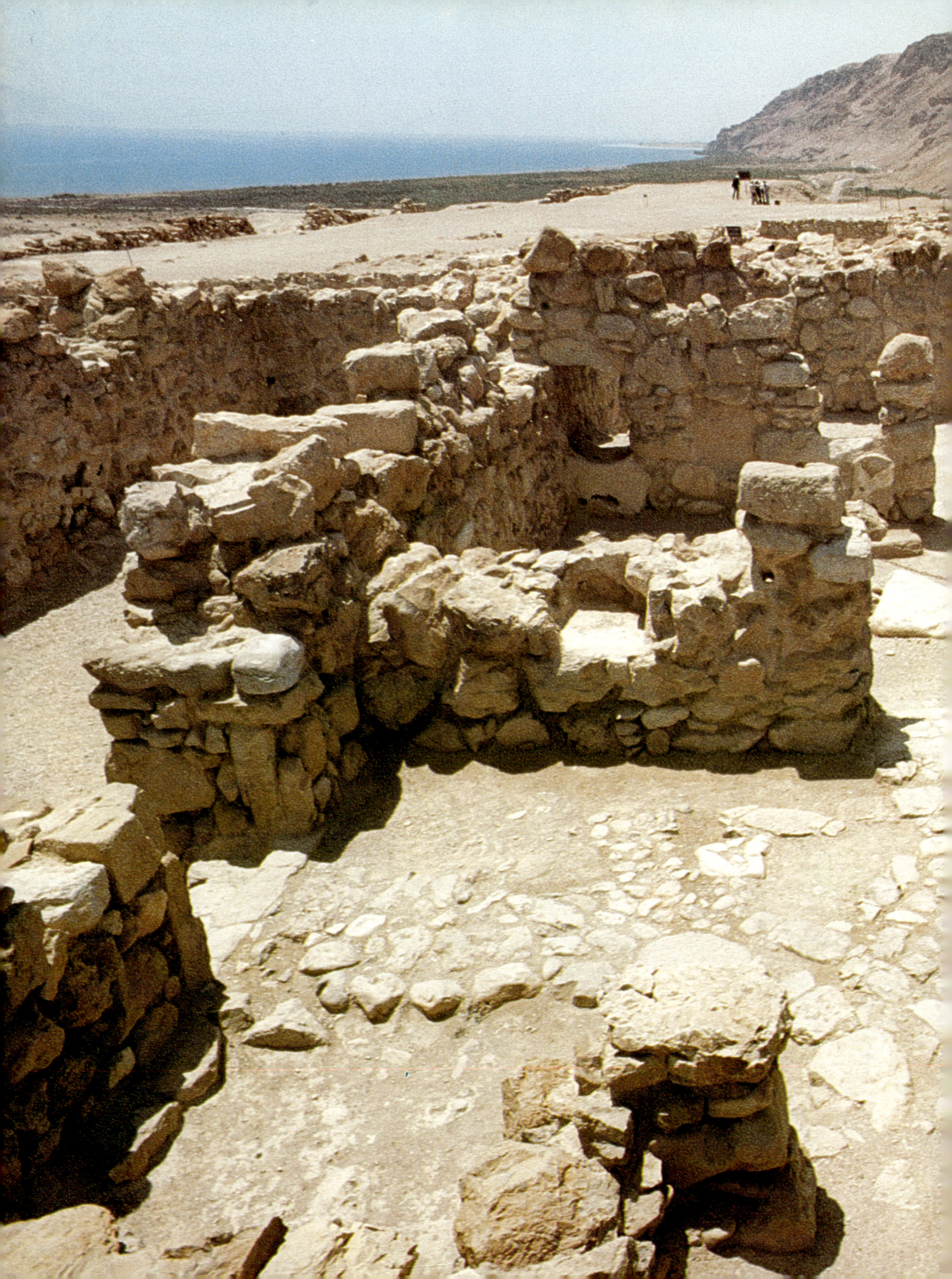

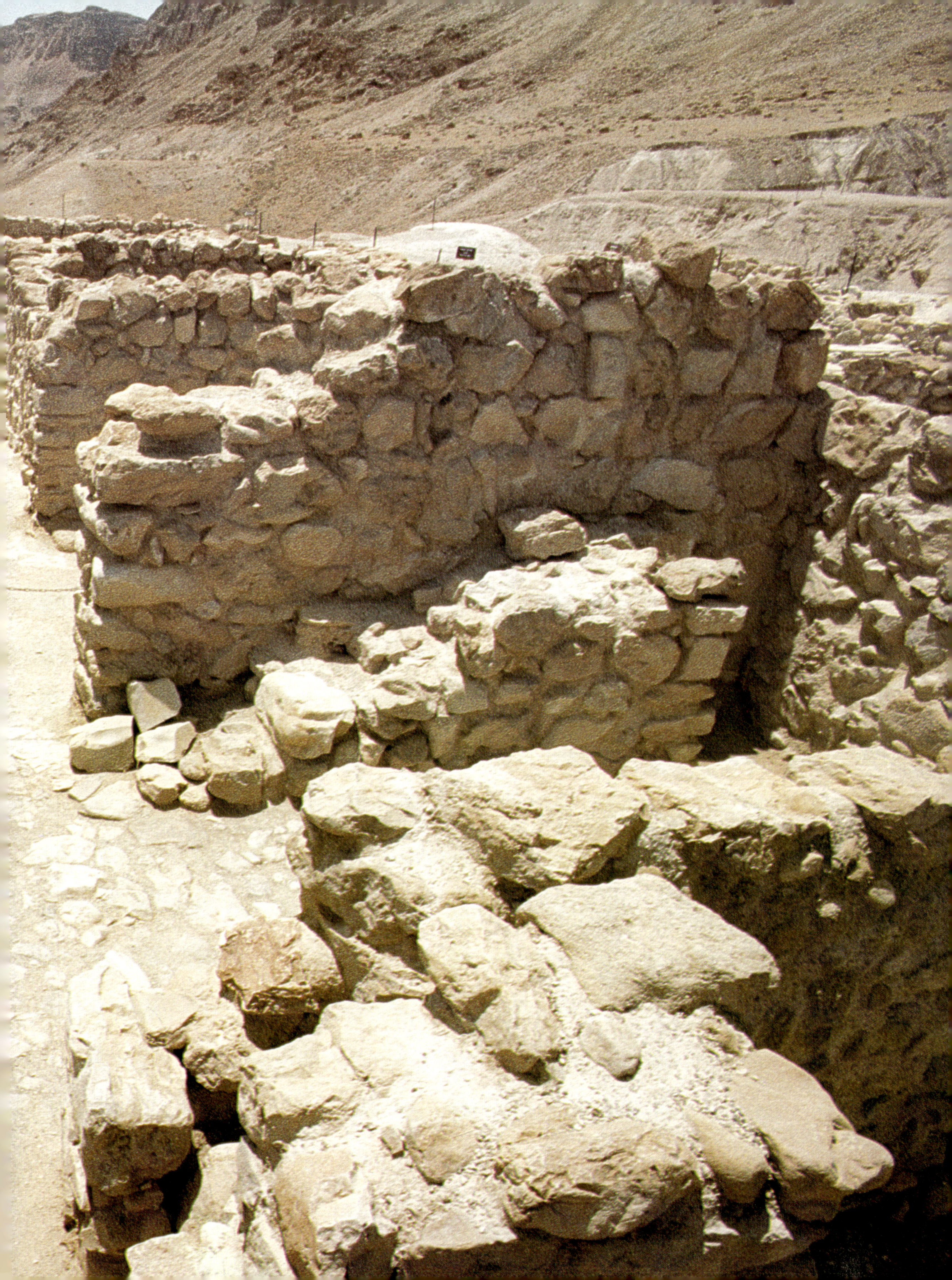

בור מים
CISTERN

בור מים
CISTERN

VORHERGEHENDE DOPPELSEITE: Im Kloster von Qumran, dem ältesten Kloster der Welt, lebte seit etwa 150 v. Chr. die aus Jerusalem geflüchtete jüdische Sekte der Essener, die vom orthodoxen Judentum verfolgt wurde. Es gibt Theorien, denen zufolge Christus Essener war.
LINKS: Das Kloster war gut ausgestattet mit Zisternen und Vorratslagern; es gab eine Töpferwerkstatt, einen Schreibraum und etliche Versammlungsräume.
RECHTS: Bevor das Kloster 68 n. Chr. von den römischen Truppen des Kaisers Vespasian zerstört wurde, gelang es den Essenern, ihre kostbaren Manuskripte in Höhlen der umliegenden Berge zu verstecken. Diese „Schriftrollen vom Toten Meer" sollten erst 1947 gefunden werden.

Die Schlucht von En David soll dem Hirten David Zuflucht vor König Saul geboten haben, der ihn mit 3.000 Mann verfolgte. Aus solch biblischem Anlaß ist in dem Naturpark nahe En Gedi am Toten Meer der 185 m herabstürzende Wasserfall nach David benannt – und auch der „Davidsapfel", der ausschließlich in Israel wächst.

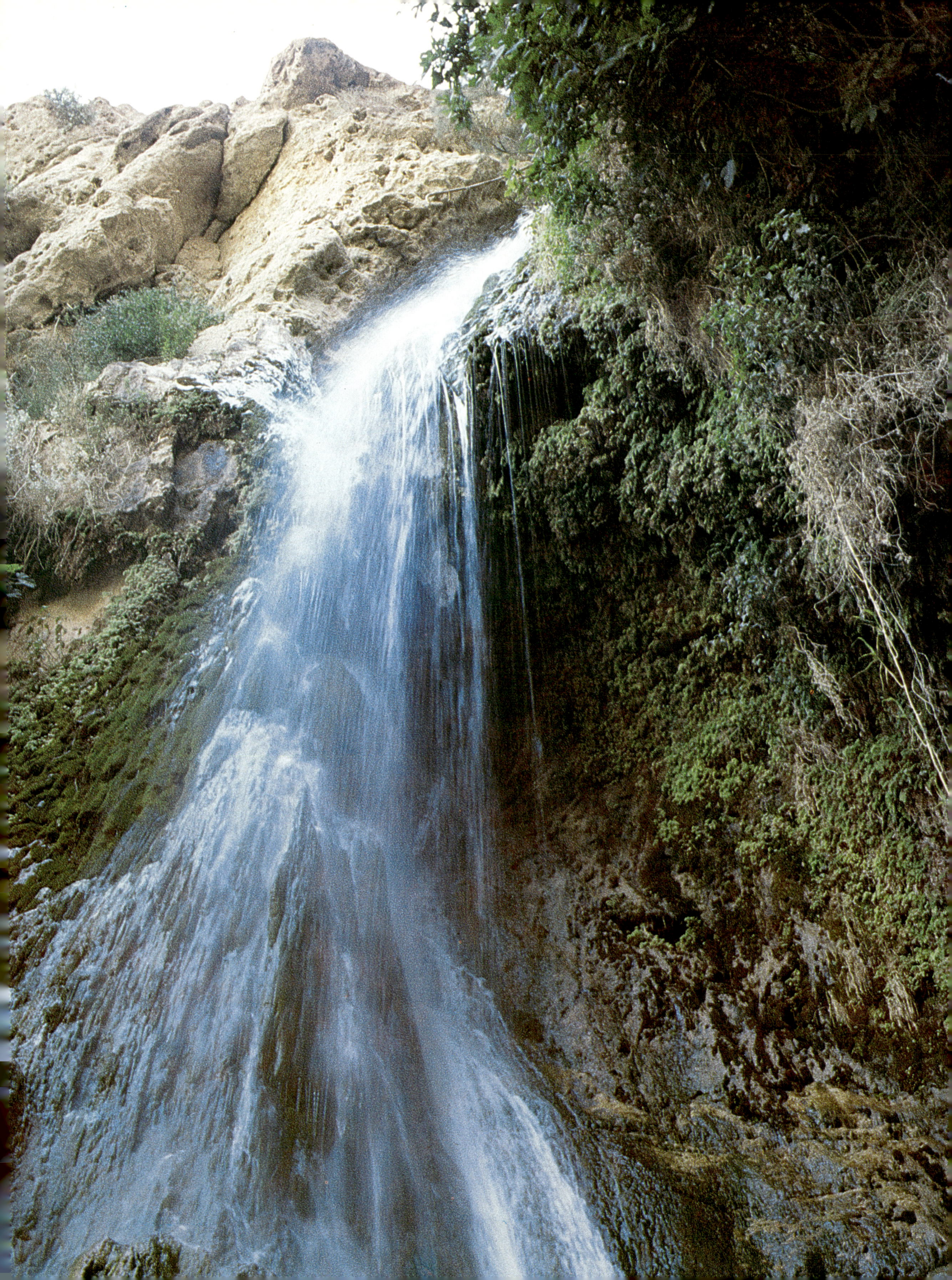

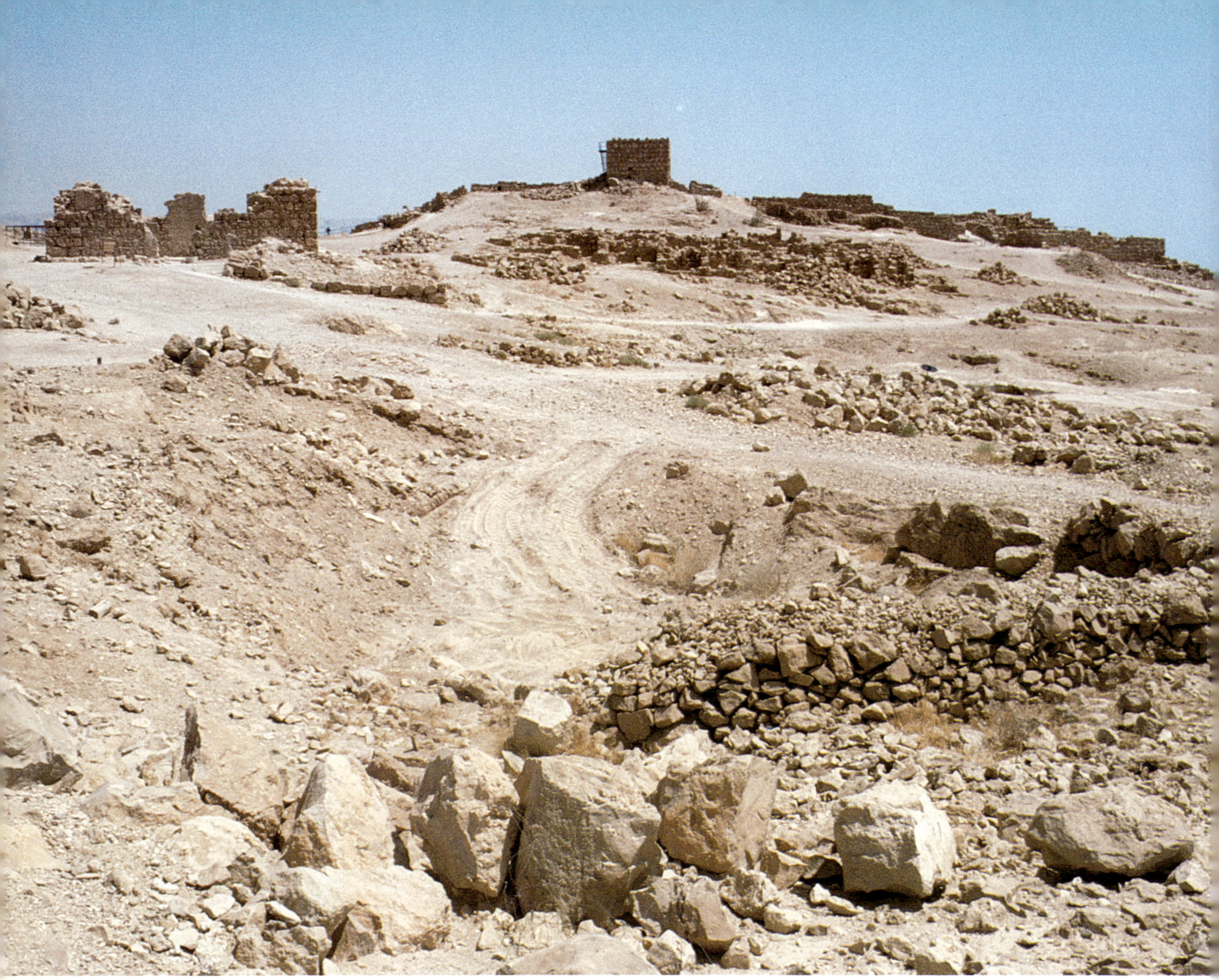
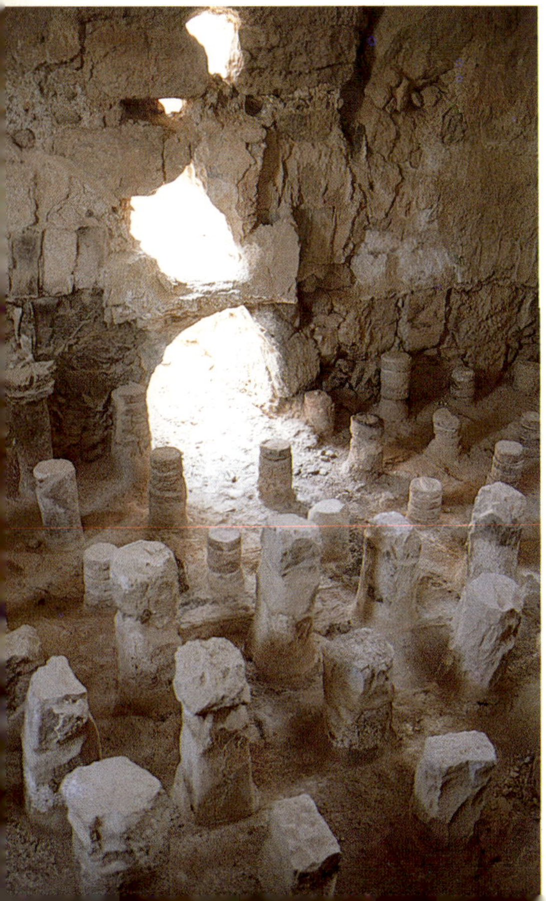
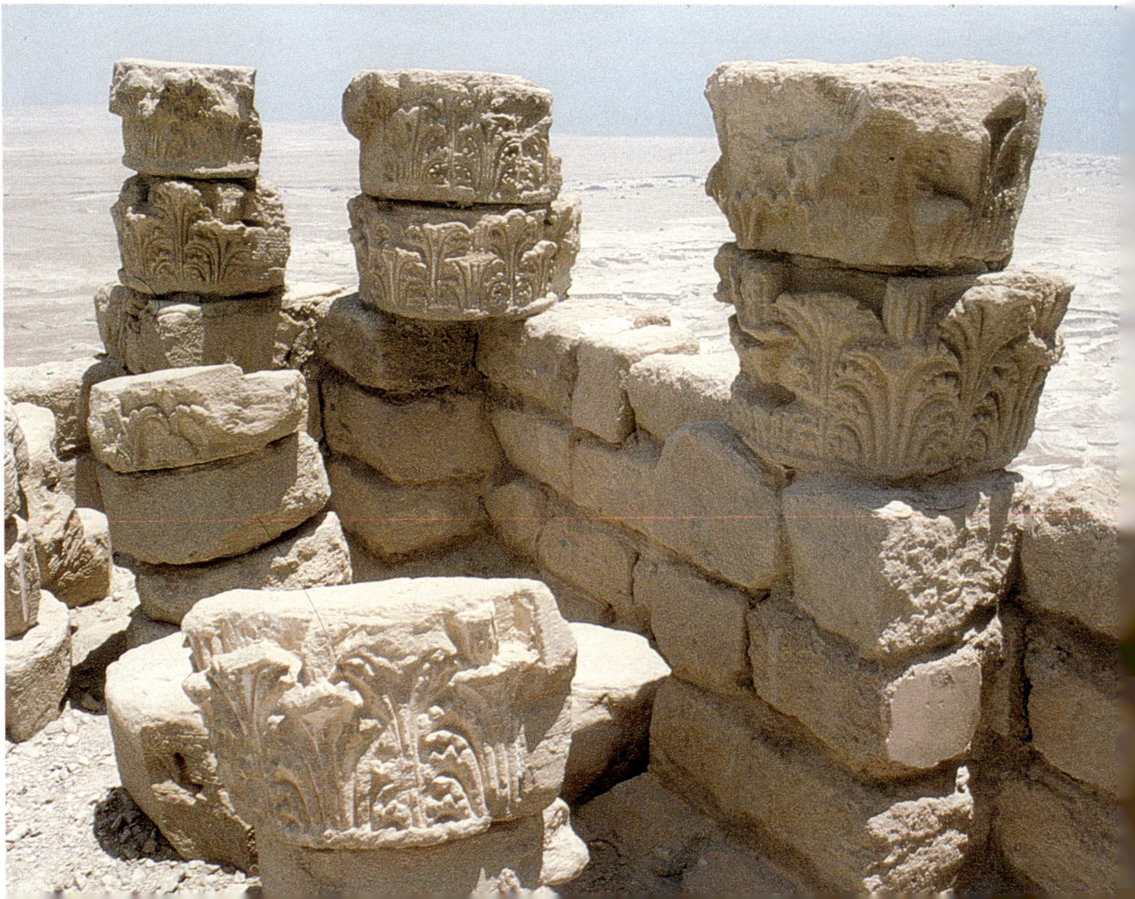

Die Festung Masada war 36 v. Chr. von Hohepriester Jonathan erbaut und später von König Herodes durch einen Palast ergänzt worden; um das Bergplateau in 434 m Höhe nötigenfalls gut verteidigen zu können, wurde um den ganzen Gipfel herum eine Steinmauer errichtet, fast 2,5 m hoch und 1,5 m breit, ausgestattet mit 38 Türmen von je etwa 10 m Höhe; Zisternen und Vorratsschuppen waren angelegt. In diese sichere Felsenfestung zogen sich jüdische Aufständische zurück – doch die Römer belagerten sie über ein Jahr lang. Als die Römer schließlich 73 n. Chr. die Festung bezwangen, ergaben sich die Juden nicht – sie hatten den Freitod gewählt.

FOLGENDE SEITE: Das Bergplateau von Masada ist zum Symbol des unbedingten Willens zum Überleben im modernen Staat Israel geworden. Elitetruppen schwören hier: „Masada soll nie mehr fallen!"

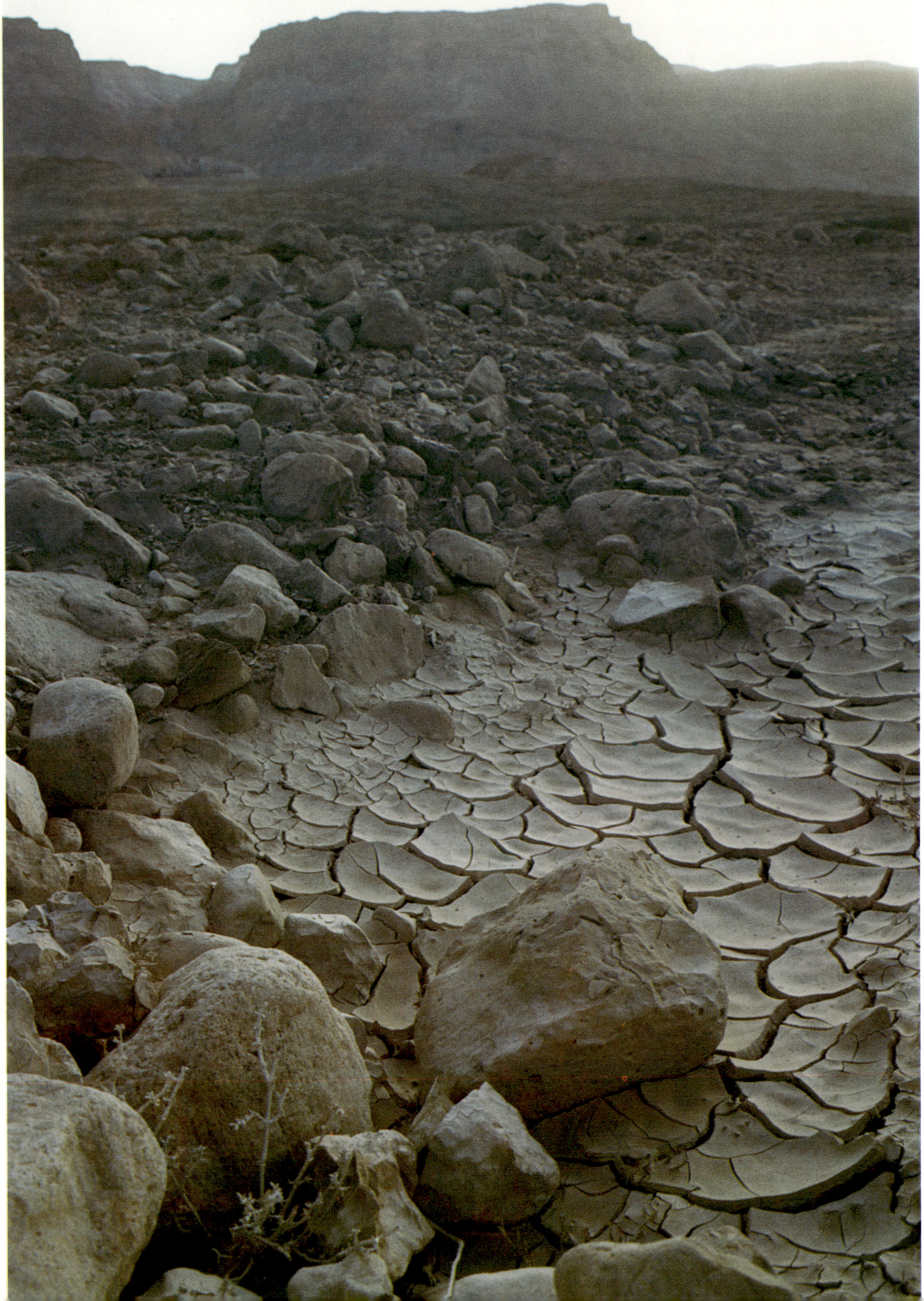

Akko, das Josua im 13. Jahrhundert v. Chr. ebenso vergeblich belagert hatte wie Napoleon Bonaparte im Jahre 1799 n. Chr., ist wohl der eindruckvollste Ort, in dem man sich jener Zeit besinnen kann. Einer Zeit, die noch für viele mit der Romantik edlen Rittertums verknüpft ist: sie hat ja auch aus dem sehr realistischen politischen Streit zwischen Leopold von Österreich und Richard Löwenherz samt anschließender Gefangennahme des englischen Königs und saftiger Lösegeldzahlung die rührende Geschichte vom treuen Sänger Blondel gemacht, der seinen königlichen Herrn suchte und ihn dank seines edlen Gesangs auf der Festung Dürnstein auch wiederfand. Wer solches erwartet, mag in die Atmosphäre der Krypta der Johanniter, dem gut erhaltenen Kapitelsaal, eintauchen oder die erst in den letzten Jahren freigelegten riesigen Spitzbogengewölbe durchwandern, über denen die türkische Zitadelle des Ahmed Jezzar, des „Schlächters", errichtet wurde.

Doch Akko ist ebenso eine typisch orientalische Stadt mit engen Gäßchen, Basaren und winzigen Läden. Mit einer Säulenkarawanserei aus dem 18. Jahrhundert, dem sehenswerten Museum, einem einstigen Dampfbad der Paschas, sowie der Ahmed Jezzar-Moschee, der bedeutendsten ihrer Art in Israel. Kaum anderswo kann man so deutlich die unüberbrückbaren Gegensätze zwischen den beiden Kultur- und Lebensformen ermessen, die während dieser zwei Jahrhunderte, und auf dem Boden einer dritten, unerbittlich aufeinanderprallten.

Im Jahre 1516 hatte die Herrschaft der Mameluken ein Ende: Die Türken eroberten Palästina, das von nun an nichts weiter als ein verlorener Landstrich am Rande der Welt war.

Aber die Juden, besonders jene in der Diaspora, hatten das Land der Verheißung niemals vergessen – selbst wenn nur wenige es erreichen konnten. Auch Safed (Tsefat) im Norden Israels war nur eine Kreuzritterstadt gewesen, aber im 16. und 17. Jahrhundert erlangte sie eine neue, unerwartete Bedeutung. Am Anfang ihrer Entwicklung stand eine Tragödie: Die Judenverfolgungen im katholischen Spanien hatten 1492 mit der Ausweisung aller, die sich nicht taufen ließen, ihren Höhepunkt erreicht, und so kam, als erste große Einwanderungswelle in Palästina, ein Teil der Sephardim nach Safed, das sich jetzt zum Zentrum jüdischer Mystik entwickelte. Schriftgelehrte und Kabbalisten wie der bedeutende Rabbi Itzhak Luria, genannt Ha'ari („Der Löwe") lebten und lehrten hier und sammelten Schüler um sich. Rabbi Joseph Caro verfaßte hier um 1555 den „Schulchan Aruch", einen systematisch geordneten, volkstümlichen Kodex der gesamten jüdischen Gesetze, der heute noch von den Orthodoxen anerkannt wird. Und Schlomo Alkabez schrieb in Safed das berühmte Lied von der Sabbatbraut, „Lecha Dodi", das von den Juden in der ganzen Welt am Sabbatabend gesungen wird.

Dieses malerische Bergnest in Obergaliläa, von dem aus man den schneebedeckten Berg Hermon und den See Genezareth überschauen kann, gilt als einer der heiligsten Orte der Juden. Noch heute scheint ein Hauch von religiöser Mystik über dem Städtchen zu liegen, auch wenn es dank seiner Lage längst zum beliebten Sommerkurort geworden ist, und das rührt wohl von den ehrwürdigen Synagogen her, die sich in den verwinkelten Altstadtgassen drängen: die Synagoge Hakel Tapuhin, deren Name „Apfelgärtchen" in der mystischen Überlieferung „Paradies" bedeutet, und in der ein „Stuhl des Propheten Elias" steht. Die Ha'ari-Synagoge der Sephardim – der aus Spanien und Portugal vertriebenen Juden –, in der der verehrte Ha'ari zu beten pflegte; die Ha'ari-Synagoge der Aschkenasim – der deutschen Juden, die nach Osteuropa ausgewandert waren und ihr Jiddisch beibehalten hatten –, zu der Ha'ari am Vorabend des Sabbat pilgerte, um den heiligen siebenten Tag der Woche, den er mit einer geliebten Königin verglich, zu begrüßen. Nach Rabbi Yossi Bennea wurde die Bennea-Synagoge benannt – von ihm stammt die Lehre von der Erschaffung der Erde: „Der Allerheiligste, Er sei gelobt, nahm Staub unter dem Ruhmesthron hervor und warf ihn ins Wasser, und es wurde Land, und die Kiesel wurden Hügel und Berge". Und auf den beiden Friedhöfen auf dem Steilhang gegenüber der Stadt ruhen die berühmten Gelehrten und Kabbalisten von Ha'ari bis Alsheich (gestorben 1600), dem eine bekannte Auslegung der Thora zu verdanken ist, direkt neben den Helden des Befreiungskriegs, die im englischen Gefängnis von Akko ihr Leben ließen.

Von sehnsüchtigen oder abenteuernden Pilgern abgesehen wurde Palästina, dieses abgelegene, von habgierigen Paschas und anderen lokalen Würdenträgern ausgesogene Land, mehr und mehr vergessen. Erst Napoleon, der während seines ägyptischen Abenteuers 1798–1801 auch gegen Akko vorzustoßen versuchte und den Juden die Errichtung ihres alten Königreichs versprach, brachte den Europäern das Land ihrer Bibel wieder in Erinnerung. Freilich, ihr Interesse war eher politischer Natur: man wollte sich im kranken Ottomanischen Reich gewisse Vorrechte sichern, Handelsstützpunke einrichten, um jeweils einander zuvorzukommen. Der deutsche Kaiser ließ ein Spital bauen, der russische Zar finanzierte eine Kirche und ein Pilgerheim; Deutsche, Amerikaner und Griechen begannen Wohnviertel zu errichten, und Pius IX. ließ das Lateinische Patriarchat von Jerusalem, das es 400 Jahre nicht mehr gegeben hatte, wieder aufleben. 1869 wurde der Suezkanal eröffnet, und ein immer zäheres Ringen um Einflußsphären im Nahen Osten setzte ein.

Die Juden, um die es dabei erst in zweiter Linie ging, begannen jetzt aber auch sich selber zu helfen: Moses Montefiore, ein jüdischer Philanthrop aus Livorno, startete von 1855 an großangelegte Hilfsaktionen für verfolgte und hungernde Juden in Palästina, Osteuropa und Nordafrika; er erwarb Grundstücke in Palästina und baute Armenhäuser und gewerbliche Betriebe. 1870 wurde die erste jüdische Landwirtschaftsschule gegründet, acht Jahre später die erste Siedlung. 1882 kamen nach heftigen Judenverfolgungen 25 Studenten aus Charkow ins Land – die erste zionistische Einwanderung (Aliya 1). Und Baron Rothschild

OBEN: Der Altar der Verkündigung in der Krypta der alten Verkündigungskirche in Nazareth.
RECHTS: Der Marienbrunnen in Nazareth liegt heute unmittelbar im Stadtgebiet und wurde aller romantischen Patina entblößt.

begann die Rückwanderungsbewegung tatkräftig zu fördern. Immer neue Aktionsgruppen wie die „Freunde Zions" und die „Arbeiter Zions" schlossen sich zusammen, und 1906 wurde die Partei „Poalei Zion", die heutige israelische Arbeiterpartei, gegründet. 1909 begannen jüdische Einwohner von Jaffa auf dem Dünenstrand im Norden Tel Aviv zu bauen, die erste Stadt der jüdischen Pioniere, die heute schon mehr als eine halbe Million Einwohner hat. Im gleichem Jahr entstand die erste Gemeinschaftssiedlung „Degania", ein Vorläufer der großen Kibbuzbewegung, des ersten kollektivistischen Experiments, das auch Erfolg hatte.

Die Kibbuzim – deren erster, „En Harod", seit 1920 im östlichen Jezreel-Tal existiert – sind gleichsam zum Wahrzeichen des neuen Israel geworden: kleine ländliche Siedlungen mit einfachen Wohneinheiten, in denen von der Organisation der Landwirtschaft bis zur Kindererziehung alles von der Gemeinschaft bestimmt und verantwortet wird. Es gibt keinen Privatbesitz, jeder wird entsprechend seinen Fähigkeiten eingesetzt und bekommt zugeteilt, was er zum Leben braucht. Dazu kommt, daß diese bäuerlichen Siedlungen ein reges Kulturleben entfalteten, Studienbibliotheken zur Weiterbildung, Schulungskurse und künstlerische Veranstaltungen sind die Regel. Mit den Jahren entstanden verschiedene neue Varianten dieses Urmodells, mehr oder weniger religiöse Gemeinschaften, deren Mitglieder immer mehr individuelle Freiheiten einge-

LINKS: Blick vom einstigen Kastell der Stadt Safed, dem Zentrum jüdischer Mystik, auf das ferne Tiberias und den See Genezareth.
OBEN: Tiberias erlebte im 16. Jahrhundert eine Blüte durch die aus Spanien geflohenen Juden, wurde 1837 aber durch ein Erdbeben schwer getroffen.

räumt bekamen. Privateigentum wird nun bis zu einer gewissen Grenze erlaubt, die Kinder sind nur tagsüber von den Eltern getrennt. Auch übernahm der Kibbuz neue Aufgaben dazu, Gewerbebetriebe schlossen sich an, Touristen werden gegen Entgelt in Gästehäusern aufgenommen. In der traditionsreichen Oase En Gedi am Toten Meer finden sogar Patienten, denen die Hotelsanatorien zu kostspielig sind, eine preiswerte Kurmöglichkeit unter ärztlicher Betreuung. Die Juden, die Jahrhunderte lang, vielfach auch noch in Ghettos gesperrt, keinerlei Grundbesitz haben durften und sich auf bestimmte, zumeist verachtete Berufe beschränken mußten, durften nun zur „Scholle" zurückkehren, durften als Bauern, Arbeiter, Handwerker ein freies Leben in natürlichen gesellschaftlichen Strukturen führen.

Der Mann, der all diesen Bestrebungen die ideologische Grundlage gab, war der Wiener Journalist Theodor Herzl. Er war es, der unter dem Eindruck der Dreyfus-Affäre in Frankreich sowie der blutigen Judenverfolgungen in Osteuropa vom „Judenstaat" ganz konkret zu träumen begann, 1897 den ersten Zionistenkongreß in Basel einberief und damit den „Zionismus" begründete – eine scheinbar absurde und undurchführbare Bewegung von weltgeschichtlicher Bedeutung, die aus der messianischen Zionssehnsucht der Juden eine realpolitische machte. Eine logische Reaktion auf die angesichts des latenten Antisemitismus vergeblichen Versuche des Judentums, sich zu emanzipieren. Sie wurde auch oft genug angefeindet – und wird selbst heute noch von etablierten und assimilierten Juden sehr mißtrauisch betrachtet, von den jüdischen Massen aber mit Enthusiasmus begrüßt. „In Basel habe ich den Judenstaat gegründet", schrieb Herzl nach dem ersten Kongreß in sein Tagebuch. „Wenn ich das heute laut sagen würde, würde mir ein universelles Gelächter antworten. Vielleicht in fünf, jedenfalls in fünfzig Jahren wird es jeder einsehen." Herzl sollte Recht bekommen. Fünfzig Jahre später, am 29. November 1947, beschloß die UNO die Errichtung eines jüdischen Staates.
Es war ein harter Weg bis dahin, der viel Blut, Schweiß und Tränen kostete. Der erste Weltkrieg machte zwar der quälenden Türkenherrschaft endlich ein Ende, und 1917 marschierte der englische General Allenby in Jerusalem ein. Die berühmte Deklaration des englischen Außenministers Lord Balfour gestand dem jüdischen Volk in Palästina die Errichtung einer nationalen Heimstätte zu, und die Engländer bekamen 1922 vom Völkerbund das Mandat über Palästina übertragen. Die Juden Palästinas erhielten eine gewisse Selbstverwaltung eingeräumt und bauten sich eine soziale und wirtschaftliche Infrastruktur auf, um für die vielen, die Hunderttausende Einwanderer, die in den Jahren zwischen den beiden Kriegen aus Ost und West hereinströmen sollten, halbwegs gerüstet zu sein. Aber gerade diese Einwanderer waren es, die die schon bestehende Kluft zwischen Arabern und Juden zur unversöhnlichen Feindschaft

Banias wird überragt von der Anhöhe, auf der die Kreuzfahrer im 12. Jahrhundert eine Burg errichtet hatten. Die Sage allerdings schreibt diese Burg bereits dem biblischen Helden Nimrod zu, dem „gewaltigen Jäger vor dem Herrn".

machte. Und sie kamen in immer größerer Zahl: 37.000 zwischen 1914 und 1925, 345.000 bis 1940. In dem 1948 proklamierten Staat Israel lebten bereits 650.000 Juden, das sind dreizehnmal so viel wie um die Jahrhundertwende. Aber auch durch die großzügigen Landkäufe der Juden und deren Dynamik fühlten sich die Araber immer mehr zurückgedrängt. Die Mentalitätsunterschiede waren wohl schon von Anfang an so groß, daß Kenner der Situation Schlimmes befürchten mußten.

1929 kam es zu pogromartigen Zwischenfällen im ganzen Land, besonders in Jerusalem, Hebron und Safed. Die „Jewish Agency of Palestine", die Vertretung der zionistischen Weltorganisation in Palästina, die den Kontakt zur britischen Mandatsregierung hielt, wurde als Weltverschwörung des Judentums angeprangert, und der Führer der arabischen Nationalisten, der Mufti von Jerusalem Amin El Husseini propagierte nichts anderes als den „Heiligen Krieg" gegen die Ungläubigen. 1936 brach ein regelrechter Aufstand der palästinensischen Araber aus, um einen unabhängigen arabischen Staat zu erzwingen, Generalstreiks, Überfälle auf jüdische Siedlungen und die Zerstörung von Plantagen, auch durch Guerillakämpfer aus Syrien und dem Irak, waren an der Tagesordnung. Die britische Besatzungsmacht war ohnmächtig, und die Regierung in London erklärte sich außerstande, ihre Mandatsverpflichtungen weiterhin zu erfüllen. Eine Kommission von Sachverständigen, die Peel-Kommission, schlug eine Teilung des Landes vor. In ihrem Bericht, der weder für die Juden noch für die Araber Partei nahm, heißt es u. a.: „Wir sind der Meinung, daß bis jetzt, im ganzen gesehen, der arabische Bauer sowohl von der Arbeit der britischen Verwaltung als auch von der Anwesenheit der Juden im Lande Nutzen gezogen hat. Die Löhne sind gestiegen, der Lebensstandard ist verbessert, die Straßen- und Bauarbeiten waren reichlich. In den Küstenebenen haben einige Araber verbesserte Anbaumethoden angenommen... Der arabische Einwand, die Juden besäßen einen zu großen Teil des guten Bodens, kann nicht aufrecht erhalten werden. Viel Boden, der jetzt Orangenpflanzungen trägt, bestand aus Sanddünen oder Sumpf oder war unbebaut, als man ihn kaufte. Obgleich heute im Licht der durch jüdische Energie und Unternehmung gewonnenen Erfahrung die Araber die Verkäufer denunzieren und die Bodenveräußerung bedauern möchten, lagen, wenigstens in der Zeit der früheren Verkäufe, wenig Beweise dafür vor, daß die Eigentümer die Mittel oder die Übung besaßen, die notwendig waren, um den Boden zu entwickeln."

Zwei Jahre später klang es allerdings anders. In dem von der britischen Regierung im Mai 1939 veröffentlichten „Weißbuch" war wieder von einem von Arabern und Juden gemeinsam regierten palästinensischen Staat die Rede, vor allem aber wurde die Einwanderung der Juden äußerst beschränkt und zudem noch vom Einverständnis der Araber abhängig gemacht. Das zu einem Zeitpunkt, als Hitler bereits sechs Jahre an der Macht war, als der Krieg vor der Tür stand und die ersten Konzentrationslager schon gebaut waren. Auf abenteuerlichen Umwegen kamen im Lauf des 2. Weltkriegs – auf gebrechlichen Schiffen und von der britischen Kriegsmarine gejagt – mehr als 20.000 Juden illegal nach Palästina. Wer gefaßt wurde, wurde interniert – und das zur gleichen Zeit, als 30.000 Juden aus Palästina freiwillig in den Reihen der alliierten Armeen kämpften. Die Araber standen auf seiten Hitlers.

Nach dem Krieg war das totale Ausmaß des Grauens in den Vernichtungslagern bekannt – dennoch blieb das Einwanderungsverbot weiter bestehen. Hunderttausende mußten, teils noch in österreichischen und deutschen DP-Lagern, warten, Dutzende Schiffe versuchten, oft vergeblich, illegale Einwanderer in Palästina an Land zu bringen. Das Schicksal der „Exodus" mit ihren 4500 Menschen, die nach erbittertem Kampf aufgebracht, in den Hafen von Haifa geschleppt und dann auf eine monatelange Irrfahrt nach Europa zurückgeschickt wurde, ist in der ganzen Welt bekannt.

Drei Jahre dauerte es noch, bis der Traum des jüdischen Volkes, das sechs Millionen Menschen verloren hatte, in Erfüllung gehen sollte. Erst 1947 legte England sein Mandat zurück, und die Vollversammlung der Vereinten Nationen akzeptierte die Teilung des Landes in einen jüdischen und einen arabischen Staat. Die Engländer verließen das Land – und der Kleinkrieg der Araber, die, von den angrenzenden arabischen Staaten massiv unterstützt, den Teilungsbeschluß ablehnten, wurde immer heftiger. Niemand gab den Juden eine Chance. Dennoch wurde am 14. Mai 1948 der Staat Israel feierlich proklamiert. Aber er war kaum einen Tag alt – und schon fielen reguläre Truppen aus Syrien, dem

LINKS: Die gewaltigen Bastionen von Akko, eine Erinnerung an die Kreuzzüge, hielten sogar Napoleons Truppen stand – 1799 hatte er Akko 60 Tage lang vergeblich belagert.
OBEN: Nachdem Akko nach dem Fall von Jerusalem die Hauptstadt der Ritterorden geworden war, fiel es 1291 in die Hand der Muselmanen, die im Herzen der Altstadt eine prächtige Moschee bauten.

RECHTS: Das Vorgebirge Karmel mit dem Eliaskloster. Noch zu Beginn des 19. Jahrhunderts standen hier bloß ein paar Häuschen – heute ist Haifa Israels größter Hafen und drittgrößte Stadt.

Irak, Jordanien, Ägypten und Saudiarabien über ihn her. „Das wird ein Ausrottungskrieg werden und ein furchtbares Massaker, von dem man reden wird wie von den Massakern der Mongolen und Kreuzfahrer", erklärte der Generalsekretär der Arabischen Liga, Azzam Pascha, in Kairo. Wieder einmal begann ein Kampf der Juden ums Überleben.

In den wenigen Jahrzehnten seit seiner Gründung ist aus der einstigen in sich zerrissenen Kolonialprovinz ein moderner Staat geworden. Auch wenn es gegen diese Entwicklung Widerstände gab wie nirgendwo sonst. Diese Staatswerdung war nur durch die starke Einwanderung überhaupt möglich – gerade die aber gab die größten Probleme auf. Die Einwanderer kamen aus mehr als sechzig Ländern von ganz unterschiedlichem kulturellen und sozialen Niveau. Sie waren von völlig verschiedenen Traditionen und Lebensgewohnheiten geprägt, Arbeiter, Handwerker und Gewerbetreibende, Intellektuelle und Wissenschaftler, Sozialisten und Bürgerliche, Freigeister und streng Religiöse. Sie kamen aus Bulgarien, Rumänien, Jugoslawien und der Tschechoslowakei, aus Polen und dem Irak, aus Amerika und aus den Lagern Deutschlands. Sie kamen aus Tunis und aus Algerien, als es für sie keinen Schutz mehr durch die Franzosen gab, sie kamen nach dem Suezkrieg aus Ägypten. Menschen aus Zeltdörfern und aus der Großstadt, jemenitische Analphabeten und Akademiker aus der westlichen Zivilisation mußten mit gänzlich fremden Bedingungen

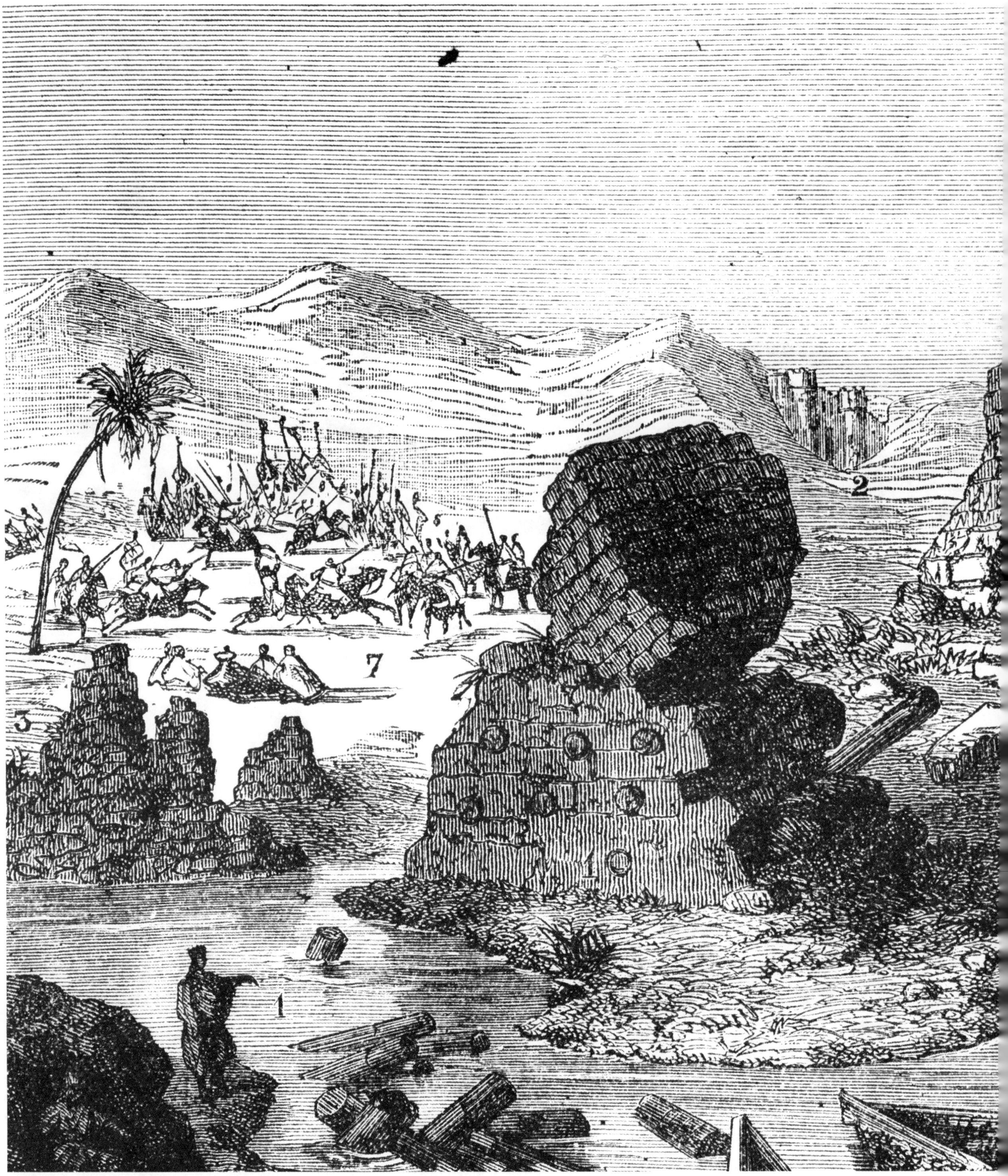
2
7
3
1
1

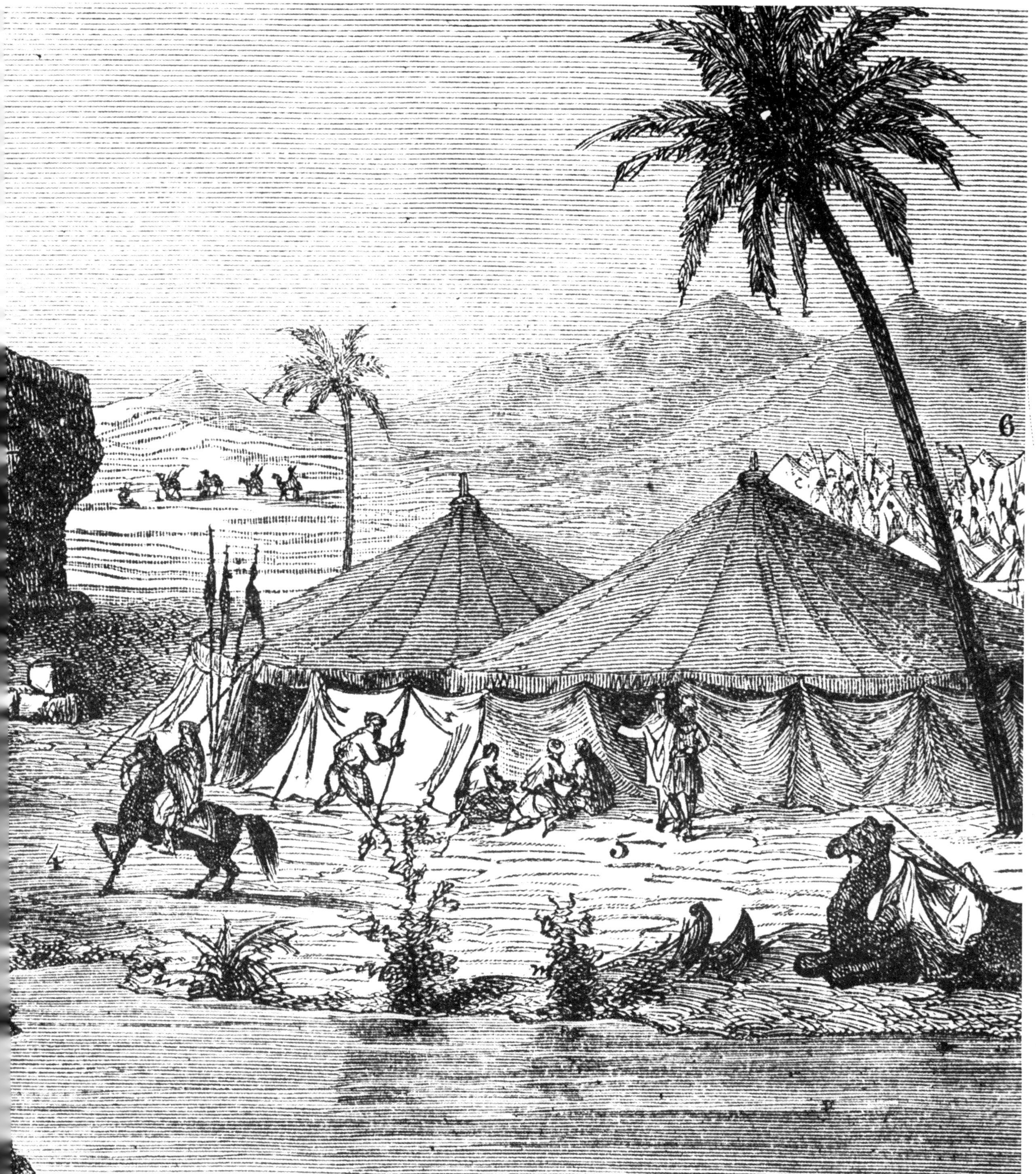
6
5

fertig werden, mit einem ungewohnten Klima, mit Berufen, die oft völlig neu für sie waren.

Ein geflügeltes Wort sagte, Amerika sei ein Schmelztiegel gewesen, Israel sei ein Dampfkochtopf – und oft genug kam es in diesem engen Topf zu heftigen Konflikten zwischen einzelnen Gruppen mit völlig verschiedenen Lebensanschauungen, Wertvorstellungen und Zukunftserwartungen. Für viele wurde der Traum Israel zum Alptraum, zur bitteren Realität mit einem mitleidlosen Konkurrenzkampf und der dauernden Lebensbedrohung von außen. Für viele dauerte es Jahre, bis sie ihre Anpassungsschwierigkeiten überwunden und sich in ihre neue Umgebung halbwegs eingefügt hatten. Manchen gelang es nie. Immigranten aus der Sowjetunion traf es besonders hart, denn sie hatten zu allen Schwierigkeiten noch ein Sonderproblem: sie mußten erst lernen, sich in der neuen Freiheit zurechtzufinden.

Trotz aller Schwierigkeiten ging die Verschmelzung dieser vielen divergierenden Gruppen zu einem Staatsvolk überraschend schnell vor sich – wobei Schule und Militärdienst sich als der beste Weg zur sozialen Integration erwiesen. Zu einem Volk, das unter härtesten Belastungen einen Staat mit modernem Bildungssystem, Industrie und einer Landwirtschaft schuf, die heute schon mehr als 60 Prozent dieses einst so unfruchtbaren Landes nutzbar gemacht hat. Raffinierte Bewässerungsanlagen – so etwa die Ableitung von Jordanwasser durch ein Röhrensystem nach dem Süden, bevor es im salzigen Toten Meer verlorengeht – versorgen Hunderte von Kibbuzim, Moschavim (genossenschaftliche Siedlungen mit Pachtsystem) und Dörfer mit anderen Wirtschaftsformen von Nordgaliläa bis in die Gegend von Eilat mit Wasser. Der Bedarf der Bevölkerung an Nahrungsmitteln ist zu drei Viertel durch Eigenproduktion gedeckt, und auch die Exportzahlen, der Aufbau der Handelsflotte und der Luftfahrtgesellschaft EL-AL, die den größten Teil der Israel-Besucher in Lod oder Eilat absetzt, können sich sehen lassen.

VORHERGEHENDE DOPPELSEITE: Im Römischen Reich war Caesarea Provinzhauptstadt; nach dem Ende der Kreuzfahrerherrschaft zerstörten die Muselmanen die Stadt im Jahre 1291; erst gegen Ende des 19. Jahrhunderts sollten die Türken hier eine Moschee erbauen – bevor auch ihre Macht zerbrach.

Israel war schon immer ein begehrtes Reiseziel, und seit Jahrhunderten kamen Abenteurer, Kaufleute und Pilger ins Heilige Land, auf gebrechlichen Schiffen nach Jaffa oder mit der Kamelkarawane aus Ägypten durch die Wüste Negev. Von Seeräubern und Wegelagerern bedroht, von geldgierigen Dorfpotentaten ausgebeutet, nahmen sie Strapazen auf sich, die man sich heute kaum vorstellen kann. Nur sehr langsam besserten sich die Reisebedingungen, und die erste Kutsche von Jaffa kam erst im Jahre 1869 nach Jerusalem gefahren. Ihr Insasse war der österreichische Kaiser Franz Joseph auf Staatsbesuch.

Heute, hundert Jahre später, nehmen auf weitaus bequemere Art per Schiff und per Flugzeug Millionen die gleichen Routen, und das mit Recht. Denn kaum eine „Destination" hat eine solche Vielfalt an Erlebnismöglichkeiten anzubieten, eine so einmalige Kombination aus Historie, Religion und Urlaubsvergnügen.

RECHTS: Jaffa, das biblische Japho, wurde erst wieder ab 1840 von Juden besiedelt. Am wichtigsten aber sollte sein 1909 gegründeter Vorort werden: Tel Aviv, der „Frühlingshügel", ist heute die größte Stadt Israels und wirtschaftlicher Mittelpunkt des Staates.
FOLGENDE DOPPELSEITE: Jaffa gegen Ende des 19. Jahrhunderts.

Herrliche Strände mit Korallenbänken und einer zauberhaften Meeresfauna, eine vielfältige Landschaft von Palmen- und Olivenhainen über schroffe Felsformationen bis zu eindrucksvollen Sand- und Steinwüsten, die man per Safaribus oder im eigenen Wagen durchquert. Historische und religiöse Stätten, bemerkenswerte moderne Architektur sowie die Zeugnisse des einmaligen Experiments Israel: Bewässerungsanlagen, aus dem Boden gestampfte Städte und die landwirtschaftlichen Siedlungen, in denen man jederzeit ein willkommener Gast ist. Faszinierend die Mischung von noch mittelalterlichen Lebensformen und westlicher Modernität, von tiefer Religiosität und laizistischem Glauben an das technisch Machbare, die sich schon in der bunten Vielfalt der Kleidung zeigt. Ein zusätzlicher Genuß für den komfortgewohnten Touristen, daß er den ganzen Zauber des Orients zwischen Moscheen, Bethäusern und Basaren genießen darf, ohne auf Bequemlichkeit und körperliches Wohlbehagen verzichten zu müssen, auf modernste Hotels und ein gut ausgebautes Straßennetz, auf eine gut funktionierende Infrastruktur. Nicht zuletzt soll darauf hingewiesen werden: trotz aller Bedrängnis, die für dieses Land ein Dauerzustand ist, fühlt man sich als Gast anderswo kaum so sicher und geborgen. Theodor Herzls Forderung „Gestaltet euren Staat so, daß sich Fremde darin wohlfühlen!" scheint auf geheimnisvolle Weise Wirklichkeit geworden zu sein.
Dazu trägt sicher auch bei, daß der Israeli, der die Welt, in der seine Vorfahren lebten, noch im Blut hat, der geborene Gastgeber ist, ob als Reiseleiter, als Nachbar oder als einer, den man auf der Straße um eine Auskunft bittet. Stolz auf sein Land, das er mitgeschaffen hat, weist er seinen Gast mit oft überraschender Sachkenntnis auf all das hin, auf das er so stolz ist. Und jeder, der sich ein bißchen intensiver mit ihm beschäftigt, kann nachspüren, was von den tausenderlei oft schon zum Klischee gewordenen Attributen, die ihm seit je zuge-

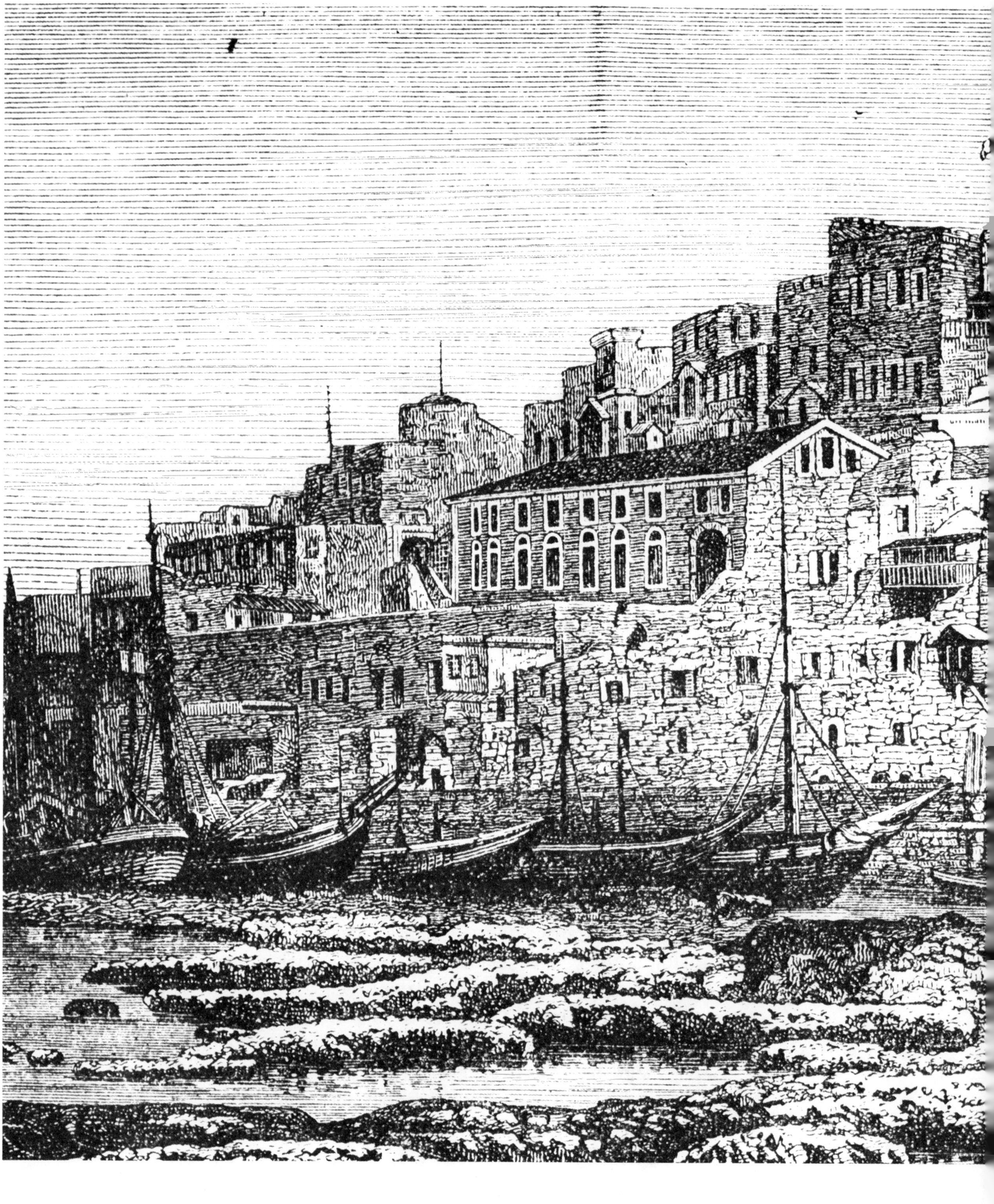

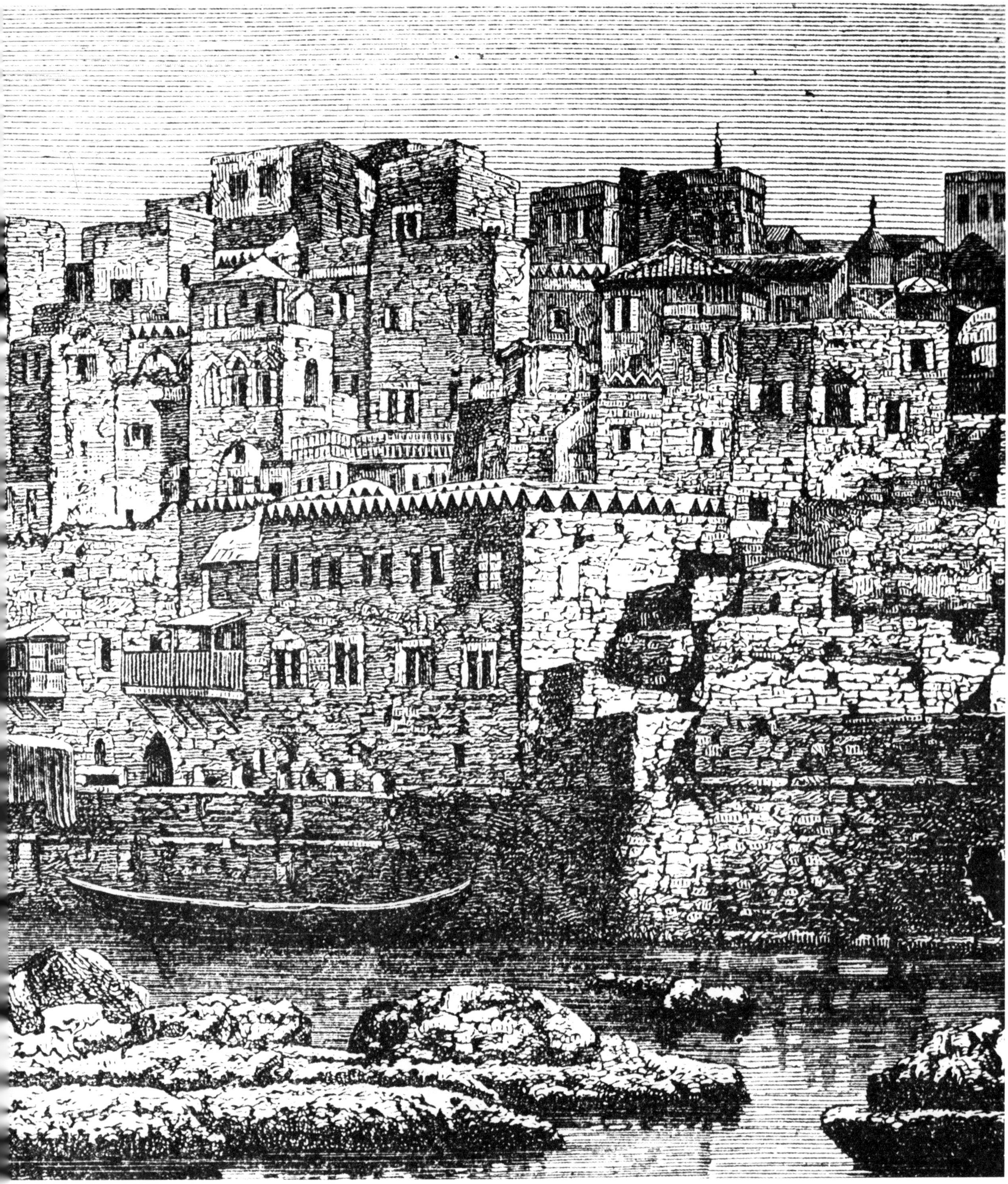

schrieben werden, in ihm Mensch geworden sein mag: der rückwärtsgewandte Traditionalist, der von der Erinnerung zehrt und der zukunftsorientierte Technokrat; der vom tragischen Schicksal seines Volkes Belastete und die militante Kämpfernatur. Der, der seinen Boden ohne jede falsche Romantik, rein auf Nutzen hin, gebraucht und bebaut und der, der voll Andacht nach den Geheimnissen der Geschichte forscht, die dieser für ihn heilige Boden aufbewahrt. Der von einer so widersprüchlichen Erbschaft geprägte Zyniker und Idealist, voll von Melancholie, Trauer und Intellekt, von Hoffnung und Sehnsüchten, und dem Hang zu Traum und Selbstzerstörung – Möglichkeiten und Gefährdungen, die er in seinem bitteren und oft von tiefer Weisheit erfüllten Witz darstellt und karikiert, um wenigstens verbal damit fertigzuwerden. Auf Schritt und Tritt kann man hier Menschen begegnen, die solches und noch viel anderes in sich tragen.

Der Israeli ist aber auch – was besonders bei kurzfristigen Aufenthalten höchst angenehm auffällt – ein erschreckend guter Organisator, und das bekommt man überall zu spüren. An der Planung und präzisen Durchführung eines Reiseunternehmens ebenso wie an der Akribie, mit der Grabungsplätze wie etwa Hazor, Qumran oder Masada als Lehrbeispiele aufbereitet und – zum Leidwesen mancher Fotografen – mit Wegweisern und Informationstafeln versehen sind, damit der Besucher den bestmöglichen Eindruck mitbekommt.

Zu all diesen Faktoren, die einen Israelbesuch so faszinierend machen, kommt schließlich noch die Tatsache, daß wir ja selbst, gleichgültig, wie bewußt es uns ist, zu einem Kulturkreis gehören, der weitgehend von diesem Land geprägt ist. In unseren Städten und bis ins kleinste Dorf begegnen wir Kathedralen, Kirchen und Kapellen von romanisch bis hypermodern als künstlerische und religiöse Zeugen dessen, der hier lebte und starb. In staatlichen Museen wie auf dem Dorfplatz, in historischen Palästen und vielen anderen kulturellen Pilgerstätten bewundern wir in tausend Variationen, in Öl, Stein oder Bronze, was die größten Künstler aller Zeiten zum Schaffen anregte: Moses und die Könige des Alten Testaments, die Geburtsszene in Bethlehem und der Tod auf dem Hügel vor der Stadtmauer von Jerusalem. Allein in den USA und in Kanada gibt es mehr als 600 Ortsnamen aus dem Land der Bibel: Zion, Zionville, Carmel, Jerusalem, Jordan, Bethlehem, Debir, Jericho, Salem, Hebron und so fort. Unser ganzes Geistesleben, ja unser Alltag, Philosophie und andere Wissenschaften, Ethik, Sozialpolitik und Rechtssprechung bis in die feinsten Wurzeln sind durchtränkt von dem, was sich in diesem schmalen Streifen Landes begab – zwischen dem Berg Sinai, auf dem Moses die Zehn Gebote empfing, und dem Berg der Seligpreisungen am See Genezareth.

Kein Wunder also, daß manchem Besucher seine Reise in dieses Land förmlich wie eine Heimkehr zu seinen Wurzeln erscheint, kein Wunder, daß in so vielen Menschen, die Israel erlebt haben, der Wunsch laut wird, der dem verbannten Juden in der Diaspora zum Sabbatgebet wurde: Nächstes Jahr in Jerusalem!

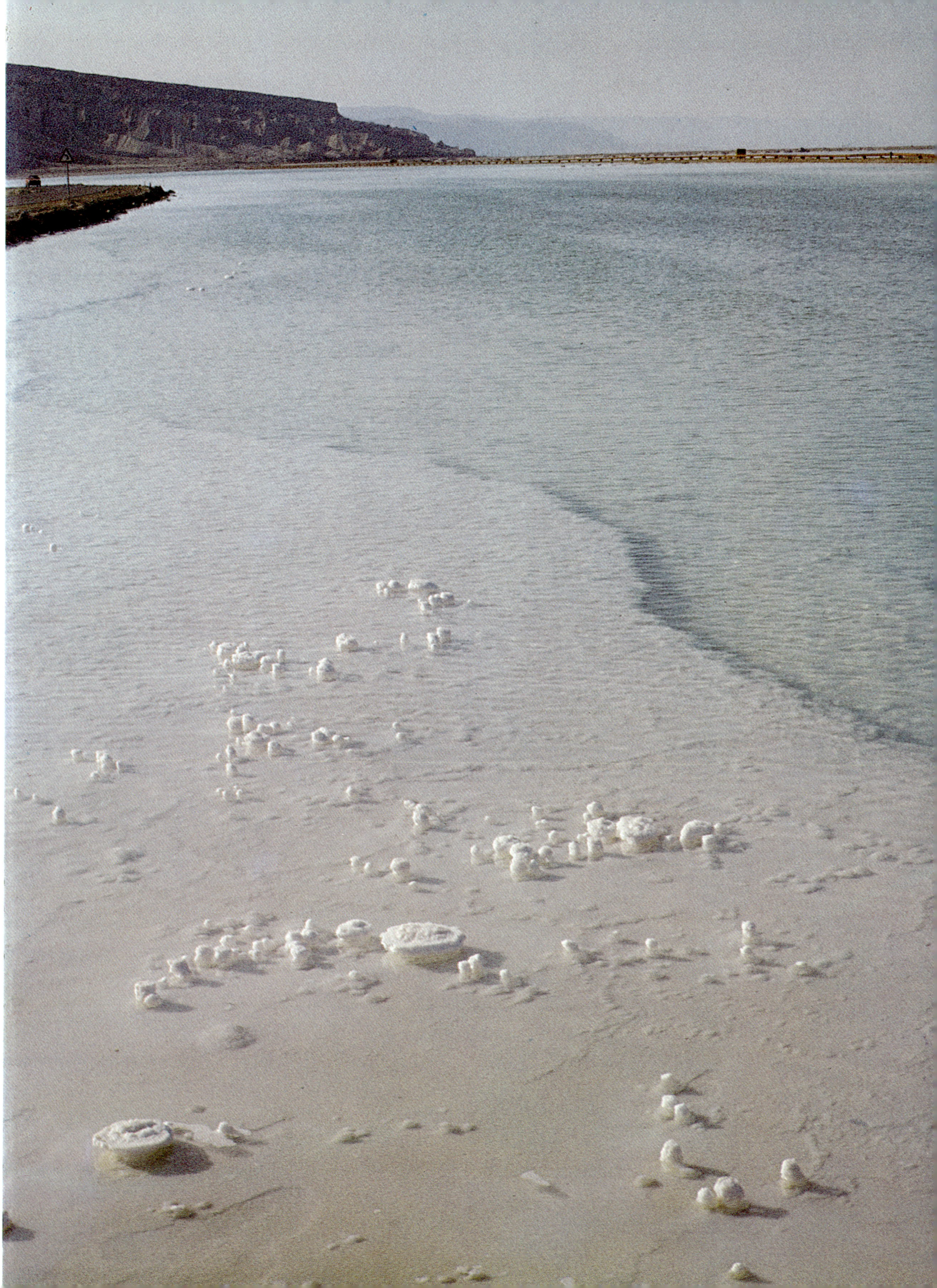

VORHERGEHENDE SEITE: Das Tote Meer hat mit etwa 27prozentiger Konzentration das salzhaltigste Wasser der Welt, in dem jegliches Leben unmöglich ist.
LINKS: Allmählich droht das Tote Meer auszutrocknen – israelische Wissenschaftler entwickelten bereits raffinierte Strategien, um das zu verhindern.
RECHTS: Das Tote Meer bietet wilde, einsame, erstaunliche Natur.

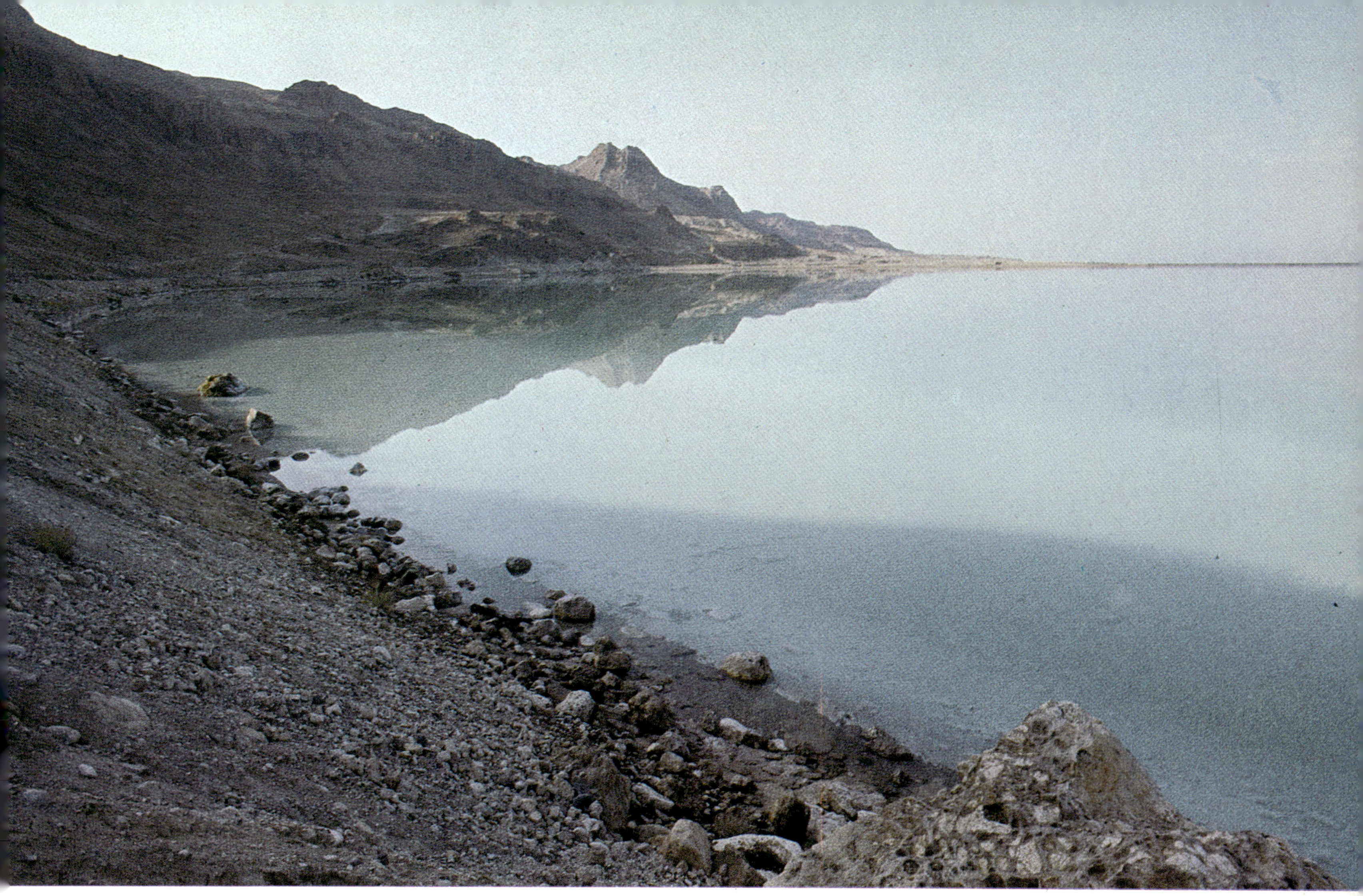
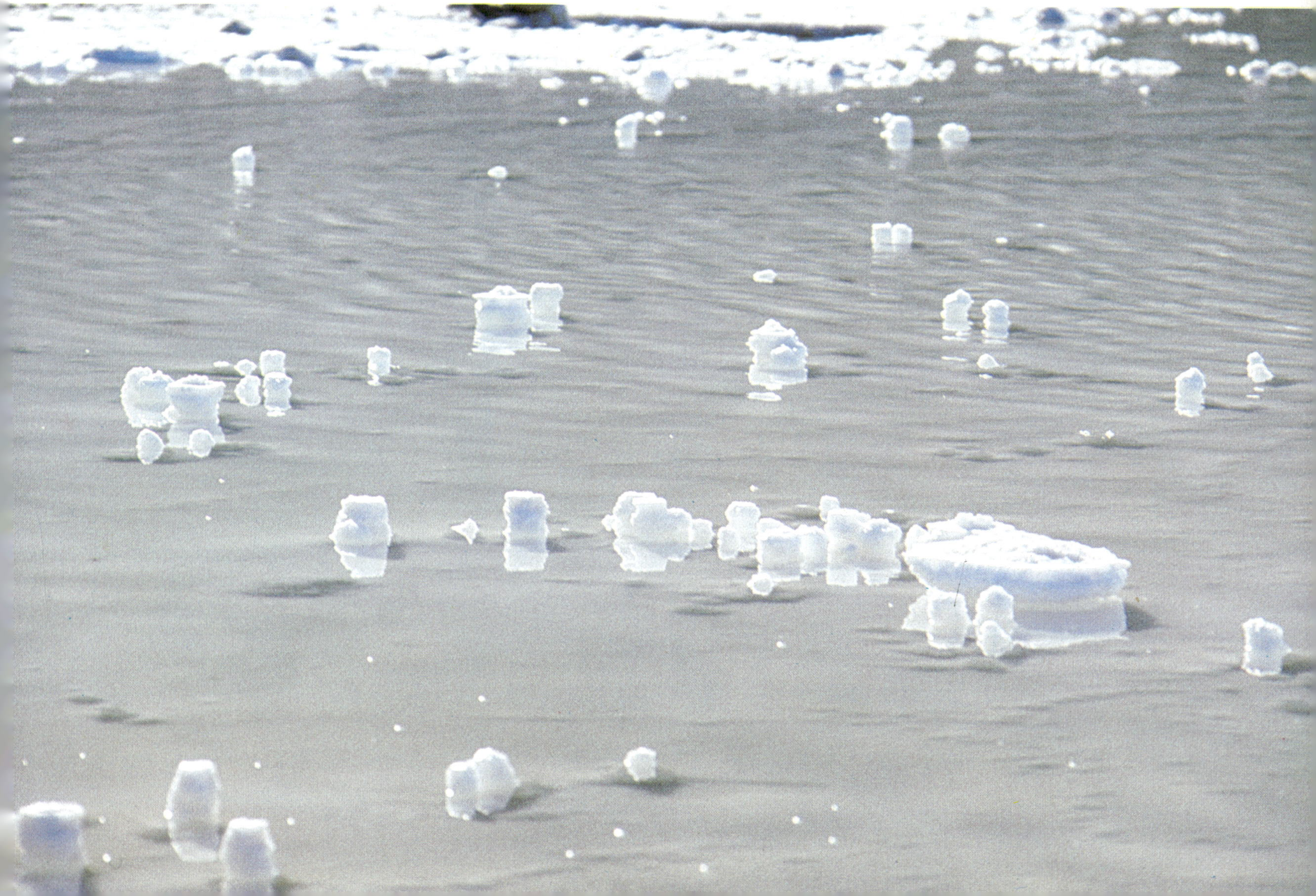

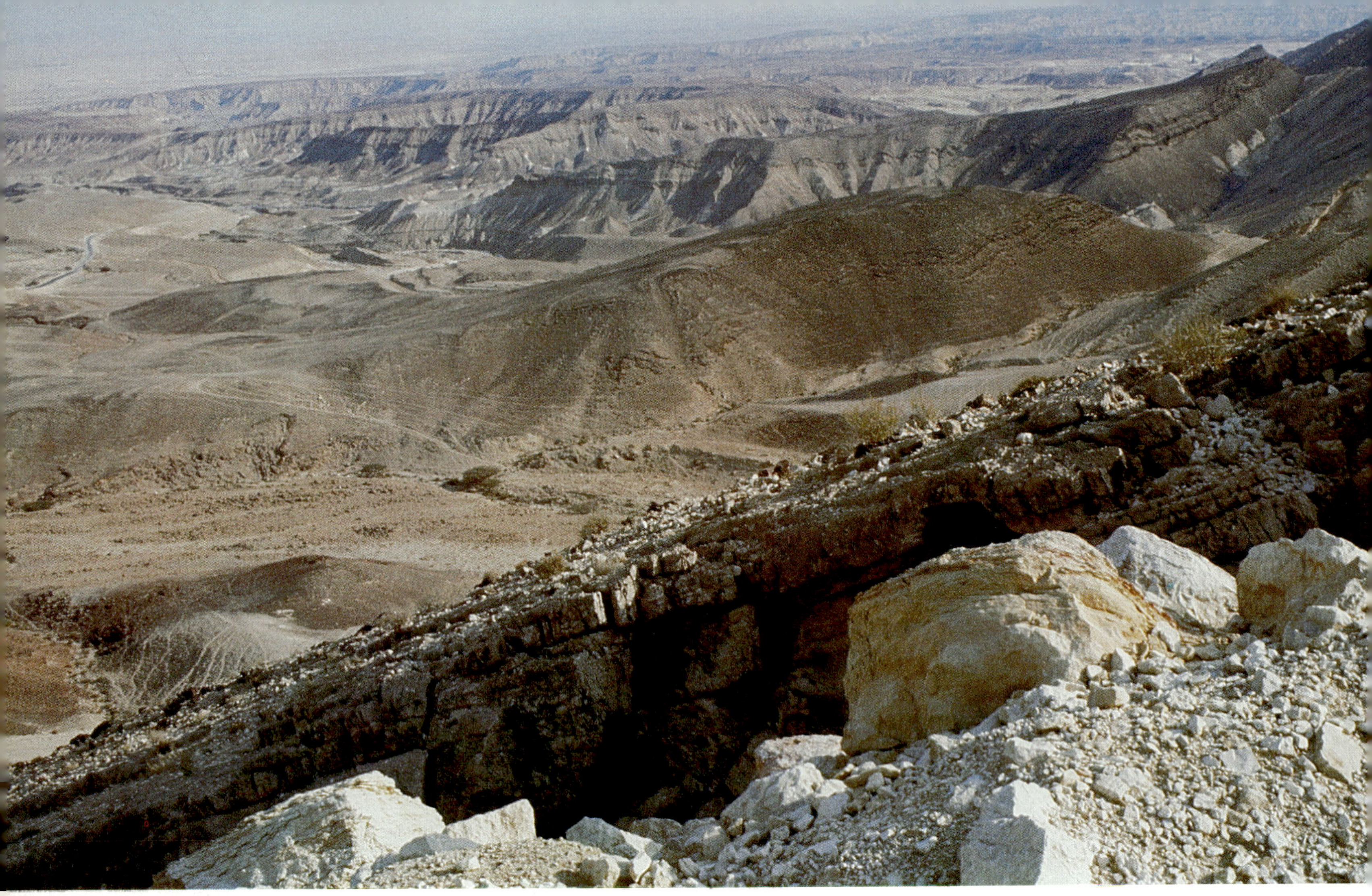

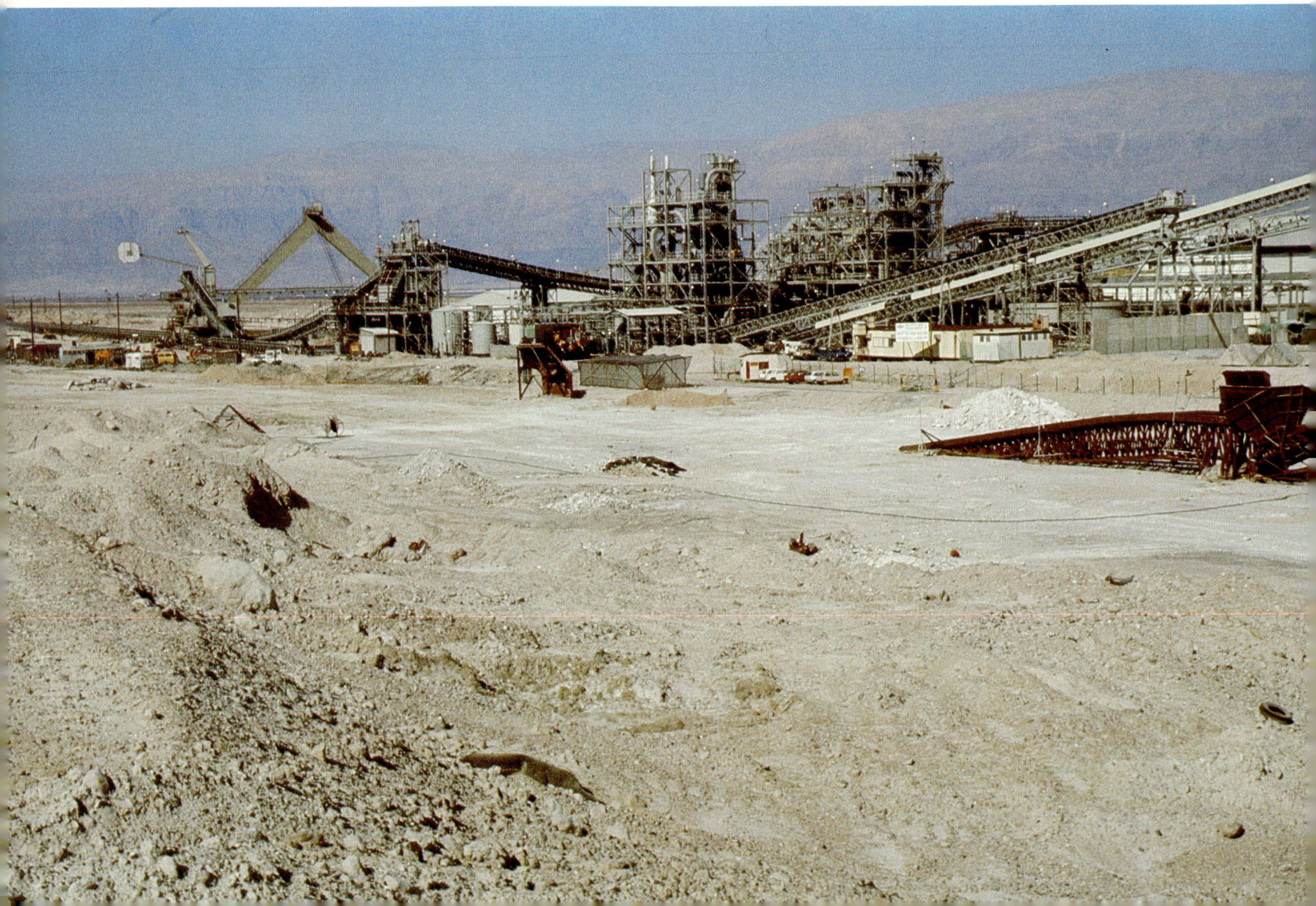

LINKS: Im Süden des Toten Meers erreicht die Bergwüste faszinierende Schönheit. Hier aber wurde auch die moderne Industrieanlage der „Dead Sea Works" in Sodom errichtet, die der chemischen Erschließung des Salzwassers dient und längst zum bedeutenden Wirtschaftsfaktor geworden ist.

RECHTS: Der Überlieferung nach standen im Süden des Toten Meers die beiden Städte Sodom und Gomorrha, die wegen ihrer Gottlosigkeit vernichtet wurden; bei der Flucht wandte sich die neugierige Frau des frommen Lot um und erstarrte zu Salz – der aufragende Felsen über der Höhle des Gebirges gilt daher als „Frau Lot".

LINKS: Schon in biblischen Zeiten war Beer Sheba Verwaltungszentrum – heute wächst die Pionierstadt und Hauptstadt des Negevgebiets mit atemberaubender Schnelligkeit. Doch kaum verläßt man den Stadtbereich, stößt man sofort wieder in unangetastete Natur.
RECHTS: Nevatim wurde 1946 gegründet, und es leben hier hauptsächlich jüdische Einwanderer aus Indien. Weiter im Süden kümmern sich Beduinen, an denen die Gegenwart nicht vorbeigegangen ist, um ihre Herden.

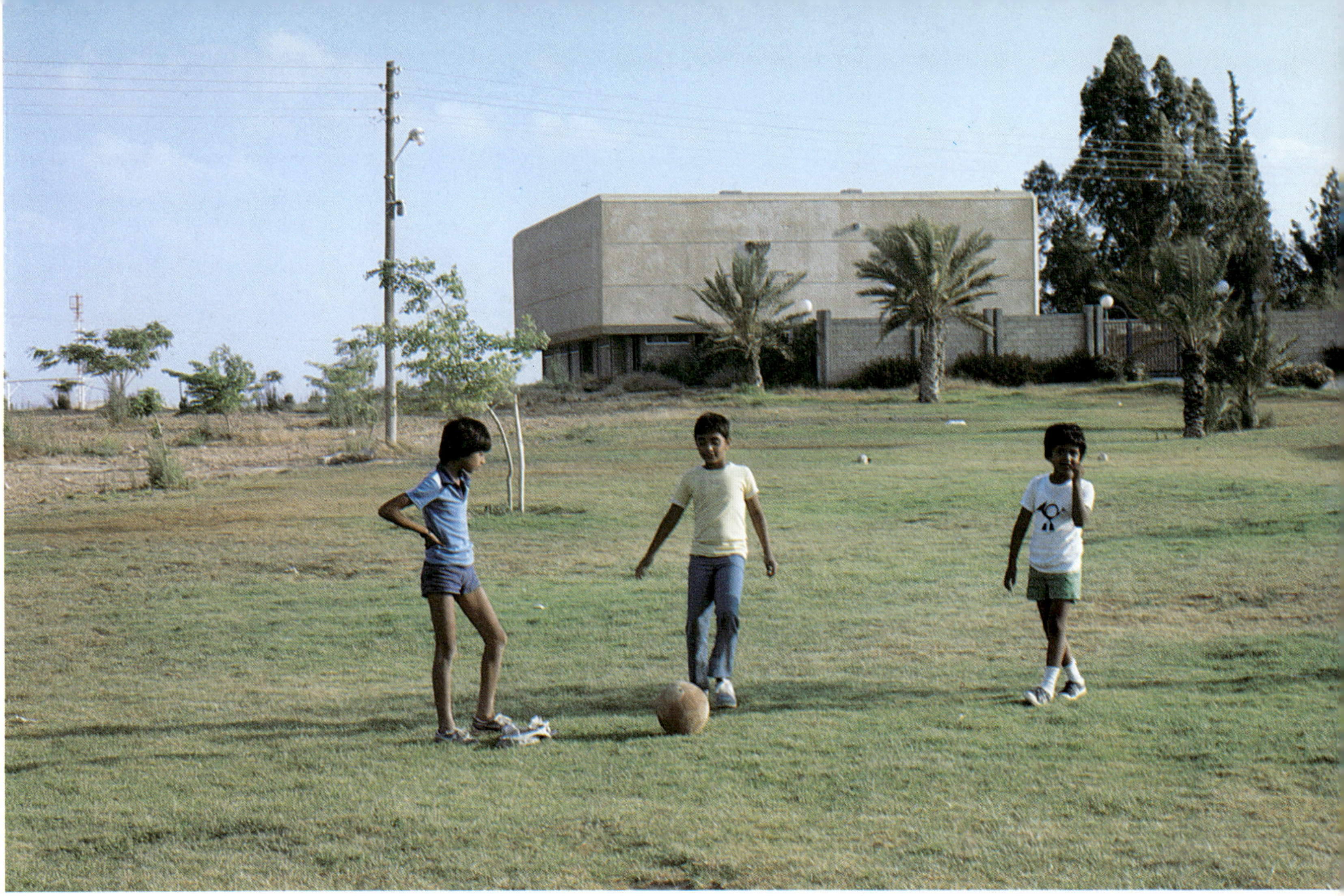

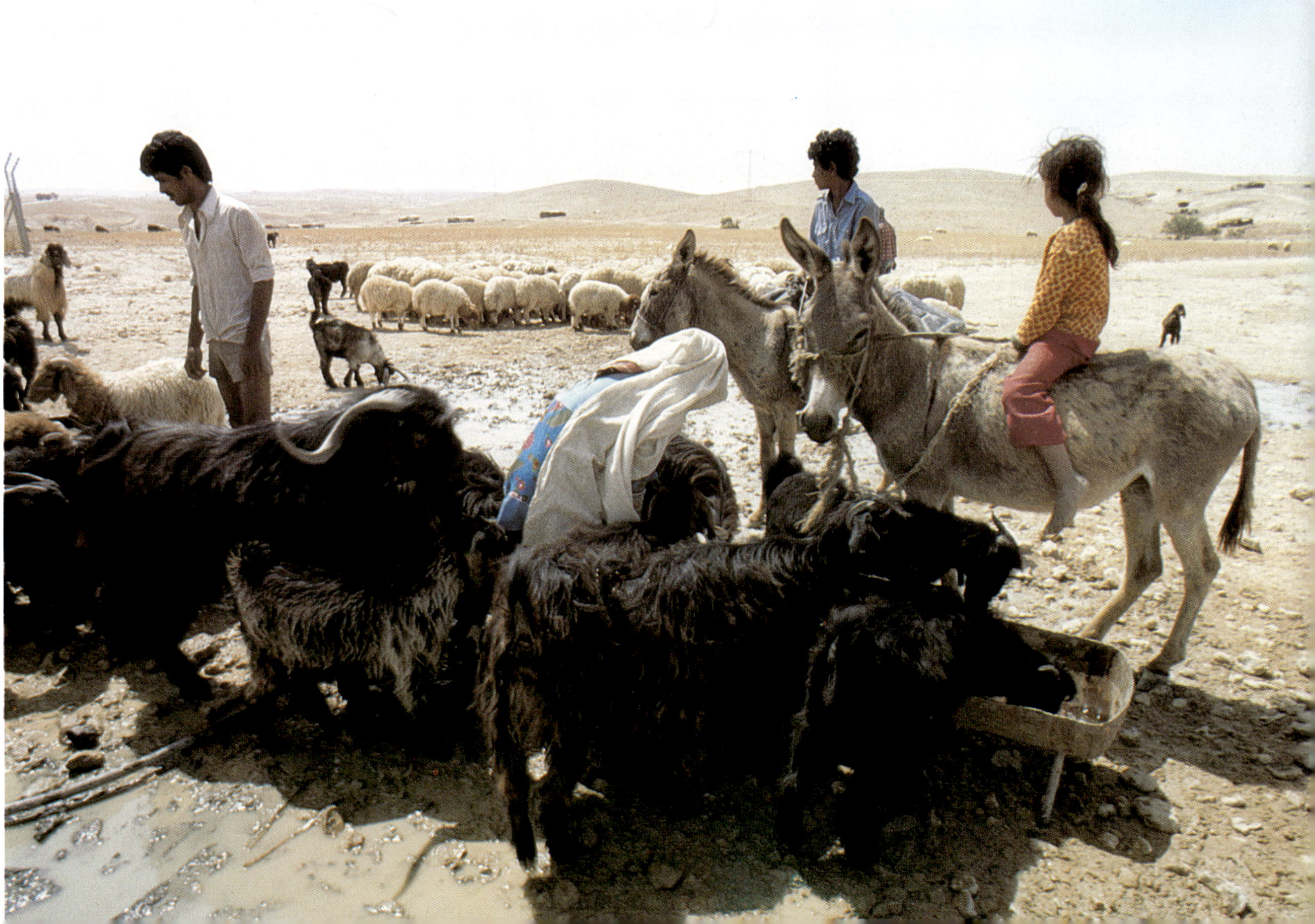

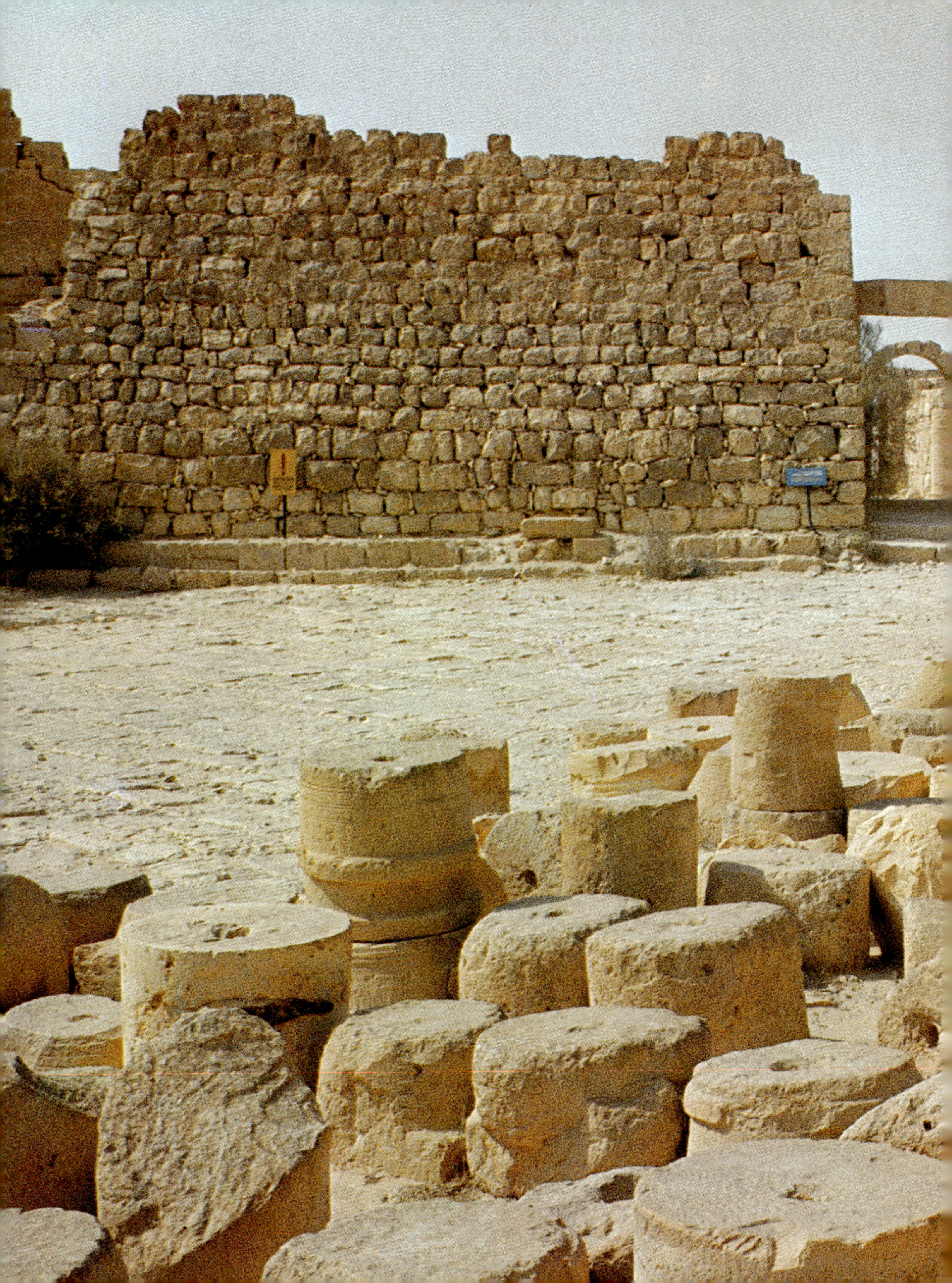

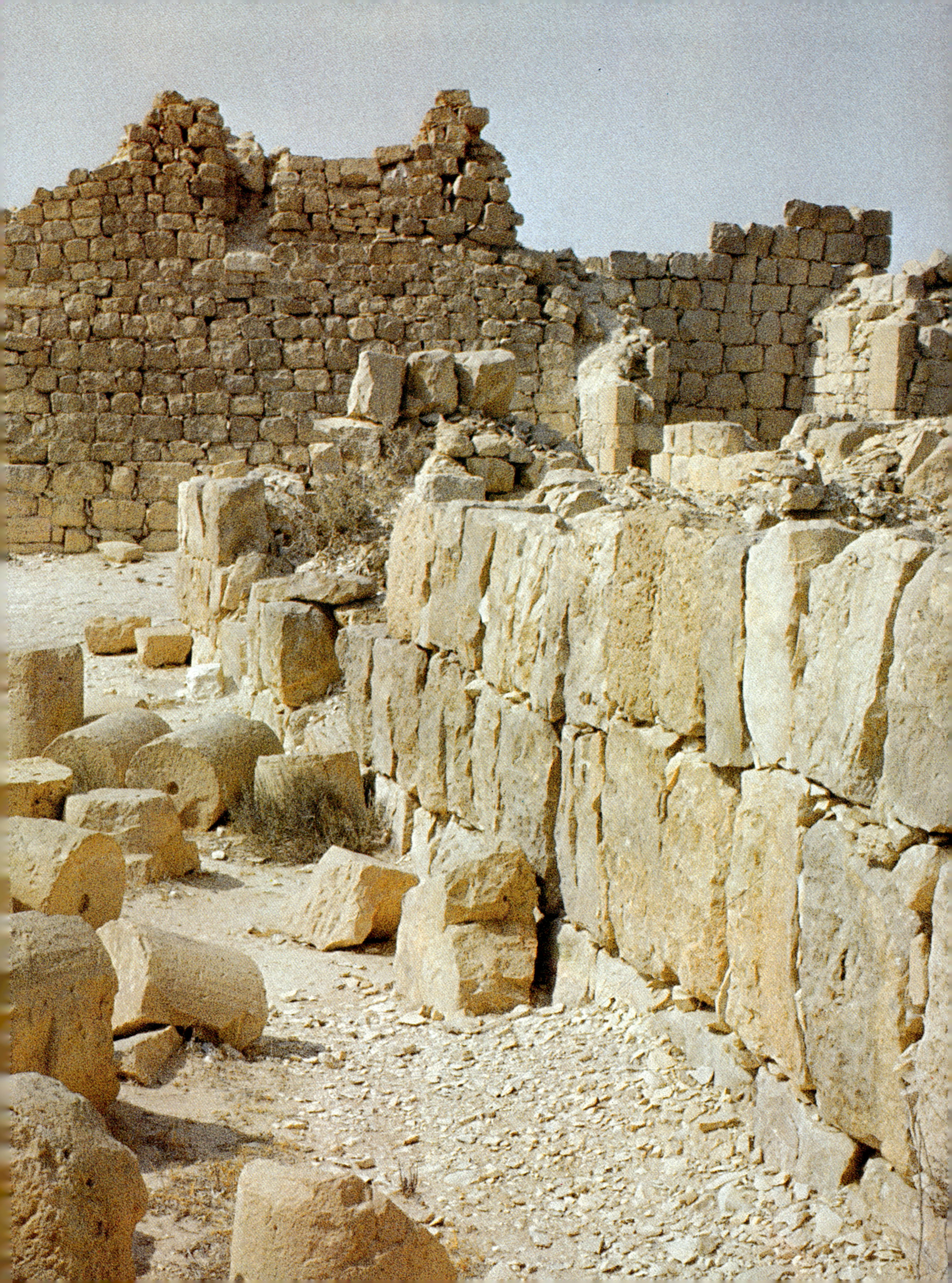

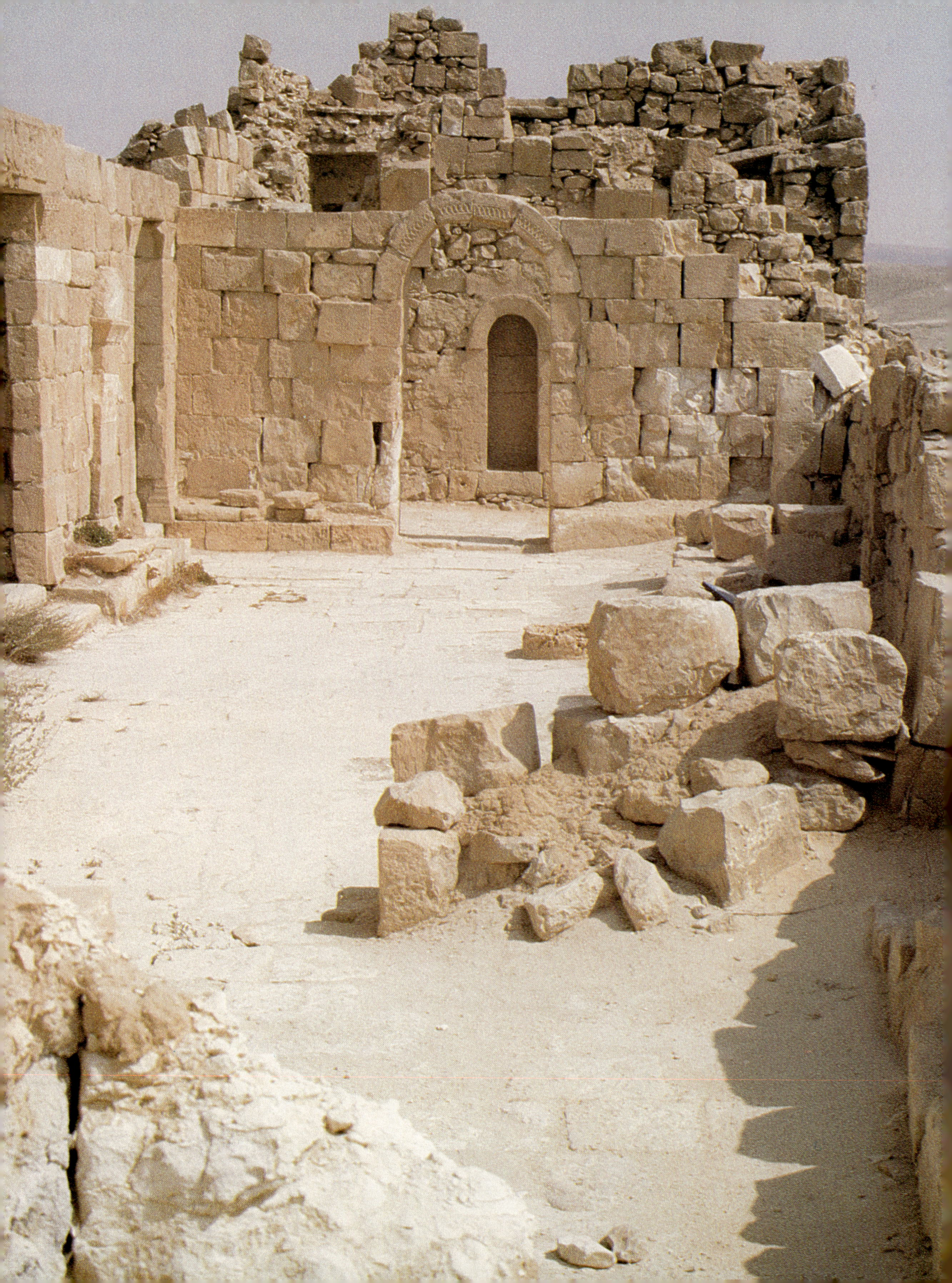

VORHERGEHENDE DOPPELSEITE, LINKS UND RECHTS: Avdat, gegründet als Königsstadt des Nabatäerreichs, fiel 106 n. Chr. an das römische Imperium unter Kaiser Trajan. Die Byzantiner machten aus ihr eine Festung gegen die Beduinenstämme des Südens, bis sie 634 n. Chr. von den arabischen Heeren erobert wurde. Heute zeugen vor allem Ruinen aus byzantinischer Zeit – der Marktplatz, Wohnhäuser und Kirchen – von einstiger Größe und Schönheit.

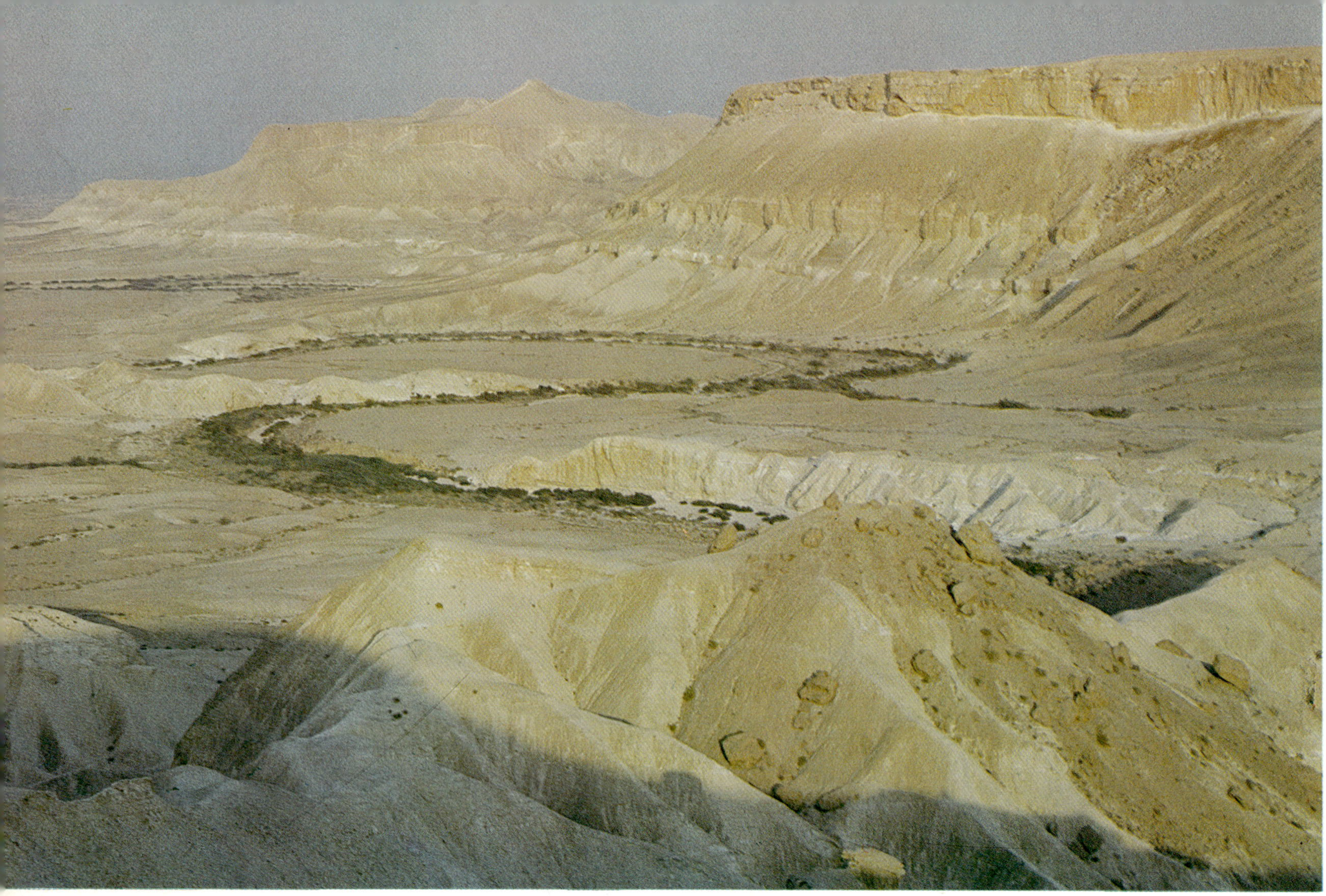

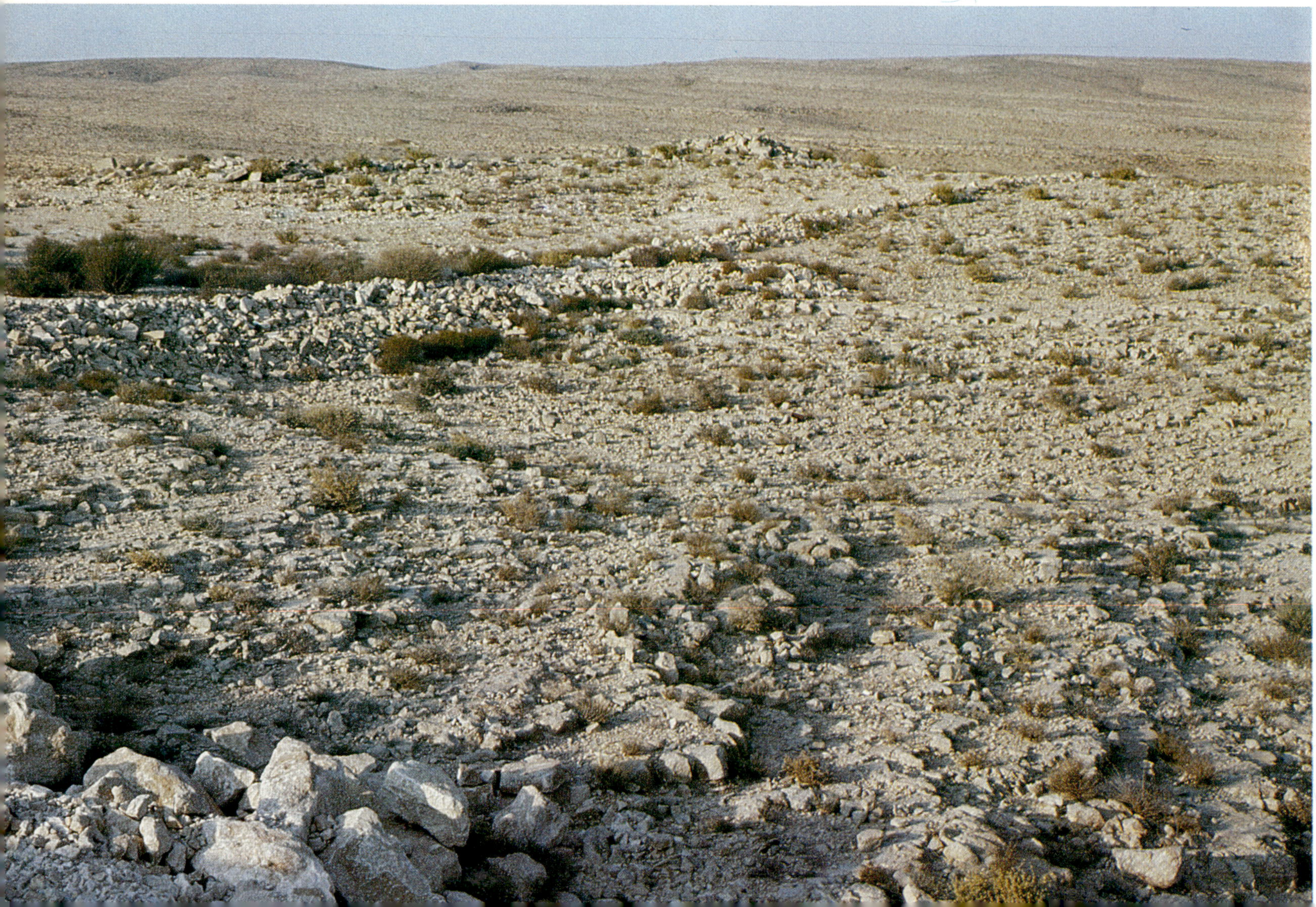

Der Nationalpark von En Avdat besteht aus einer Landschaft bizarrer Kalkfelsen, tief eingeschnittener Schluchten und vom Wind kahlgefegter Senken. 200 m breite Canyons mit bis zu 70 m hohen Felswänden präsentieren oftmals eiskaltes Wasser.

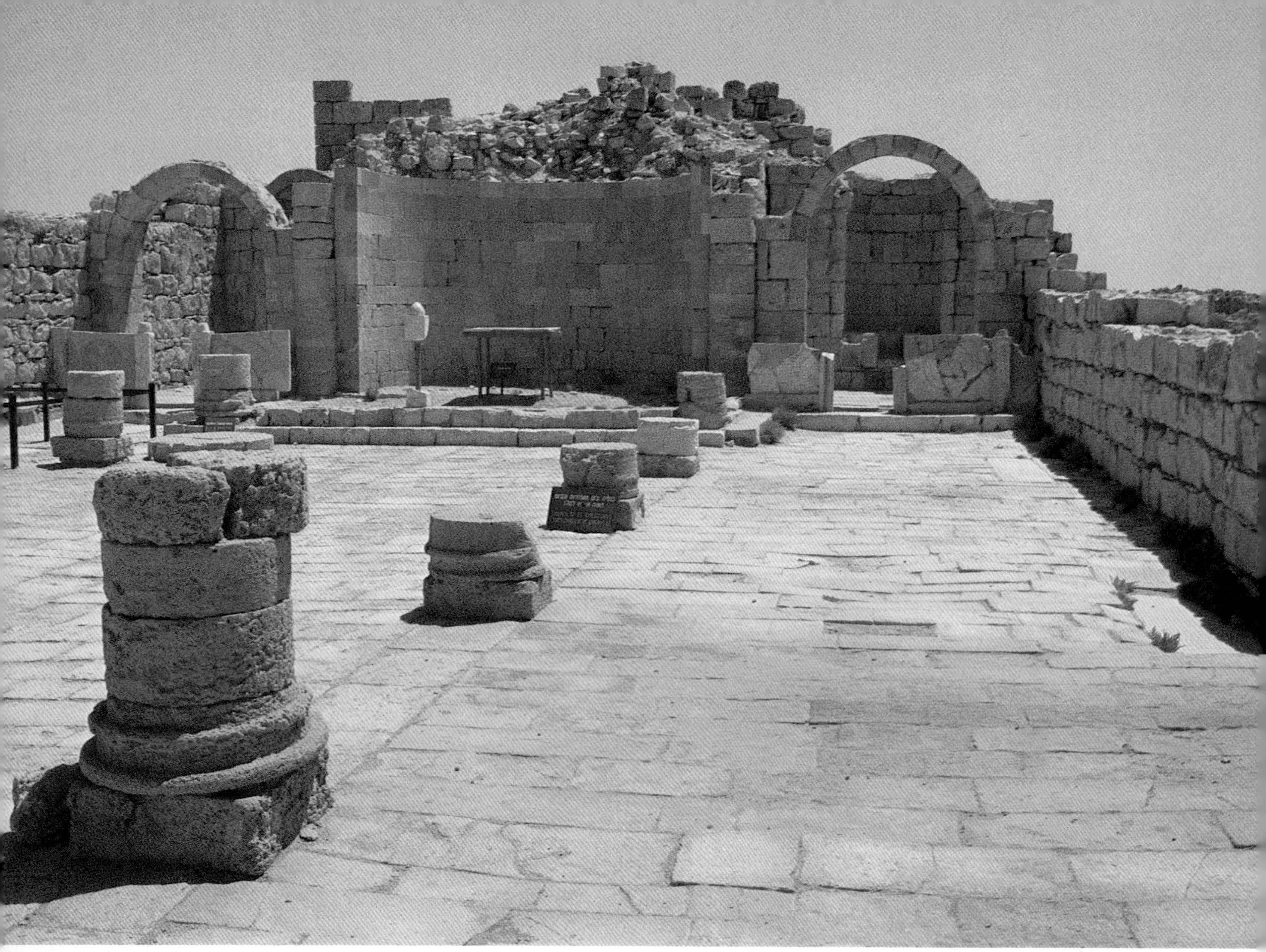

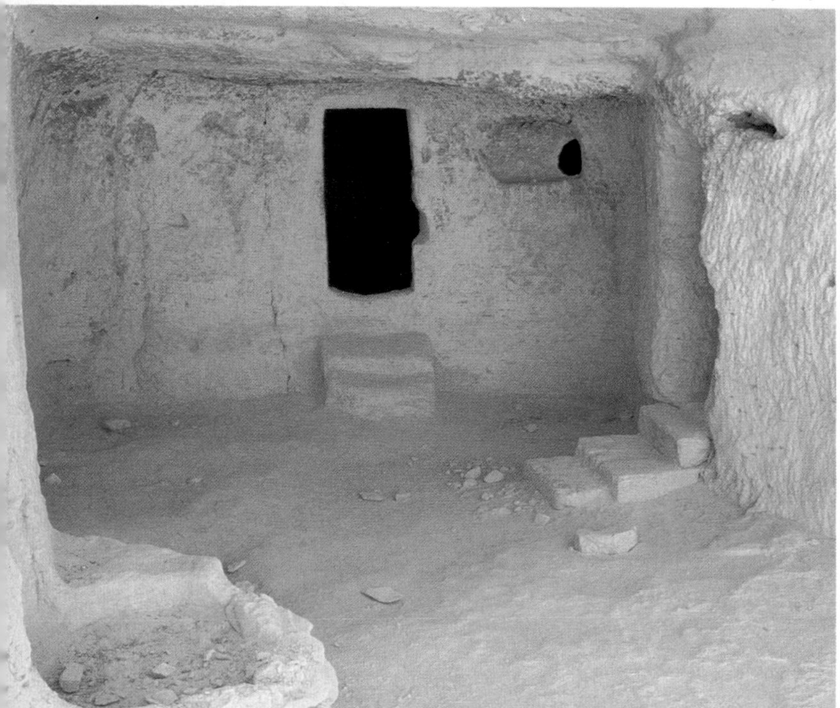

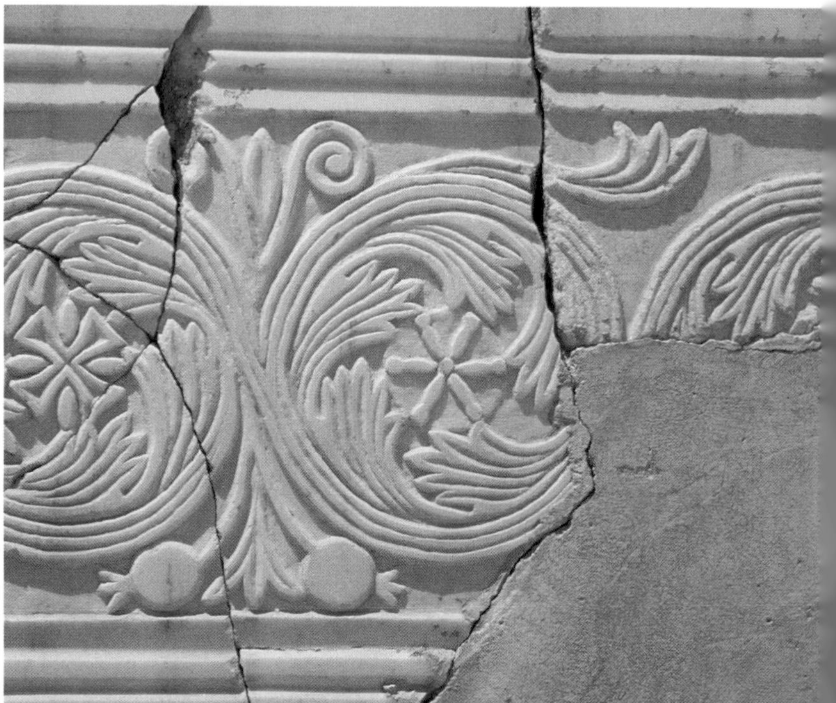

Shivta ist die besterhaltenste Ruinenstadt der Byzantiner im Negev. Ihre Hochblüte erlebte die wichtige Handelsstadt, die sich im Schutz von drei festungsartigen Kirchen entwickelte, im 5./6. Jahrhundert. Reste der Wohnviertel und Kirchen wurden 1934 von dem britischen archäologischen Unternehmen Colt ausgegraben.
FOLGENDE SEITE: Mamshit stammt aus der Zeit des Kaisers Justinian, der hier in den Ruinen einer ehemaligen Nabatäersiedlung eine Festung errichten ließ.

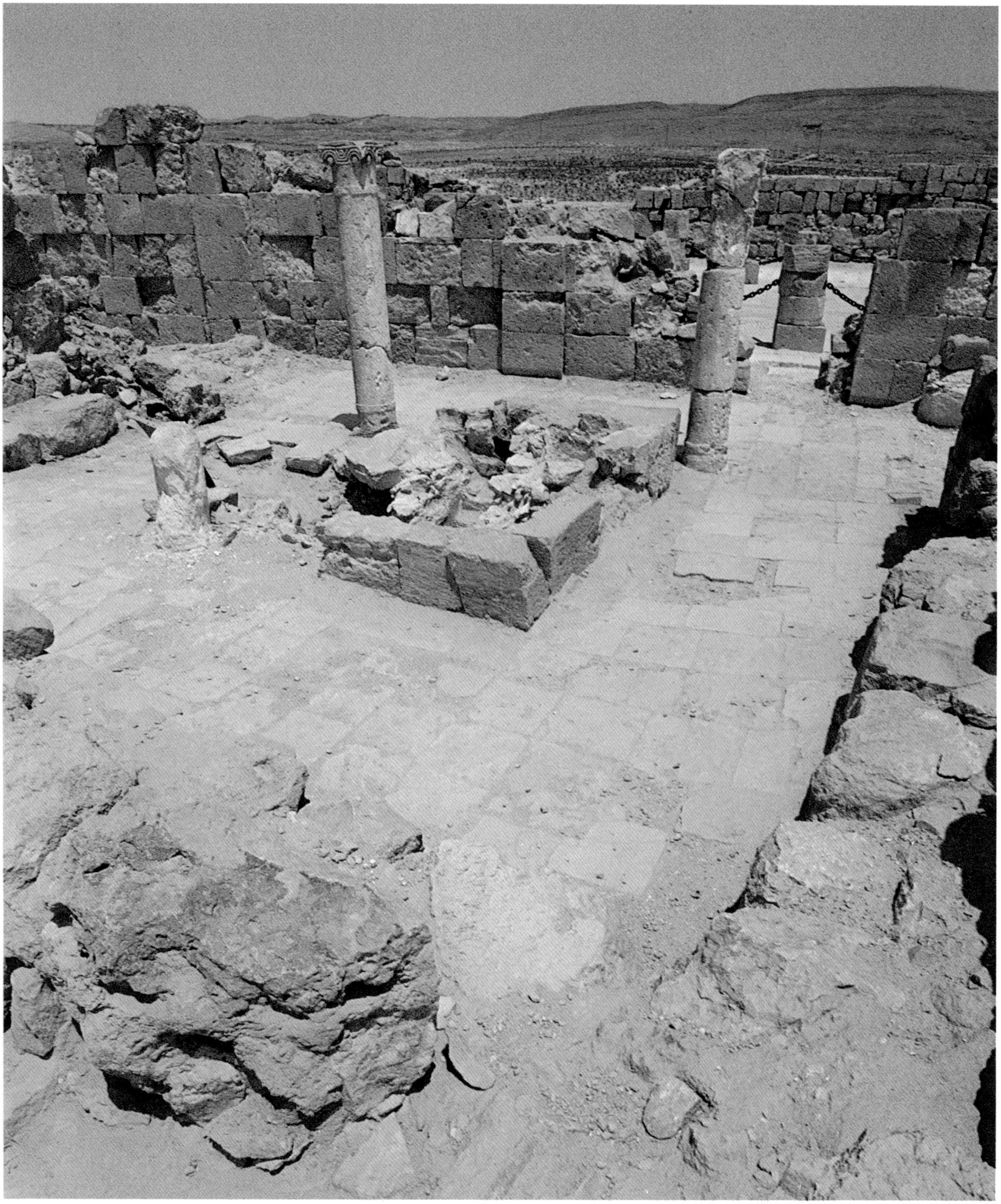

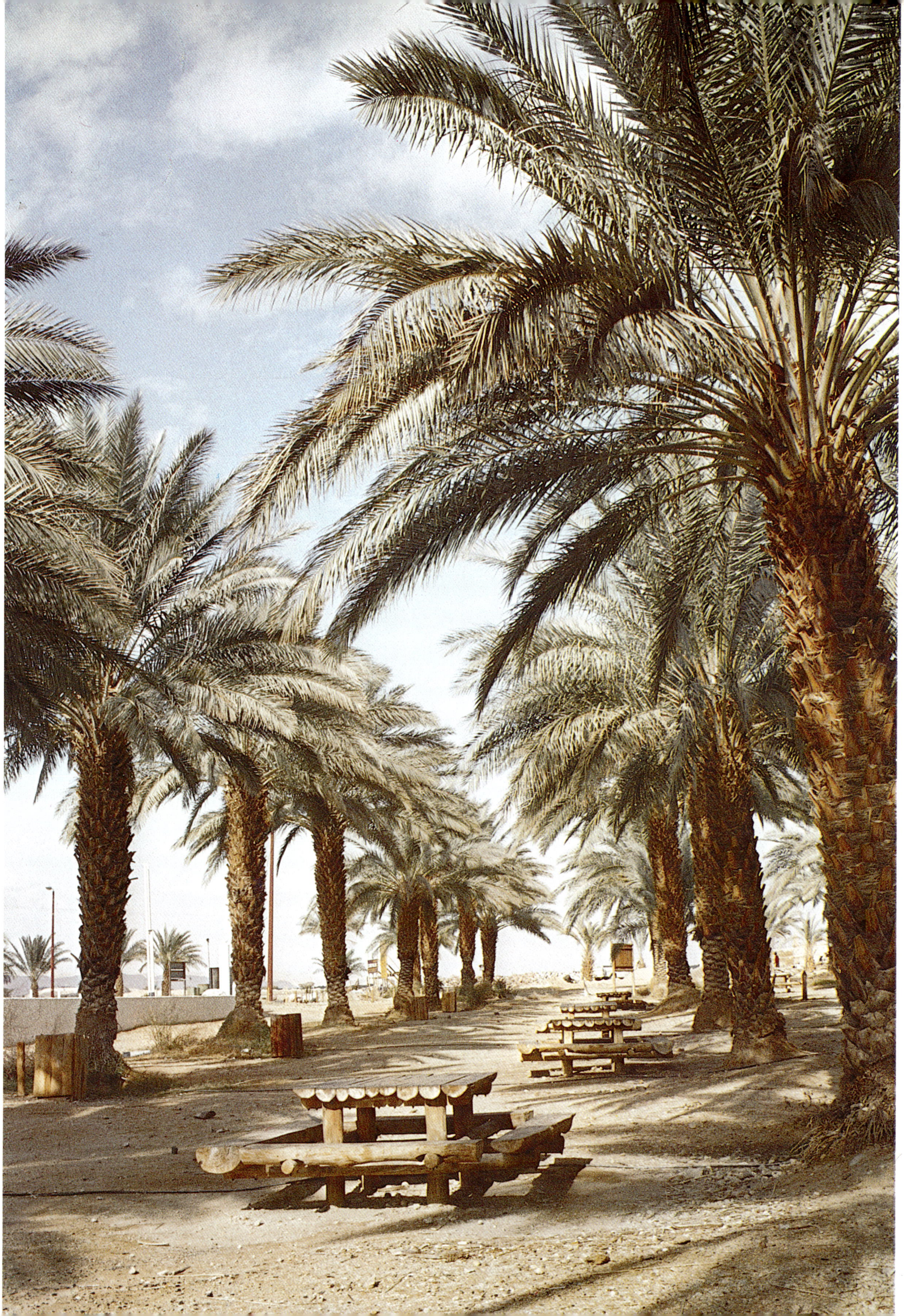

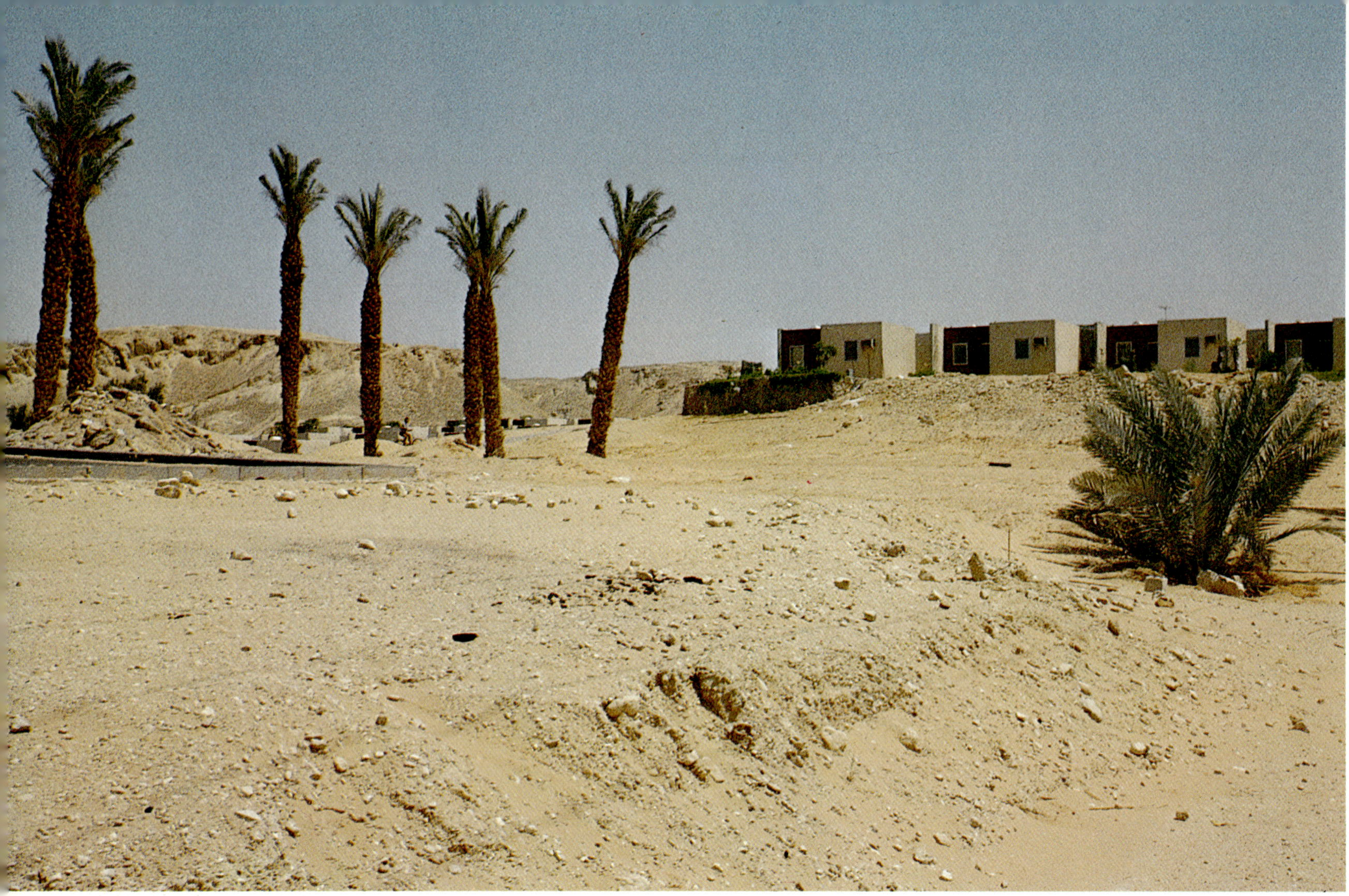

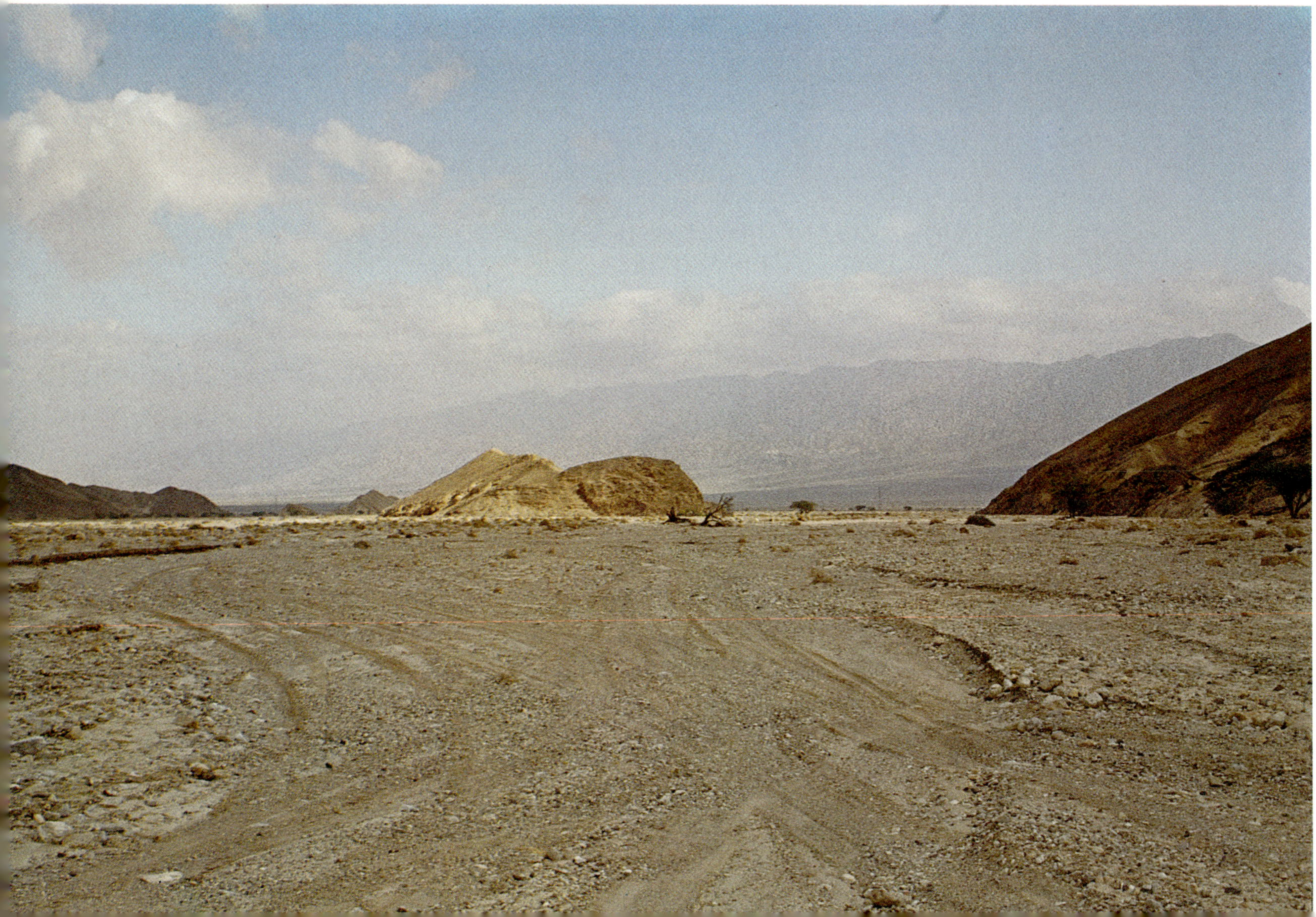

VORHERGEHENDE SEITE, LINKS UND RECHTS:
Der Kibbuz Yotvata wurde 1951 von der Nahal, der „Kämpfenden Pionierjugend", an einer Stelle gegründet, die einst Rastplatz der israelitischen Stämme auf ihrer vierzigjährigen Wanderschaft aus Ägypten nach Kanaan gewesen sein soll. Die Landschaft ringsum bietet beeindruckende Schauspiele der Natur.

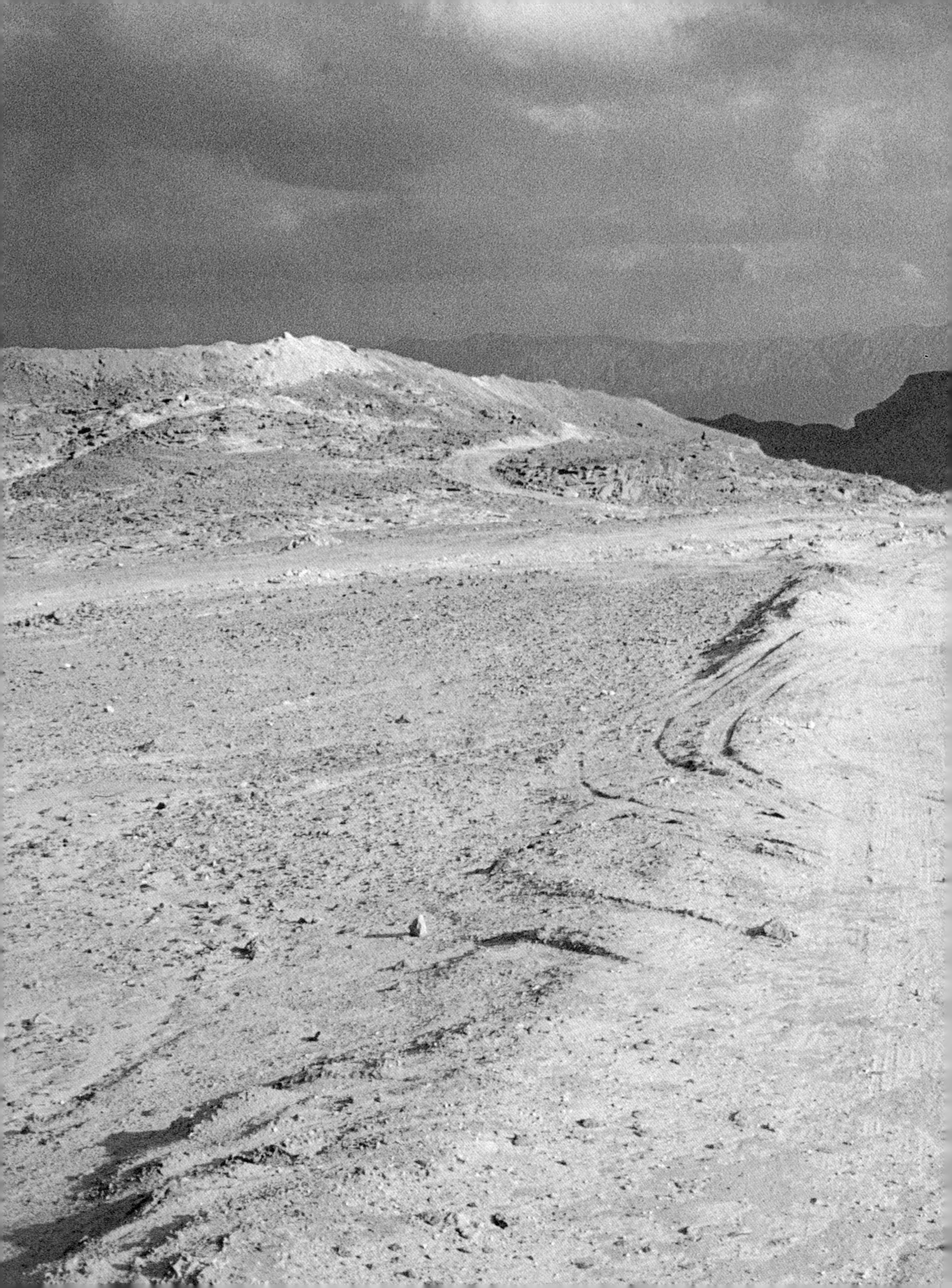

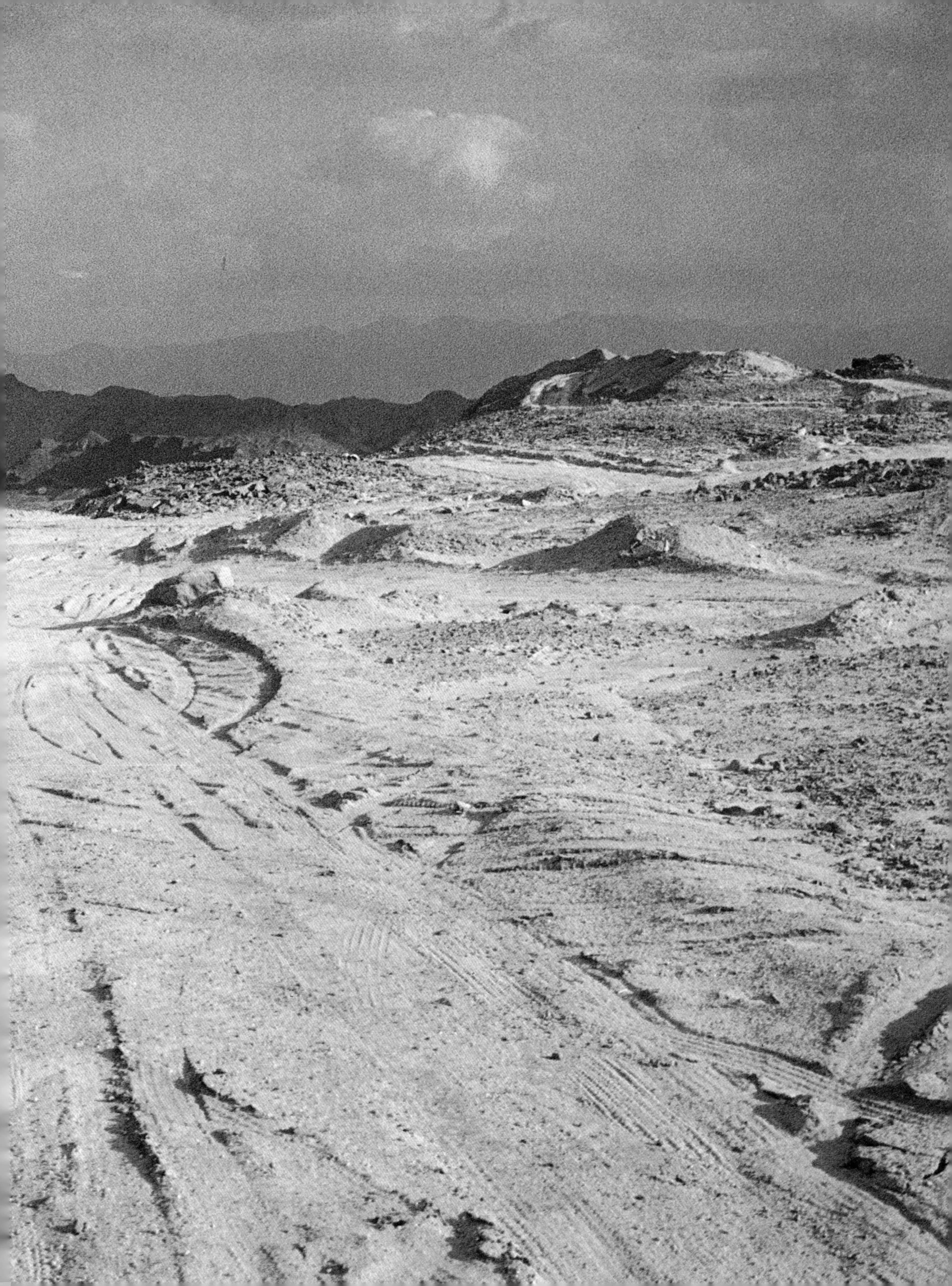

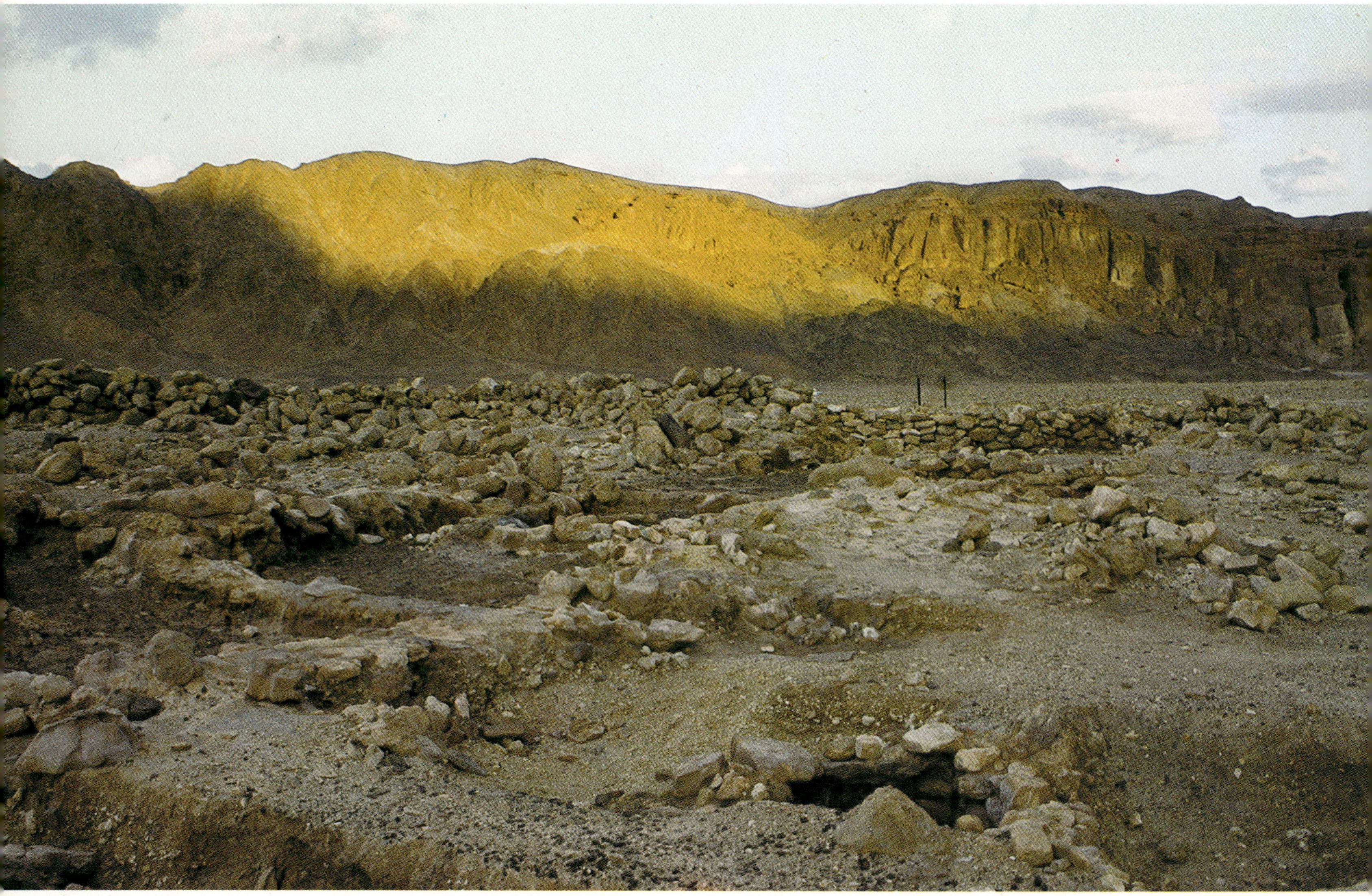

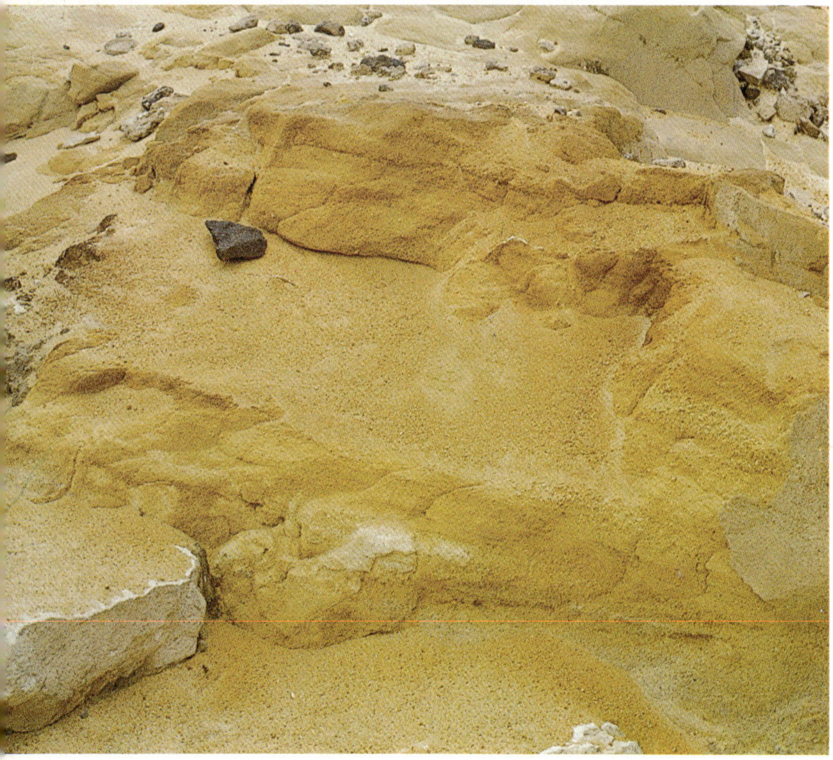

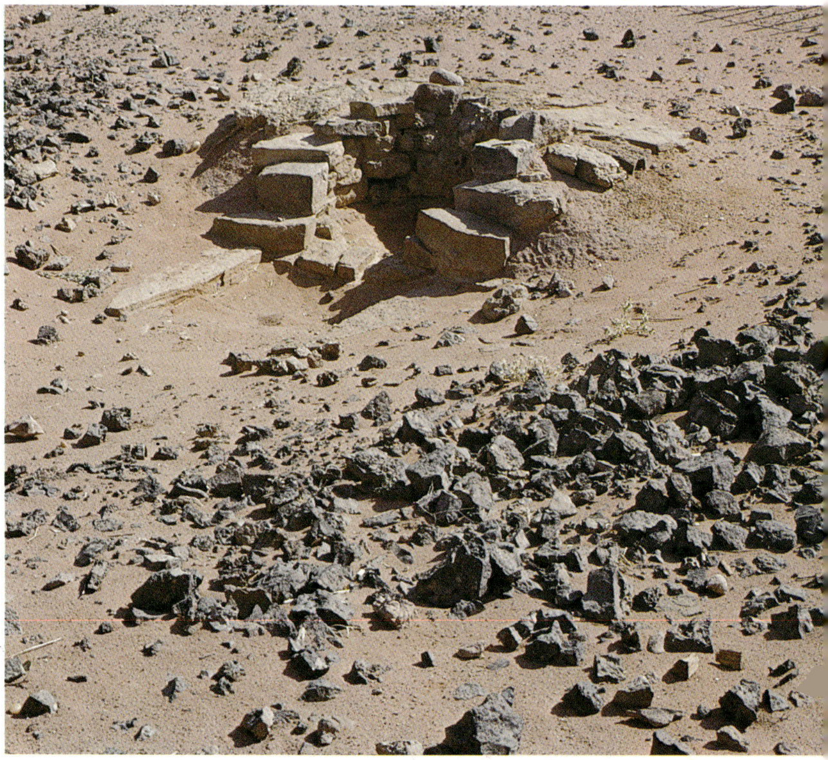

VORHERGEHENDE DOPPELSEITE, LINKS UND RECHTS: Das Gebiet um die alten Kupferminen von Timna wurde vor kurzem zum Naturpark gemacht. Vom Kupferabbau in dieser Region berichtet bereits die Bibel – Schlackenreste aus den Schmelzgruben und das ausgeklügelte System der Schachtanlagen wurden in den letzten Jahren von Wissenschaftlern gefunden. Der „Pilz", eine kuriose Steinformation, wurde zum „Wahrzeichen" dieses Geländes.

„König Salomons Säulen" tragen ihren Namen zwar bloß aus einem Irrtum heraus, aber immerhin wirkt diese Felsgruppe derart imposant, daß man sie gerne besteigt, um von ihr herab übers Land sehen zu können. Die 50 m hohen Felstürme waren Kultort für die ägyptischen Karawanen, die in dieser Gegend Kupfer einkauften und als umworbene Handelspartner sogar einen eigenen Hathor-Tempel errichtet bekamen.

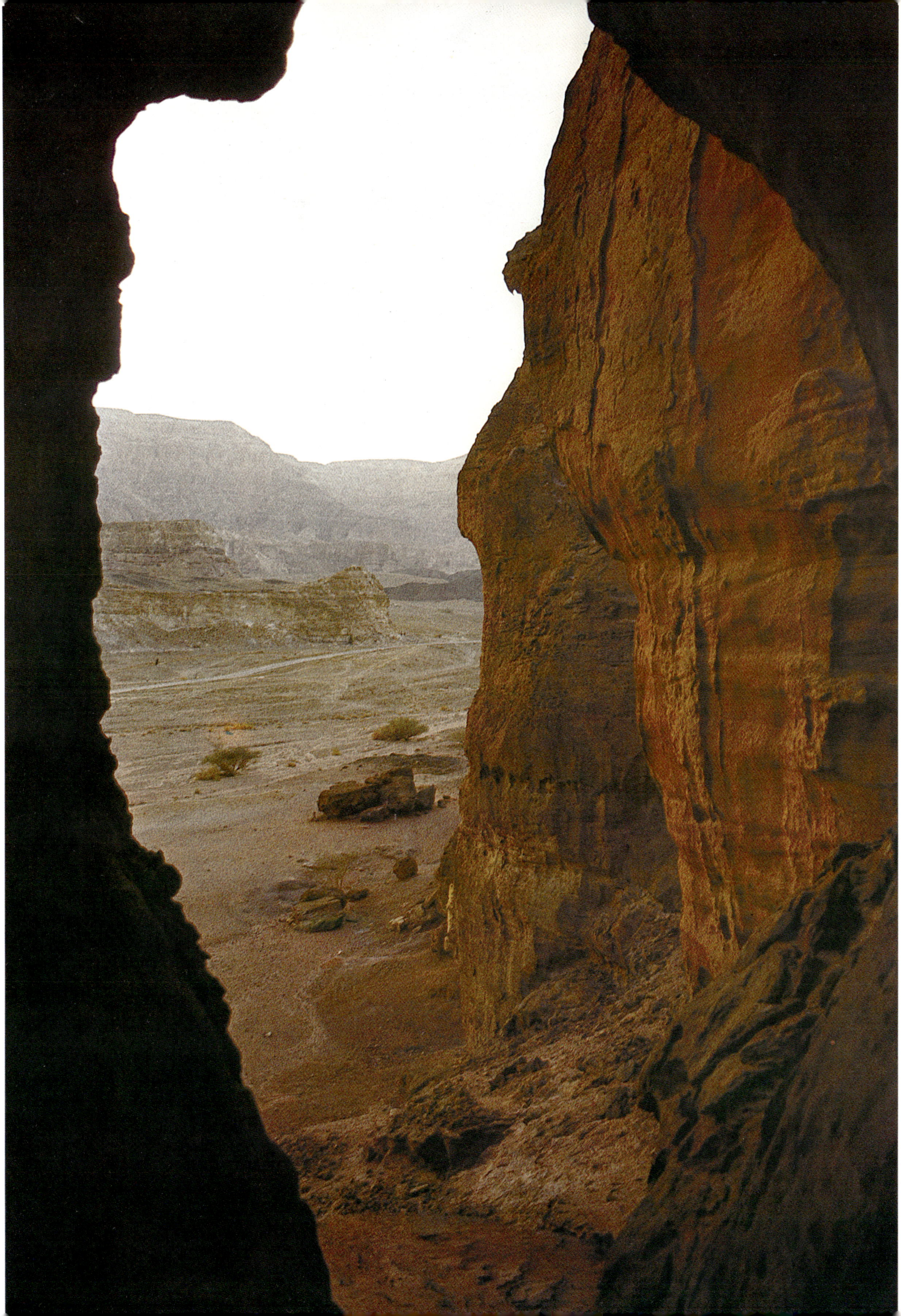

Der südliche Negev ist eine unwirtliche und phantastische Wüste zugleich: zerklüftete Schluchten und mächtig gefurchte Bergrücken wechseln einander ab, Fossilien aus der Urzeit und Pflanzen in schier kuriosen Farben lassen geologische Rückschlüsse zu.

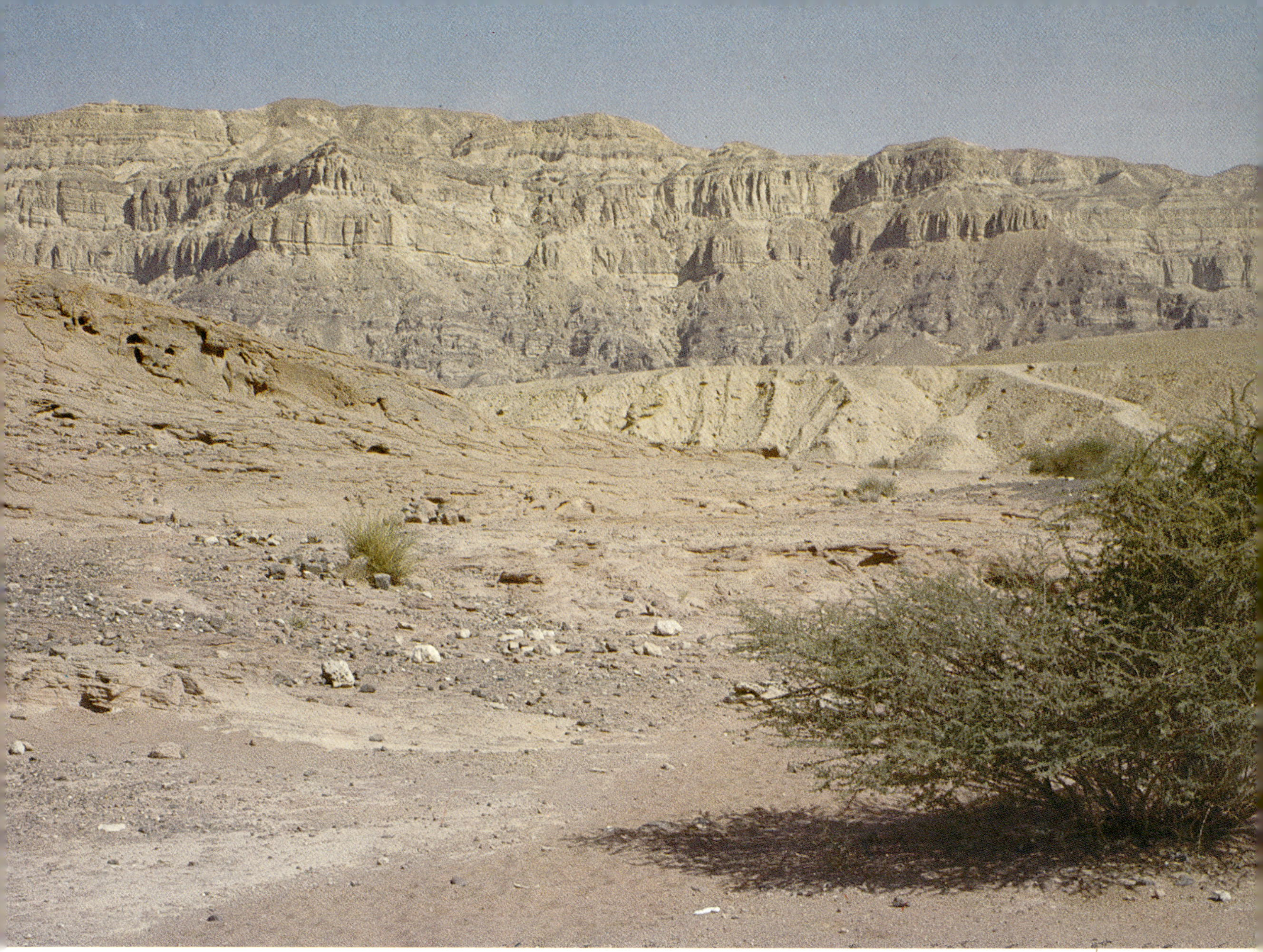

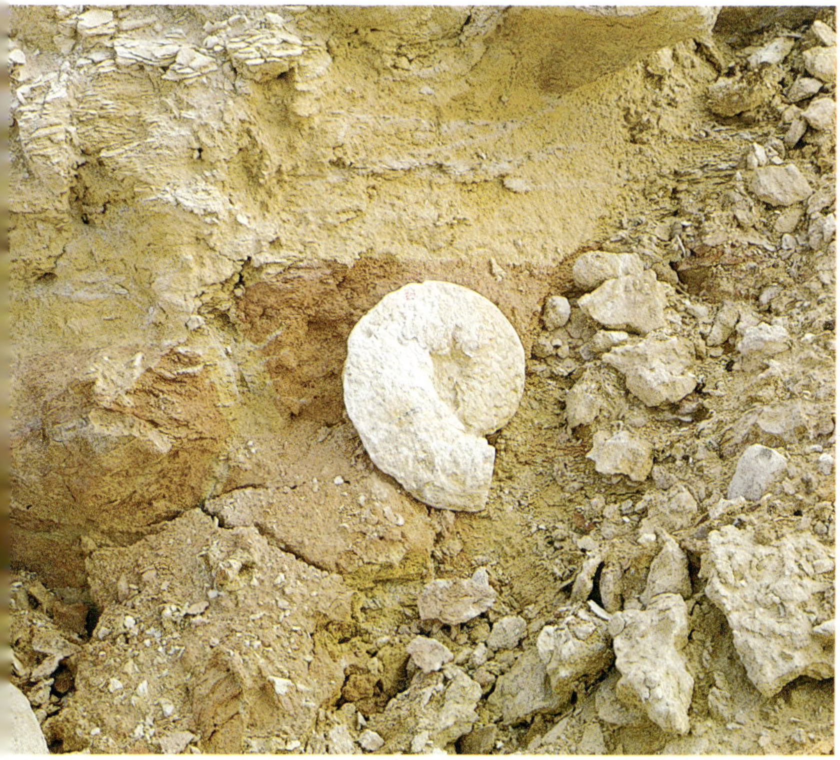

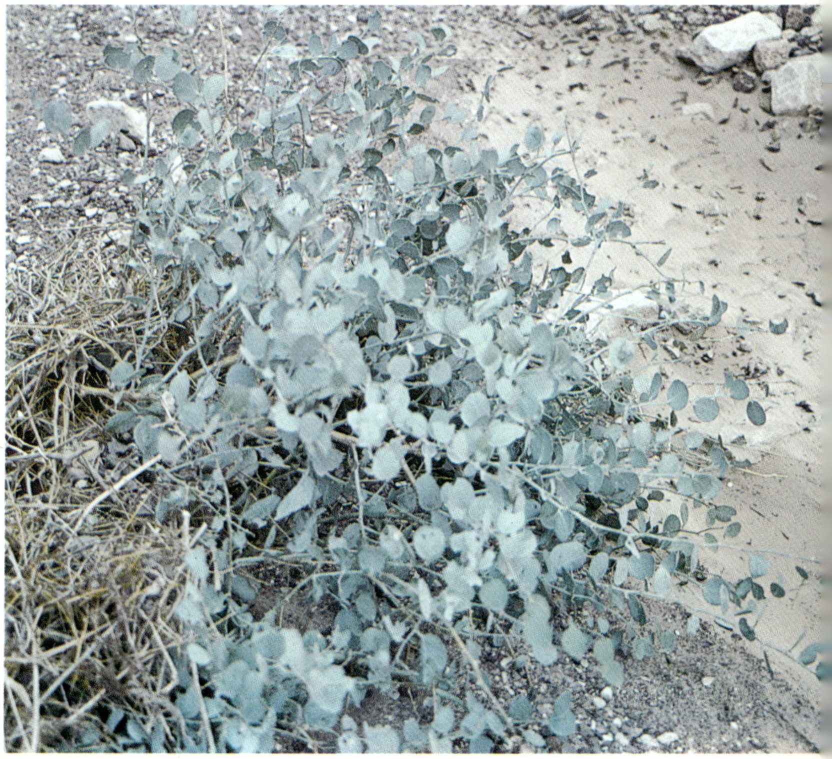

Die Farbenpracht des Gesteins im südlichen Negev gibt Hinweise auf Erze und Mineralien. Die genaue Erforschung hat bereits eingesetzt – denn der „tote Stein" könnte vielleicht schon in einiger Zukunft zur wirtschaftlichen Nutzung dienen.

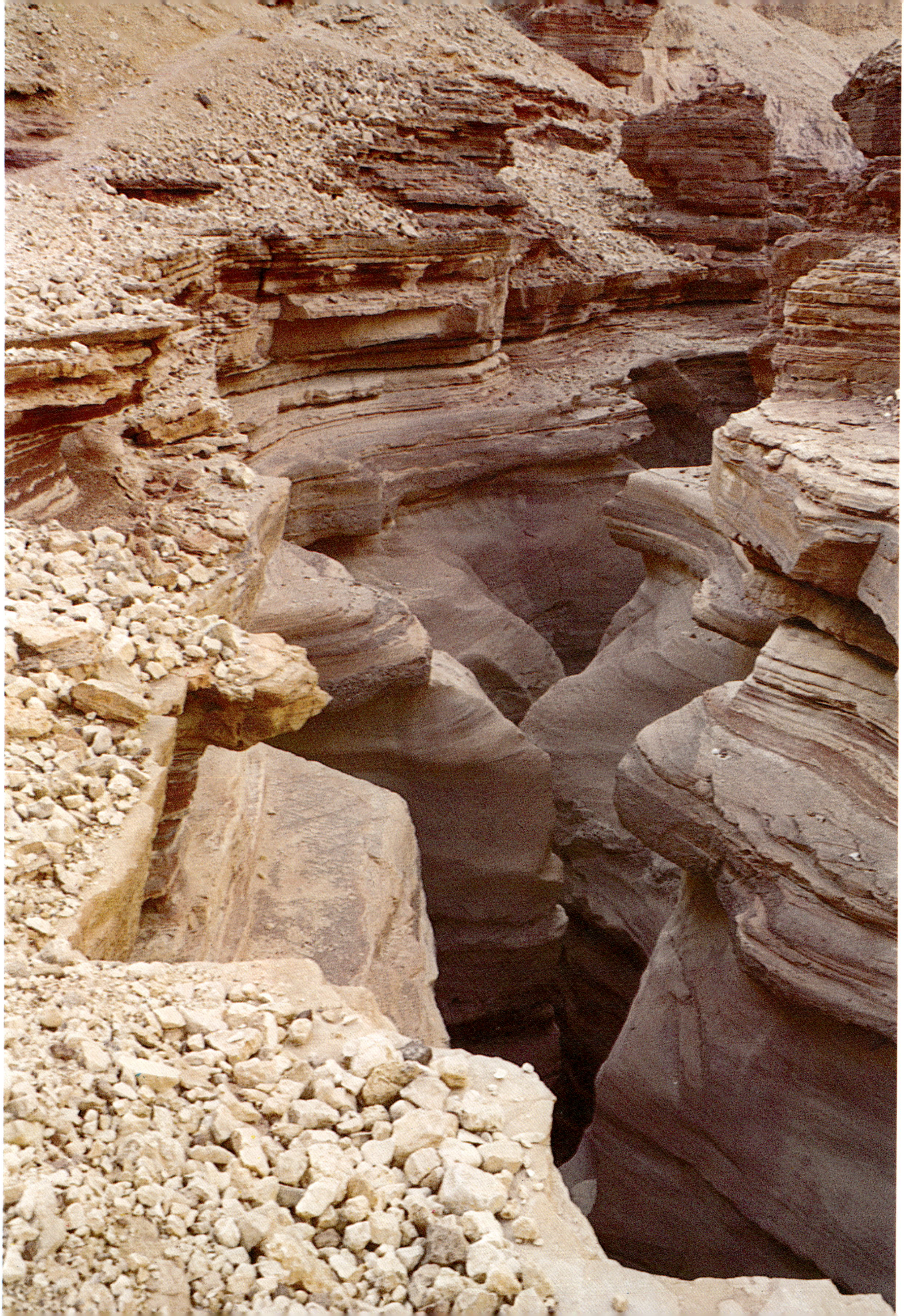

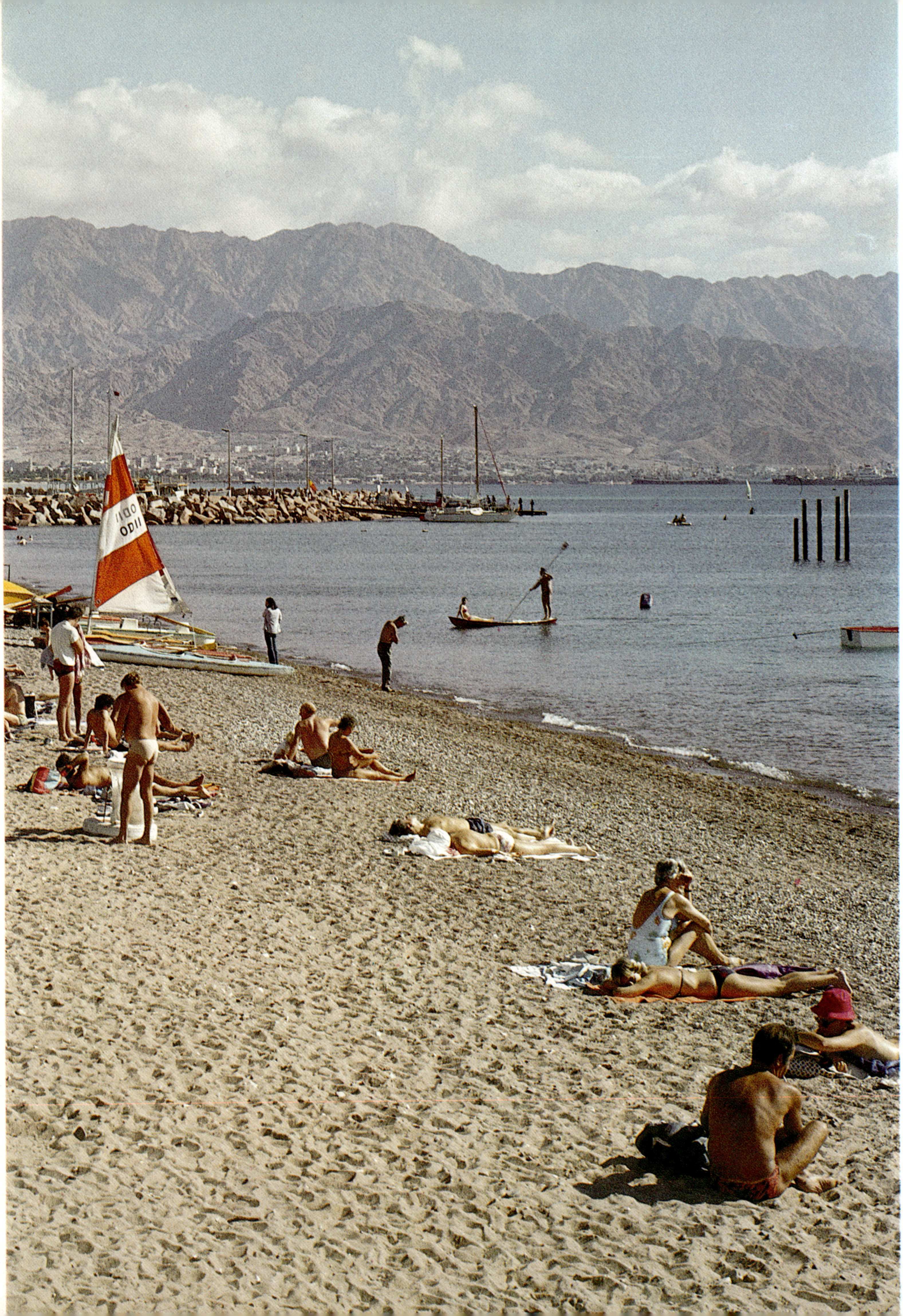

Eilat am Roten Meer, die südlichste Stadt Israels, entstand 1950 aus einem nicht allzugroßen Militärlager – noch in der britischen Mandatszeit war das Gebiet mit Wüstensand bedeckt, auf dem bloß eine kleine Polizeistube aus Lehmziegeln stand. Inzwischen blieb Eilat nicht bloß strategisch bedeutend – vielmehr genießen hier immer mehr Touristen Sonnenschein und den Zauber der Unterwasserwelt.

FOLGENDE SEITE: Das Rote Meer bei Eilat – für Israel auch wichtiger Verbindungsweg nach Afrika und Asien.

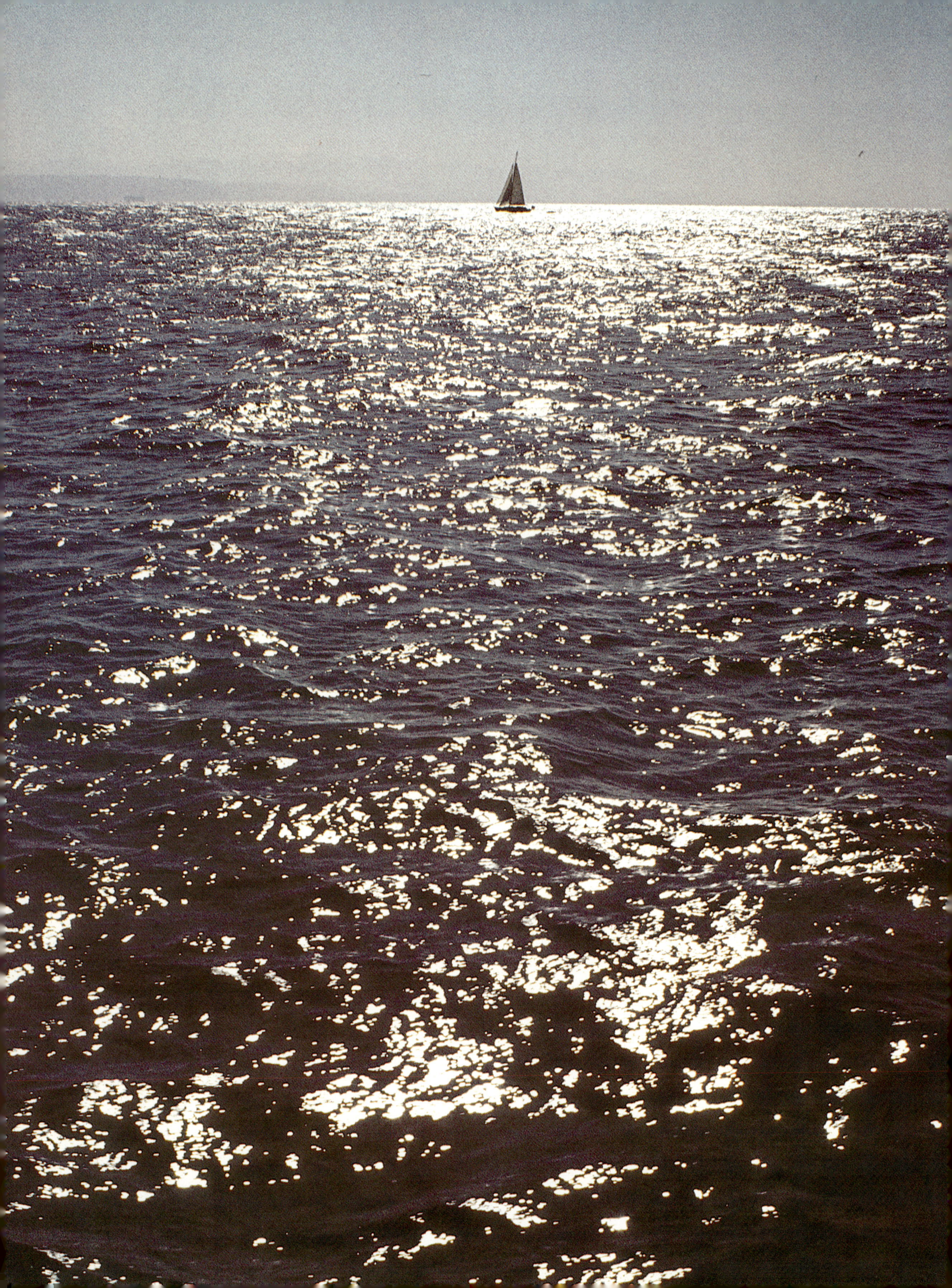

Renate Wagner

„Der Haß ist heilig!"

VORHERGEHENDE SEITE: Das „Tal der Inschriften" im südlichen Negev, am Rand der Wüste Sinai – Durchzugsgebiet seit Jahrtausenden.
UNTEN: Die Felsengräber im Kidrontal, vor der Stadtmauer von Jerusalem, lagen im 19. Jahrhundert noch in recht einsamer Landschaft.

Ein seltenes Bild: der Bruderkuß eines Arabers mit einem Israeli. Aufgenommen im Wahlkampf 1984: Es geht um Stimmen – und auch die arabische Bevölkerung hat welche zu vergeben. Aber die Araber, die in Israel leben, fühlen sich unter Fremdherrschaft; die Israelis betrachten die Araber in ihrem Land als notwendiges Übel, und es herrscht bestenfalls Koexistenz, gewiß nicht Liebe, vielfach aber Haß. Jener Haß, den arabische Eiferer für „geheiligt" erklärt haben.

Die Frage, ob der Konflikt zwischen den Israeli und den Palästinensern unlösbar ist, beschäftigt nicht nur die Beteiligten und Betroffenen, sondern die Welt. Hier ist einer jener Krisenherde, der eines Tages den nächsten Weltkrieg und damit – beim gegenwärtigen Stand des beiderseitigen „Overkill"-Vermögens – die Vernichtung der Menschheit auslösen kann. Das wäre ein hoher Preis für ein Stück Land in der Wüste, aber genügend Fanatiker – wahrscheinlich auf beiden Seiten – würden ihn bezahlen. Israel auszulöschen, es von der Erde zu vertilgen, um Palästina wieder einzusetzen, ist das Ziel vieler – und die PLO hat auch in gänzlich unbeteiligten Ländern Terroraktionen ausgelöst, um ihr Problem in die ganze Welt zu tragen.

Die Teilung Palästinas in einen jüdischen und einen arabischen Staat wurde 1947 von den Vereinten Nationen beschlossen, am 14. Mai 1948 die Unabhängigkeit des Staates Israel proklamiert. Unmittelbar darauf kam es zum ersten israelisch-arabischen Krieg. Der zweite, der sogenannte „Sinai-Feldzug" gegen

Ägypten, fand 1956/57 statt. Im Juni 1967 unternahm Israel den später bezeichneten „Sechs-Tage-Krieg" gegen Ägypten. Im Oktober 1973 rächten sich die Ägypter mit dem „Jom-Kippur-Krieg", so benannt, weil die Ägypter diesen bedeutendsten jüdischen Feiertag für ihren Angriff wählten. Vier Kriege bloß in einem Vierteljahrhundert – und niemand kann sagen, ob es dabei bleiben wird.

Ist Israels Anwesenheit auf dem Gebiet der Palästinenser ein „historisches Unrecht", weil man aus der Distanz von Jahrtausenden keinerlei Ansprüche auf einen Wohnsitz geltend machen kann, den man zu biblischen Zeiten innehatte? Dies geht aus der arabischen Darstellung der Situation hervor, die besagt, daß die palästinensischen arabischen Farmer friedlich und zufrieden in ihrem Land lebten und arbeiteten, als zu Beginn dieses Jahrhunderts, dem Traum des Wieners Theodor Herzl folgend, die Juden kamen, sie aus ihrem Land vertrieben, die natürliche Entwicklung unterbrachen, die Araber enteigneten; und daß eine jüdische Minorität sich 1948 Palästina illegal aneignete. Die Juden sehen das – begreiflicherweise – anders, und sie können bis ins 18. Jahrhundert zurückgreifen, um zu beweisen, daß dieses Palästina – damals eine kleine, unbedeutende Grenzprovinz des untergehenden Ottomanischen Reiches – nie ein Land war, das einer Nation gehört hätte. Der französische Historiker und Reisende Herzog Constantin François Volney beschrieb das Palästina des Jahres 1785 als Heimstätte von Hirten, die in Unfrieden miteinander lebten, sich gegenseitig Ernte und Tiere stahlen. Den türkischen Herrschern, deren Autorität schon damals ziemlich unsicher schien, war das gleichgültig – denn sie hatten genug zu tun, mit den dauernden Feindseligkeiten der Beduinen fertigzuwerden. Die Anarchie, die aus dieser Situation entstand,

LINKS: Lod, an der Karawanenstraße, die Syrien mit Ägypten verband, gelegen, blühte im 2./3. Jahrhundert als Zentrum jüdischer Gelehrsamkeit auf, verlor jedoch seine Bedeutung im Mittelalter. Heute liegt hier der Ben-Gurion-Airport, der internationale Flughafen von Tel Aviv.
RECHTS: Ramla mit dem „Turm der 40 Märtyrer", der noch im 19. Jahrhundert den Neid der Einwohner des benachbarten Lod hervorrief. Als „Weißer Turm" ist er heute Touristenattraktion.

schien Volney um einiges beängstigender als sogar der türkische Despotismus, denn auf diese Art zerstörten die Bewohner des Landes sich gegenseitig selbst. Diese Situation wurde, weiteren zeitgenössischen Reiseberichten nach zu schließen, immer schlimmer. Auch Mark Twain gehörte zu den Besuchern des „Heiligen Landes", und er fand es 1867 – also rund acht Jahrzehnte nach Volney – unverändert desolat vor: weit und breit keine befestigte Stadt, kaum Menschen, ein „hoffnungsloses, trauriges, herzzerreißendes Land ... Palästina ist einsam und unschön." Schon 1827 hatte der deutsche Brockhaus unter dem Stichwort „Palästina" die Charakteristik „verlassen und von arabischen Räuber-Banden durchzogen" gegeben.

Interessantes begab sich in bezug auf die „palästinensische" Bevölkerung. So hatten die Ägypter unter Mohammed Ali das Land 1831 kurzfristig besetzt, bevor die Türken es 1840 zurückeroberten. Die Ägypter gründeten acht Dörfer in der Region, wo später die Stadt Tel Aviv entstehen sollte, und auch nach Rückkehr der Türken blieben rund 2000 Ägypter im Land zurück und gingen in der dortigen Bevölkerung auf. Aber sie waren nicht die einzigen, die in dieses durch dauernde interne Auseinandersetzungen weitgehend entvölkerte Land kamen. Hierher wandten sich Algerier, die im Kampf gegen die Franzosen bis Damaskus gekommen waren und sich in Safed niederließen; hier fanden Kurden eine neue Heimat; hier gab es bosnische, drusische und circassische Dörfer. In dem 1949 erstmals erschienenen Buch „Whose Land?" („Wessen Land?") schrieb der englische Wissenschaftler James Parkes: „Israeliten, Syrier, Griechen, Araber, lateinische, ägyptische und balkanesische Völker haben ihren Anteil an der heutigen Bevölkerung", und die Encyclopaedia Britannica nannte als weitere Einwohner Palästinas damals noch

„große Kontingente aus dem Mittelmeerraum, vor allem Armenier, Griechen und Italiener" sowie Perser, Afghanen, Motawila, Sudanesen und Samariter. All das macht den arabischen Nationalismus in bezug auf die Palästinenser zweifelhaft – erst der Widerstand gegen die Juden ließ so etwas wie ein Nationalbewußtsein erwachen, nachdem aus einem wahren Schmelztiegel des Nahen Ostens die heutigen Palästinenser hervorgegangen waren. Dabei wissen die Israeli natürlich genau, daß ihre gezielte Einwanderung mit dem Zuzug der anderen Völker nicht zu vergleichen ist. Gewöhnlich kamen einzelne, vielleicht Familien oder auch größere Menschenmengen ohne einen anderen Anspruch, als sich hier niederzulassen und unter den anderen, als Teil von ihnen, zu leben. Erst die Juden wünschten in Palästina ihren eigenen Staat – und jede Idee, sich mit der vorhandenen Bevölkerung zu vermischen, lag ihnen so fern wie nur möglich.

Seit Beginn des Jahrhunderts wanderten also auch die Juden, den von Theodor Herzl ins Leben gerufenen zionistischen Ideen folgend, in das Land Palästina ein – in ein Palästina, in dem nicht mehr, wie in biblischen Zeiten, Milch und Honig flossen, sondern das eine halbverlassene dornige Wüste war. Nichts als der heilige Idealismus, daß das „ihr" Land sei, vermochte Menschen, die weltweit meist nicht von ihrer Hände, sondern von ihrer Köpfe Arbeit gelebt hatten, dazu zu bringen, hier als Bauern die Wüste fruchtbar zu machen. Wenn je der Goethe-Spruch „Was du ererbt von deinen Vätern hast, erwirb

LINKS: Das biblische Emmaus wird auch an der Stelle des heutigen Dorfes El-Qubeibe angenommen – also erbauten die Franziskaner 1901 hier eine Kirche auf den Resten einer Kreuzfahrerkirche des 12. Jahrhunderts, 1906 folgte dann noch ein Klosterbau.
UNTEN: Die Kreuzfahrerkirche von Abu Gosh diente den Arabern jahrhundertelang als Vorratskammer, bis sie 1899 von der französischen Regierung gekauft und unter den Schutz der Benediktiner gestellt wurde.

es, um es zu besitzen!" gelebt wurde, dann durch jene Juden, die sich Israel im Schweiße ihres Angesichtes erarbeitet haben.

Palästina, seit 1920 ein den Briten zugeteiltes Völkerbundsmandat, erlebte eine kontinuierliche jüdische Einwanderung, die sich ab 1933, dem Jahr von Hitlers Machtergreifung in Deutschland, dramatisch verstärkte. Schon 1937 empfahl die britische Peel-Kommission die Teilung des Landes in einen jüdischen und einen arabischen Teil. Damals herrschte in Palästina längst permanenter Kriegszustand, und die britische Mandatsverwaltung schwankte unsicher zwischen den arabischen Partisanen und der jüdischen Untergrundbewegung Haganah. Der Haß, der sich damals schon in Terror entlud und immer mehr eskalierte, ist seither nie mehr zum Schweigen gekommen.

Jene Juden, die Hitler überlebt hatten und nun – im Gegensatz zu den Einwanderern vor dem Krieg – tatsächlich heimatlos waren, die nicht wieder als Fremde in fremden Ländern leben wollten, sondern von der Welt, auch im Namen ihrer Toten, endlich eine Heimat verlangten – diese Juden hatten das moralische Gewicht, die Teilung Palästinas und den Staat Israel vor den Vereinten Nationen durchzusetzen. Aber was auf dem Papier geschrieben stand, mußte offenbar noch durch tausend-, hunderttausendfaches Blut besiegelt werden. Die Juden, die seit Jahrhunderten notgedrungen zu Intellektuellen geworden waren, lernten nun, für ihr Israel nicht nur Bauern, sondern auch Kämpfer zu sein. In Kriegen eroberten sie sich, was den Arabern als Stück Land völlig gleichgültig gewesen war – was sie den Juden aber nun unter keinen Umständen geben wollten: einen Platz, der ihnen gehört.

Die Juden selbst wissen, daß sie ihre Hände im Kampf um ihr Land nicht sauber gehalten haben. Der bewundernswerte Aufbau des Staates war immer wieder von Kämpfen begleitet, nicht nur rein defensiver Natur. Israel verscherzte sich im Lauf der Jahre viele Sympathien in der Welt, weil es immer wieder eindeutige Präventivakte der Aggression setzte. Und als die Palästinenser in der PLO, der „Palästinensischen Befreiungsfront", ihr Kampforgan fanden, das einen zähen Terroristen-Kleinkrieg begann, da waren die Juden fast bereit, diese PLO in ein fremdes Land, bis in den Libanon zu verfolgen – und vielleicht hätten sie, die selbst so viel Unrecht erfahren haben, das Unrecht auf sich geladen, diese Palästinenser in Beirut zu vernichten, wenn die Weltöffentlichkeit hier nicht gerade noch eingegriffen hätte.

Wird der Haß ewig „heilig" sein? Das Israelische Informationszentrum in Jerusalem hat sich 1968 der ebenso traurigen wie ergiebigen Arbeit unterzogen, arabische Schulbücher Syriens, Jordaniens, Arabiens und Ägyptens auf antijüdische Haßaussprüche zu untersuchen. Was man hier liest, könnte aus den Hetzschriften der Nationalsozialisten stammen. Nur einige Beispiele:

„Die Araber zögern nicht, die Auslöschung Israels in Angriff zu nehmen."

„Erwürgt Israel, um ihre Absichten in Stücke zu schlagen und sie ins Meer zu treiben."

„Israel wurde geboren, um zu sterben. Macht das wahr!"

„So wie Cato einst den Römern einschärfte, ‚Karthago muß zerstört werden', so müssen alle arabischen Kinder immer das Wort vor Augen haben: ‚Israel muß zerstört werden'."

„Und jeder Jude, der irgendwo ein Verbrechen begangen hatte und vor dem Gesetz davonlaufen wollte, kam nach Palästina..."

„Die Juden in Europa wurden verfolgt und verachtet wegen ihrer Korruption, Schlechtigkeit und Verräterei."

„Wir müssen das heilige Palästina von ihrem Schmutz befreien..."

„Der Haß ist heilig", hatte der syrische Unterrichtsminister Suleyman Al-Khash 1968 in bezug auf die Juden gesagt, und es scheint, daß sich die arabische Welt in diesem Urteil nach wie vor einig ist. Nur ein Mann wollte einen anderen Weg gehen: Ägyptens Staatspräsident Mohammed Anwar al Sadat. Er traf sich im September 1978 im amerikanischen Camp David mit dem israelischen Ministerpräsidenten Menachem Begin und dem amerikanischen Präsidenten Carter, und es gelang, in einer 17-tägigen Nahostkonferenz so etwas wie eine Rahmenvereinbarung zu treffen, die den Frieden im Nahen Osten sichern, israelische Aggressionen ebenso bremsen sollte wie arabische.

Im Mittelalter nannten christliche Pilger diesen Ort Domus Boni Latronis („Haus des guten Wegelagerers"), was später zu Latrun entstellt wurde. Trappisten bauten ein ummauertes Kloster.

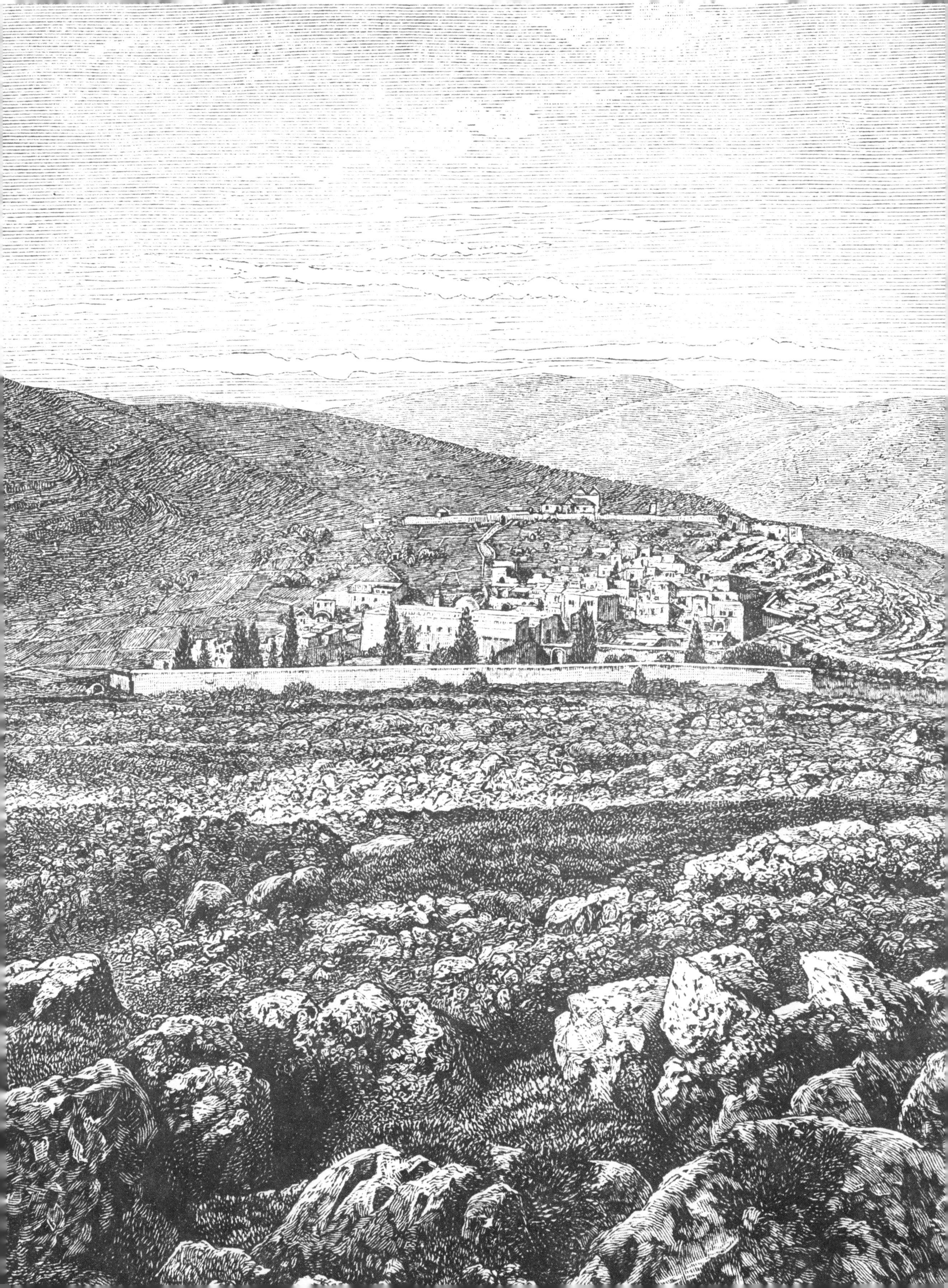

Das klang sehr schön – und die Welt reagierte begeistert mit der Verleihung des gemeinsamen Friedensnobelpreises an den arabischen und den israelischen Staatsmann. Aber man würdigte nur die Geste, die gute Absicht, nicht das Ergebnis – denn ein solches gab es eigentlich nicht. Die arabischen Staaten lehnten Sadats Alleingang ab, und als er am 6. Oktober 1981 unter den Kugeln eines Attentäters sein Leben ließ, vollendete der radikale arabische Nationalismus nur, was diesem „Verräter", der er in ihren Augen war, zustand. Denn das arabische Lager mag noch so uneins sein, eines ist doch klar: Sie alle erkennen in Israel den Erb- und Erzfeind aller.

Wenn dieses Israel überleben will, dann tut es gut daran, diese Feindschaft ernst zu nehmen. Deshalb mußte aus israelischer Sicht im Juni 1981 die Luftwaffe ausgesandt werden, um zwei irakische Atomreaktoren zu zerstören, die Israel unmittelbar bedroht hatten. Und doch: Aktionen dieser Art sind es, die Israel immer wieder die Bezeichnung eines „faschistischen"(!) Staates eingetragen haben. Und Tatsache bleibt, daß der Staat Israel in Kriegszügen Land erobert und besetzt gehalten hat, das ihm nicht zugeteilt worden war – etwa das Westjordanland, die Golanhöhen, den Gazastreifen, das Sinaigebiet. Immer wieder wurde die Frage der Räumung oder der israelischen Besiedlung der eroberten Gebiete auch zu einer innerisraelischen Frage, provozierte

LINKS: In En Karem wurde deshalb von Franziskanern ein Johanneskloster errichtet, weil hier der Tradition gemäß die Eltern Johannes des Täufers gewohnt haben sollen und er selbst hier geboren wurde.
RECHTS: Das angebliche Haus Simons des Gerbers im alten Jaffa.

Stürme in der Knesset, spaltete das Volk. Eine neue Generation der Israeli ist teilweise des permanenten Kriegszustandes müde. Juden selbst gingen zu Zehntausenden auf die Straße, um in ihrem eigenen Land „Frieden mit den Palästinensern" zu fordern. Der „Jüdische Weltkongreß" selbst verlangte die „Verwirklichung der legitimen Rechte des palästinensischen Volkes". Wird es einmal einen Palästinenserstaat geben?

Die Lage in Israel ist keine glückliche. Mit Besorgnis hat man festgestellt, daß selbst Juden ihr „Gelobtes Land" verlassen: 1980 wanderten 30.000 aus und nur rund 20.000 ein – das sind 44 % weniger als im Jahr davor. Rund 400.000 Israeli leben bereits als Emigranten im Ausland. Sie haben die Frage, ob es jemals Frieden geben kann, damit beantwortet: sie glauben nicht mehr daran. Es kann der Frömmste nicht in Frieden leben, wenn es dem bösen Nachbarn nicht gefällt – aber so geradlinig wie in den Sprichworten geht es im Leben selten zu. Israeli und Araber sind einander der böse Nachbar, sie sind sich der böse Bruder, denn noch immer leben – nach Angaben für 1983 – rund 700.000 Araber neben 3,3 Millionen Juden in Israel, davon 80.000 Araber in der umstrittenen Altstadt von Jerusalem. Jerusalem, beansprucht von drei Religionen, kultureller Höhepunkt für Touristen – für das Land selbst ein Vulkan, der jederzeit ausbrechen kann.

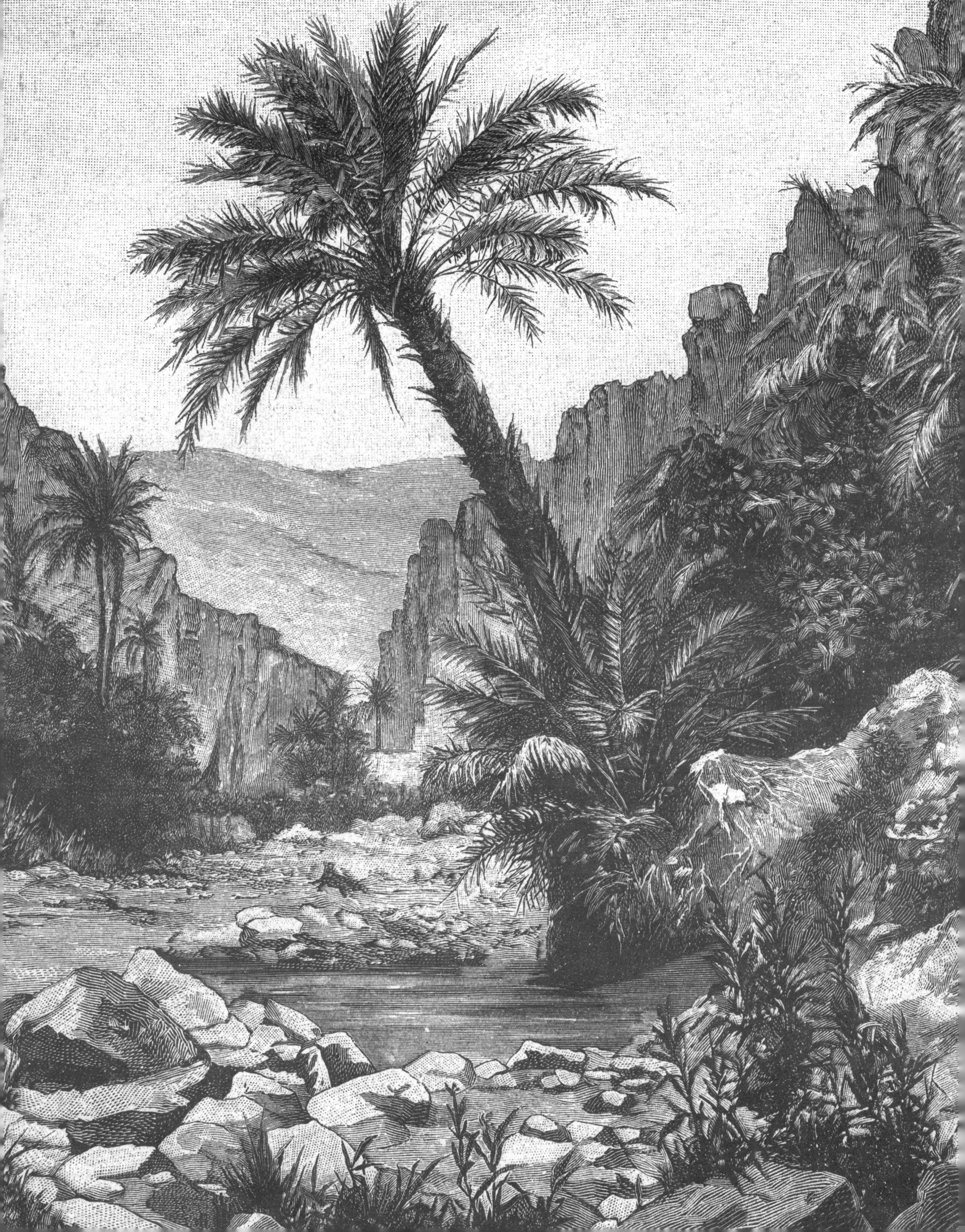

LINKS: Einst die unwirtliche Landschaft des Negev – heute beginnt Israel hier Bodenschätze zu fördern.
FOLGENDE SEITE: Der Siloahteich war in biblischer Zeit wichtige Wasserquelle für die Bewohner von Jerusalem und wurde daher durch zwei Mauerzüge mit einem Torturm geschützt.
LETZTE SEITE: Die Ebene von Jericho.

Wo von Völkerhaß die Rede ist, ist Religion meist nicht weit. Seit Ajatollah Khomeiny den Islam dermaßen radikalisiert hat, haben die ideologisch zerfallenen Araber ein neues Bindeglied erhalten. Nach Sadats Tod hat Israel keinen Freund mehr im arabisch-muslemischen Lager. Ägypten taktiert zwar (noch) nicht gänzlich feindselig, stößt aber in der Autonomiefrage für die Palästinenser scharf mit Israel zusammen. Immerhin ist das Problem von der früheren „Vernichtet Israel"-Demagogie (nachdem man erkannt hat, daß das so leicht nicht ist) auf eine Verhandlungsebene gebracht worden. Die kompromißlos-radikalen Politiker haben – wie der innerisraelische Widerstand gegen Menachem Begin zeigte – auch die Sympathie eines großen Teils der eigenen Landsleute verloren. Vielleicht liegt die Zukunft in einem Kompromiß. Aber selbst wenn versucht werden sollte (dies als Gedankenexperiment), aus den besetzten Gebieten durch Landmanipulation einen zusammenhängenden Palästinenserstaat hervorzubringen – würden diese Araber, teilweise gewohnt, im Dunstkreis der Früchte des israelischen Fleißes zu leben, aus ihrem Staat etwas Besseres machen als einst, als die Einwanderer auf dornenreiche Wüste trafen, die erst sie in einen Garten verwandelt haben?

Niemand weiß, was die Zukunft im Nahen Osten bringt, ob das Problem im Kern nicht tatsächlich unlösbar ist. Die Palästinenser fühlen sich entweder als heimatlose Vertriebene oder, in Israel geblieben, als unter Fremdherrschaft Schmachtende. Die arabische Welt ist zu zerfallen, um tatsächlich zum gemeinsamen Vernichtungsfeldzug, wie er in den Schulbüchern gefordert wird, zu schreiten. Im Hintergrund warten die Großmächte, und sie wissen, daß sie sich im Ernstfall nicht heraushalten können und wollen – obwohl die USA längst nicht mehr bereit sind, jede aggressive Aktion Israels bedingungslos zu unterstützen.

Die jüdische Bevölkerung Israels selbst ist reif für einen Frieden, und seelisch wohl dazu auch bereit. Aber die Utopie des Bruderkusses – nicht nur für Fernsehkameras im Wahlkampf – steht noch als unerreichbarer Stern über der heiligen Stadt Jerusalem.

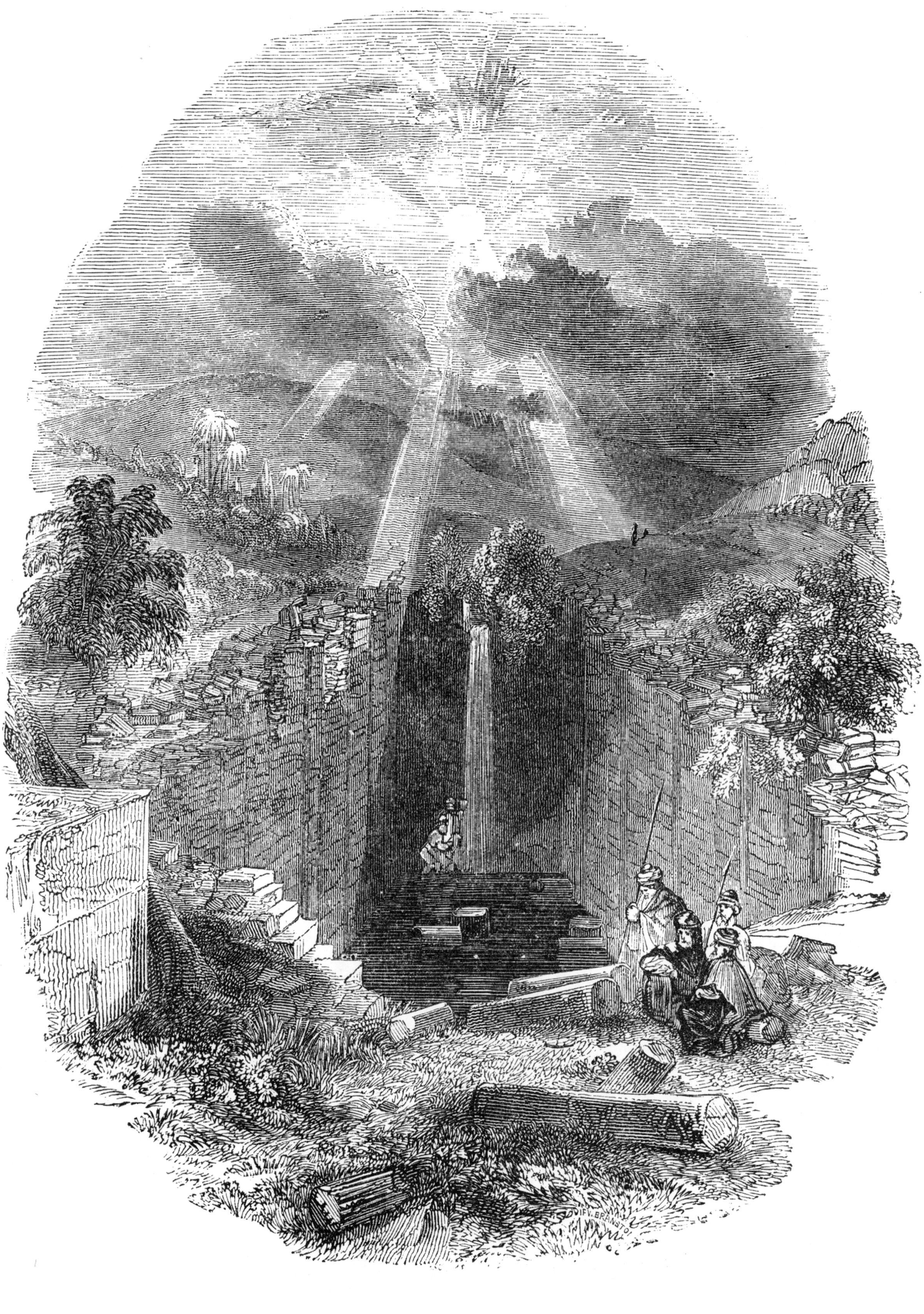

Bildnachweis Bilder auf dem Schutzumschlag: Menorah vor der Knesset in Jerusalem (vorne), Gesamtansicht Herodium (hinten)
Vor- und Nachsatz: Jerusalem von Südost im 19. Jahrhundert
Seite 1: Klagemauer in Jerusalem
Seiten 4/5: Jordanlandschaft bei Jericho
Seite 6: Gasse zum Heiligen Grab in Jerusalem
Seite 9: Betender Jude mit Tefillin

Die Stiche und Xylografien stammen aus verschiedenen Werken des 18. und 19. Jahrhunderts.

Alle Farbfotos von Peter A. Thomas, aufgenommen mit Olympus-Cameras OM 2-N und Objektiven des OM-Systems Zuiko auf Filmmaterial Agfachrome 50 S Professional.

Mitarbeiter Peter A. Thomas, geboren 1944 in Wien, freiberuflich Artfotograf. Eigene Bildkonzeption für seine bisher erschienenen Bücher über Sinai, Sri Lanka, Venedig und Delphi. Fotoreisen nach Israel im April 1977, Sommer 1981, Mai 1982 und September 1984.

David Ben Gurion, geboren 1886 in Płońsk (Polen), gestorben 1973 in Tel Aviv. Wanderte 1906 nach Palästina aus, Generalsekretär der jüdischen Gewerkschaft, Mitbegründer der Mapai, Vorsitzender der Jewish Agency; proklamierte 1948 den Staat Israel, 1948–53 und 1955–63 Ministerpräsident und Verteidigungsminister. Gründete die Rafi-Partei, zog sich 1970 aus der Politik zurück.

Dr. Kurt Benesch, geboren 1926 in Wien, freier Schriftsteller und Publizist. Romane u. a. „Die Flucht vor dem Engel", „Der Maßlose"; Prosasammlung „Begegnung"; Dramen; Hörspiele; literarische Essays. Sachbücher besonders zum Thema Archäologie: „Auf den Spuren großer Kulturen", „Rätsel der Vergangenheit", die in mehrere Sprachen übersetzt international erschienen. Reisefeuilletons für „Die Presse", Wien. Besuchte Israel zuletzt im November 1980.

Dr. Renate Wagner, geboren 1946 in Wien, Journalistin und Sachbuchautorin, Verfasserin u. a. der ersten Biographie von Arthur Schnitzler. Interessenschwerpunkte: Kultur und Reisen. Im Zusammenhang mit Schnitzler Forschungen zur jüdischen Frage von der Monarchie bis heute. Bereiste Israel mehrmals.

Impressum Lizenzausgabe für den Gondrom Verlag, Bayreuth
Copyright © 1984 by Poseidon Press Verlagsgesellschaft m.b.H., Wien
Satz: Grafostil Ges.m.b.H., Wien
Printed by Peli Printing Works Ltd., Israel
ISBN 3-8112-0412-2
All rights reserved. No part of this publication may be reproduced, translated or transmitted in any form or by any means, electronic, mechanical, photocopying, recording or by any information storage and retrieval system without the prior permission in writing from the publisher.

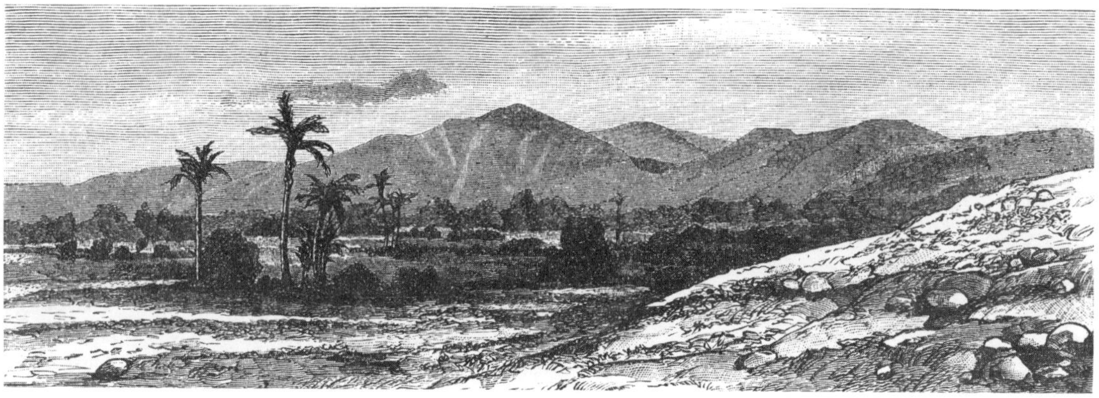

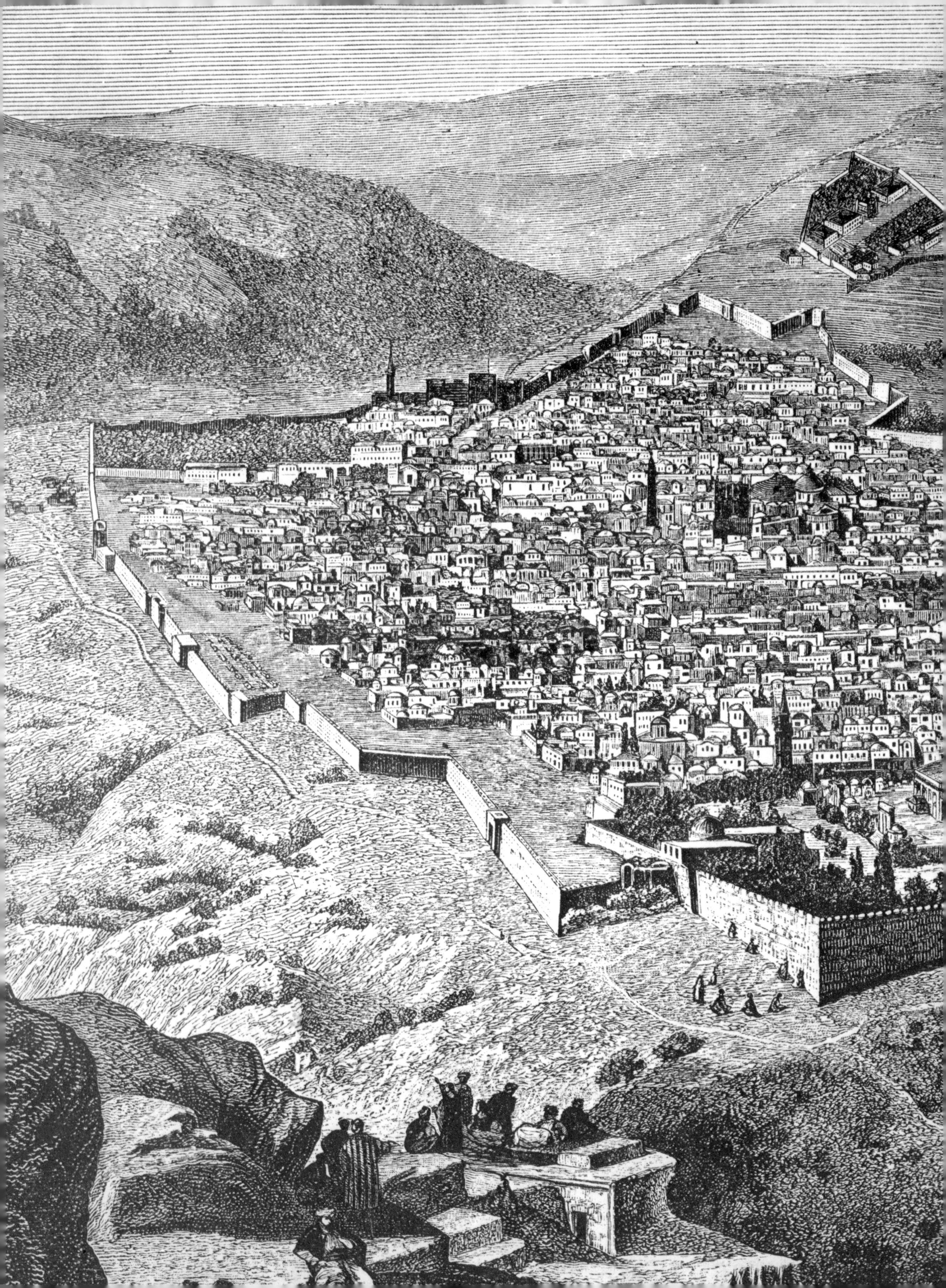